PÓS-ANÁLISE

ESTUDO SOBRE O PERÍODO PÓS-TÉRMINO DO PROCESSO PSICANALÍTICO EM PACIENTES ADULTOS

Coleção Clínica Psicanalítica
Títulos publicados

1. **Perversão**
   Flávio Carvalho Ferraz
2. **Psicossomática**
   Rubens Marcelo Volich
3. **Emergências Psiquiátricas**
   Alexandra Sterian
4. **Borderline**
   Mauro Hegenberg
5. **Depressão**
   Daniel Delouya
6. **Paranoia**
   Renata Udler Cromberg
7. **Psicopatia**
   Sidney Kiyoshi Shine
8. **Problemáticas da Identidade Sexual**
   José Carlos Garcia
9. **Anomia**
   Marilucia Melo Meireles
10. **Distúrbios do Sono**
    Nayra Cesaro Penha Ganhito
11. **Neurose Traumática**
    Myriam Uchitel
12. **Autismo**
    Ana Elizabeth Cavalcanti
    Paulina Schmidtbauer Rocha
13. **Esquizofrenia**
    Alexandra Sterian
14. **Morte**
    Maria Elisa Pessoa Labaki
15. **Cena Incestuosa**
    Renata Udler Cromberg
16. **Fobia**
    Aline Camargo Gurfinkel
17. **Estresse**
    Maria Auxiliadora de A. C. Arantes
    Maria José Femenias Vieira
18. **Normopatia**
    Flávio Carvalho Ferraz
19. **Hipocondria**
    Rubens Marcelo Volich
20. **Epistemopatia**
    Daniel Delouya
21. **Tatuagem e Marcas Corporais**
    Ana Costa
22. **Corpo**
    Maria Helena Fernandes
23. **Adoção**
    Gina Khafif Levinzon
24. **Transtornos da Excreção**
    Marcia Porto Ferreira
25. **Psicoterapia Breve**
    Mauro Hegenberg
26. **Infertilidade e Reprodução Assistida**
    Marina Ribeiro
27. **Histeria**
    Silvia Leonor Alonso
    Mario Pablo Fuks
28. **Ressentimento**
    Maria Rita Kehl
29. **Demências**
    Delia Catullo Goldfarb
30. **Violência**
    Maria Laurinda Ribeiro de Souza
31. **Clínica da Exclusão**
    Maria Cristina Poli
32. **Disfunções Sexuais**
    Cassandra Pereira França
33. **Tempo e Ato na Perversão**
    Flávio Carvalho Ferraz
34. **Transtornos Alimentares**
    Maria Helena Fernandes

35. **Psicoterapia de Casal**
Purificacion Barcia Gomes
Ieda Porchat

36. **Consultas Terapêuticas**
Maria Ivone Accioly Lins

37. **Neurose Obsessiva**
Rubia Delorenzo

38. **Adolescência**
Tiago Corbisier Matheus

39. **Complexo de Édipo**
Nora B. Susmanscky de Miguelez

40. **Trama do Olhar**
Edilene Freire de Queiroz

41. **Desafios para a Técnica Psicanalítica**
José Carlos Garcia

42. **Linguagens e Pensamento**
Nelson da Silva Junior

43. **Término de Análise**
Yeda Alcide Saigh

44. **Problemas de Linguagem**
Maria Laura Wey Märtz

45. **Desamparo**
Lucianne Sant'Anna de Menezes

46. **Transexualidades**
Paulo Roberto Ceccarelli

47. **Narcisismo e Vínculos**
Lucía Barbero Fuks

48. **Psicanálise da Família**
Belinda Mandelbaum

49. **Clínica do Trabalho**
Soraya Rodrigues Martins

50. **Transtornos de Pânico**
Luciana Oliveira dos Santos

51. **Escritos Metapsicológicos e Clínicos**
Ana Maria Sigal

52. **Famílias Monoparentais**
Lisette Weissmann

53. **Neurose e Não Neurose**
Marion Minerbo

54. **Amor e Fidelidade**
Gisela Haddad

55. **Acontecimento e Linguagem**
Alcimar Alves de Souza Lima

56. **Imitação**
Paulo de Carvalho Ribeiro

57. **O tempo, a escuta, o feminino**
Silvia Leonor Alonso

58. **Crise Pseudoepiléptica**
Berta Hoffmann Azevedo

59. **Violência e Masculinidade**
Susana Muszkat

60. **Entrevistas Preliminares em Psicanálise**
Fernando José Barbosa Rocha

61. **Ensaios Psicanalíticos**
Flávio Carvalho Ferraz

62. **Adicções**
Decio Gurfinkel

63. **Incestualidade**
Sonia Thorstensen

64. **Saúde do Trabalhador**
Carla Júlia Segre Faiman

65. **Transferência e Contratransferência**
Marion Minerbo

66. **Idealcoolismo**
Antonio Alves Xavier
Emir Tomazelli

67. **Tortura**
Maria Auxiliadora de Almeida
Cunha Arantes

68. **Ecos da Clínica**
Isabel Mainetti de Vilutis

69. **Pós-Análise**
Yeda Alcide Saigh

70. **Clínica do Continente**
Beatriz Chacur Mano

Coleção Clínica Psicanalítica
Dirigida por Flávio Carvalho Ferraz

PÓS-ANÁLISE
Estudo sobre o período pós-término do processo psicanalítico em pacientes adultos

Yeda Alcide Saigh

Casa do Psicólogo®
uma empresa PEARSON

Editor: *Ingo Bernd Güntert*

Gerente Editorial: *Fabio Melo*

Coordenadora Editorial: *Marcela Roncalli*

Assistente Editorial: *Cíntia de Paula*

Produção Editorial: *Casa de Ideias*

Dados Internacionais de Catalogação na Publicação (CIP)
Angélica Ilacqua CRB-8/7057

Saigh, Yeda Alcide

Pós-Análise / Yeda Alcide Saigh. - São Paulo : Casa do Psicólogo, 2013. (Coleção clínica psicanalítica / dirigida por Flávio Carvalho Ferraz)

Bibliografia
ISBN 978-85-8040-379-4

1. Psicanálise – literatura 2. Psicologia clínica 3. Psicoterapeuta e paciente 4. Teoria psicanalítica I. Título II. Série III. Ferraz, Flávio Carvalho

13-0975 CDD 616.8917

Índices para catálogo sistemático:
1. Psicanálise

Impresso no Brasil
Printed in Brazil

As opiniões expressas neste livro, bem como seu conteúdo, são de responsabilidade de seus autores, não necessariamente correspondendo ao ponto de vista da editora.

Casapsi Livraria e Editora Ltda.
Rua Simão Álvares, 1020
Pinheiros • CEP 05417-020
São Paulo/SP - Brasil
Tel. Fax: (11) 3034-3600
www.casadopsicologo.com.br

"Todo passo à frente tem somente a metade
do tamanho que parece ter a princípio."
(Johann Nestroy)

"O que um dia veio à vida, aferra-se tenazmente à existência.
Fica-se às vezes inclinado a duvidar se os dragões
dos dias primevos estão realmente extintos."
(Sigmund Freud)

SUMÁRIO

Prefácio

Maria Cecília Pereira da Silva

Todos nós, analistas, nos perguntamos como somos ouvidos, sentidos, compreendidos e avaliados por nossos analisandos. Após o término da análise nos interrogamos o que ficou de nossas palavras, desvelamentos, insights produzidos, traumas desvendados e enfrentados? Enfim que transformações foram possíveis? Como podemos avaliar nossa função como psicanalistas? E a função analítica, o desenvolvimento da capacidade de pensar e de refletir sobre as próprias emoções vividas, foram introjetados por nossos analisandos? Quanto a relação analista-analisando de fato favoreceu a expansão da mente?

Bion (1977) é categórico ao afirmar que não é possível ser analisado por completo e que ao final é preciso fazer daquilo que somos o melhor que pudermos. Como contribuímos nesse processo?

Yeda Saigh nos oferece nesse livro, fruto de sua pesquisa de doutorado defendida na Universidade São Paulo em 2006, quatro modelos de pós-analise por ela propostos levando o leitor a refletir sobre sua própria análise e sobre a análise de seus analisandos, num diálogo genuíno e instigante.

Se Horácio Etchegoyen (1987) recomenda que após o término da análise o analista deveria ser esquecido, Yeda procura investigar o que ficou do processo analítico apoiada em sua vasta experiência clínica e na esteira de Freud, um investigador empírico, recolhendo depoimentos de ex analisandos e de psicanalistas experientes.

Os depoimentos, tanto dos analistas como dos analisandos, são o carro forte desse livro e são trabalhados pela autora como um sonho, como uma obra narrativa "aberta" (Eco 1962), que tem que ser desenvolvida com a construção de novos contos, como uma "metáfora viva" que pode alargar as fronteiras do pensável e do dizível... Isto não pode deixar de nos assustar e de nos colocar diante de uma certa agorafobia de um "pensar" que já não está vinculado a modelos exaustivos. (Ferro, 1992)

Convido os interessados a desbravarem esses sonhos que penetram nas entranhas do fazer psicanalítico, sonhos que são uma contribuição ímpar para a Psicanálise do Século XXI.

Introdução

Depois de escrever sobre término de análise, foi uma consequência quase natural me interessar pelo tema de pós-término. É quase impossível pensar em término sem pensar em pós-término, em o que acontece com todos esses analisandos que terminam suas análises mal ou bem, com um bom término ou não.

Toda a pesquisa que fiz sobre esse tema me levou a formular algumas hipóteses. Nenhuma dessas hipóteses é uma conclusão final. Estamos falando de um processo mental que, como a própria palavra *processo* diz, está sempre em andamento.

De início, me interessei pelos destinos de meus próprios pacientes e o que foi feito deles: a qualidade emocional de suas vidas melhorou? Voltaram a procurar um analista? A análise teve e ainda tem um efeito sobre sua forma de viver? Esqueceram-se que um dia fizeram análise? Um sem número de questões afloravam-me à mente e eu não tinha resposta para nenhuma delas.

Heather Craige (2002) em seu artigo "The post-termination phase" considera o pós-término uma fase do processo em que o ex-analisando deve elaborar o luto pela perda dos encontros com o analista, esperando-se, já nesse momento, que possa contar com recursos provenientes da internalização da função analítica para lidar com essa tarefa. Tal fase tem sido objeto de poucos estudos analíticos, dispondo-se de pouca informação a respeito de como os ex-analisandos vivenciam o luto pós-término. O que se espera é que a análise tenha deixado como legado uma nova capacidade: a da autoanálise continuada, que chamei de "introjeção da função analítica" (Saigh, 2002). Isto o habilitará a lidar com novas situações de conflito que inevitavelmente surgirão ao longo da vida, dado que concebo a análise como um processo de desenvolvimento pessoal, que mobiliza e atualiza potencialidades da personalidade do sujeito, até então não disponíveis, para serem utilizadas no seu dia a dia.

Penso que, terminada a análise e reconciliada a pessoa consigo mesma, na medida do que possa em cada análise, o ex-analisando estará preparado para enfrentar adversidades futuras e para usufruir mais plenamente das oportunidades que a vida oferecer.

O artigo mencionado anteriormente sugere ter sido Rangell (1966) o primeiro autor a designar o pós-término como uma fase distinta do processo, porém integrante do tratamento, e nela tendo enfatizado três importantes situações simultaneamente experienciadas: resolução da neurose de transferência; dissolução da situação analítica que alimentou o desenvolvimento da transferência regressiva; e reação à perda final do analista.

A partir de minha observação de que existe uma demanda para retornar à análise, em muitos casos de psicanálise mais bem-sucedida ou menos bem-sucedida – e demanda mais ou menos urgente e grave, conforme o caso –, algumas questões têm surgido, paralelamente, que só aos poucos se impõem à atenção dos analistas: qual a função analítica desses possíveis encontros pós-analíticos – se puderem ser considerados ainda "analíticos" –, e qual o papel que neles desempenhará o analista? Que aspectos do analista, suas interpretações e todo o processo analítico continuam a ser representados psiquicamente, depois do término da análise? Qual é a natureza e a função que essas representações têm nos ganhos analíticos e terapêuticos? Mesmo numa análise bem-sucedida, o que resta da transferência e da neurose de transferência? Será que os conflitos internalizados da transferência e suas resoluções tornam-se elementos centrais nas mudanças estruturais que visamos? A representação psíquica do analista e suas interpretações continuarão para sempre a desempenhar um papel vital na manutenção dessas conquistas? Como o analista desenvolve esse significado importante e duradouro, no curso da análise, no caso da manutenção dessas conquistas?

Das leituras que fiz, de conversas com colegas psicanalistas, de conversas com ex-analisandos e depois de muito pensar sobre minha já longa experiência clínica, parece-me que há dois tipos de demanda no pós-análise: num primeiro grupo, estão os ex-analisandos que manifestam claramente o desejo de retomar a análise. Como a questão me aparece hoje, trata-se, nesse caso, de ex-analisandos que não alcançaram uma análise bem-sucedida, cuja análise não teve término satisfatório ou cujo término não resultou de um acordo mútuo. Num segundo grupo, estão ex-pacientes analisados que manifestam somente o desejo de ter o que se pode chamar de "uma conversa pós-analítica". Meus arquivos mostram que, na grande maioria dos casos, esses são ex-analisandos que, ao contrário dos primeiros, alcançaram uma análise bem-sucedida, com término satisfatoriamente elaborado e alcançado. Nesse caso, então, esses ex-analisandos analisados estariam buscando contato com o psicanalista, já depois de consumado o período do término; podem ser considerados, portanto, pessoas que vivem bem o pós-término de suas análises no sentido de terem elaborado a separação.

Entre as pessoas que já viveram alguma experiência de análise encontrei também depoimentos do tipo: "Análise não serve para nada, só ajuda enquanto você vai lá". Tive acesso também a pessoas que após a vivência de uma experiência malsucedida declararam: "O quê? Acordar às 6h30 da manhã, e ele nunca dizer uma palavra e ainda por cima gastando um dinheirão? Nunca mais!". Não estou sequer considerando pessoas que, de antemão, desqualificam toda e qualquer psicoterapia e, quando se deparam com uma situação pessoal ou familiar de sofrimento psíquico, só concebem como única alternativa a consulta de um profissional médico.

Algumas ideias se destacaram, como aquelas sobre as quais converge o interesse da maior parte dos autores que li sobre o período de pós-análise: a questão da elaboração do luto pelo término da análise e das dificuldades de o analisando desligar-se do analista; a questão da transferência após o término; a autoanálise e sua função durante a fase pós-analítica ao longo da vida.

É necessário esclarecer que estou distinguindo *situação de análise* de *processo de análise*. A primeira se pode pôr um fim, optando – analista e analisando – por não mais se encontrarem; a segunda pode vir a tornar-se um processo dinâmico inesgotável, de autoconhecimento e expansão do mundo mental. Empreguei a palavra *término* em vez de *interrupção*, porque pretendi designar um processo analítico que não seria retomado.

Evitei me valer do termo *alta* ou *cura*, porque tanto um como outro estão comprometidos com o vocabulário médico. Também preferi o termo *analisando* ao termo *paciente*, para indicar uma relação menos assimétrica, em que não há um médico – agente ativo que aplica um procedimento terapêutico a um sujeito passivo – e um doente-paciente, cuja melhora o médico avalia e a quem o médico considera "curado" em um dado momento em que lhe outorga o "direito" de ter "alta". Embora analista e analisando ocupem lugares diferentes e desempenhem funções distintas num processo analítico, ambos estão comprometidos com o mesmo processo, viva e ativamente. O analista não faz um diagnóstico de alguma "doença" do paciente; tampouco ele prescreve, com base naquele diagnóstico, um procedimento terapêutico que, se eficaz, leva o médico a optar por dar alta ao seu doente-paciente. Numa análise, estabelece-se uma relação entre duas pessoas; são essas duas pessoas que, de comum acordo, optarão por não mais se encontrarem, a partir de um dado momento do processo analítico. Dependendo do referencial que norteia o trabalho do analista, os parâmetros que levará em conta irão variar, mas serão todos indicadores inteiramente distintos daqueles de que se serve o médico. Assim, a terminologia médica se mostra inadequada para designar os parâmetros psicanalíticos para término de uma análise, e que seriam: introjeção do objeto analítico, capacidade para se autoanalisar, capacidade para conviver com a ambivalência, maior nível de autoconhecimento, mobilização de recursos para lidar com conflitos, utilização de defesas menos primitivas e desenvolvimento da vida de fantasia, entre muitos outros.

Como já mencionei, estou distinguindo *situação* de análise de *processo* de análise. Então, no sentido de *processo* de análise, a análise é interminável. O analisando introjeta a função analítica e segue seu caminho sozinho.

Pode-se perguntar então, exploratoriamente, qual seria o enquadre da relação entre o analista e cada um de seus analisandos, depois de terminadas as respectivas análises. Existirá um enquadre ideal? Parece pouco provável, se se considera o *processo* analítico: cada análise é uma análise e, portanto, cada pós-término parece que deva ser também um pós-término, tão único quanto a própria análise. Mas é possível que se possam fixar algumas ideias quanto a um enquadre desejável para o pós-término da *situação* analítica.

Não existe na literatura praticamente nenhuma recomendação técnica relativa a como proceder no pós-término de uma relação analítica. Encontrei apenas alguns depoimentos, entre eles, o de Etchegoyen (1987), que relata sua forma pessoal de fazer o acompanhamento de seus próprios analisandos. O que encontrei em termos de *follow-up* foram estudos em geral conduzidos por analistas americanos, em grupos formados por ex-analisandos que se dispõem a participar desse tipo de pesquisa. É preciso, no entanto, fazer a ressalva de que não são acompanhamentos de pós-término feitos pelos analistas a seus próprios ex-analisandos.

A literatura contemporânea reúne, até agora, mais controvérsias que acordos sobre esse assunto. Analista e analisando devem encontrar-se mais ou menos regularmente após o término, ou não? Para alguns, sim; e há alguns relatos de experiências já tentadas. Pierre Fédida, numa supervisão[1] a que assisti, usou o termo "consultas analíticas" para definir um tipo específico de encontros pós-termino, de cunho terapêutico.

[1] Pierre Fédida (1934-2002), membro da Association Psychanalytique de France (APF), em supervisão dada na Sociedade Brasileira de Psicanálise de São Paulo (SBPSP), em 30/10/1996.

Essa ideia de Fédida pareceu-me estimulante. As "consultas analíticas" podem ser sessões espaçadas – a cada quinze dias, por exemplo – e podem contribuir para enriquecer e aprofundar a experiência desta passagem, às vezes tão dolorosa, do término para o pós-término. Existem pessoas que só com grande esforço suportam um término drástico – além das que não suportam –; e essas "consultas analíticas" podem ser um instrumento para ajudar o paciente a elaborar o luto da separação.

Para aumentar o conhecimento sobre o período do pós-término e sobre suas características e dificuldades específicas, e para aprofundar a discussão, colhi depoimentos de analistas e ex-pacientes de análise. Para a mesma finalidade, levantei a maior quantidade possível de referências clínicas e teóricas em artigos da literatura nacional e internacional, mas ainda não sistematizadas num corpo mais consistente de saberes.

A partir da experiência acumulada sobre os problemas do pós-término, nos estudos psicanalíticos, pensei em dois motivos dentre tantos outros, pelos quais a pesquisa psicanalítica formal sobre a fase do pós-término tem oferecido menor quantidade de informações do que se poderia esperar sobre assunto tão importante; alguns analistas preferem não se expor, não se sentem confortáveis em falar ou escrever sobre um assunto tão delicado; outros relutam em procurar contato com ex-analisandos, para sessões de acompanhamento; o principal "problema", nesse caso, seria o risco de os encontros interferirem na resolução da neurose de transferência que, para esses autores, correria o risco de regredir, impossibilitando um eventual pedido de retomada do processo.

Acredito que quando uma dupla (analisando/analista) teve bom entrosamento, o trabalho caminhou bem e chegou a resultados que pareçam satisfatórios para ambos, o analista será sempre "o mesmo" para cada determinado analisando, que dificilmente pensará em procurar outro analista. Para mim, só se pode falar em análise levada a bom termo nos casos em que o analisando consiga introjetar a função analítica. Contudo, mesmo para analisandos que já tenham a função analítica introjetada, pode acontecer – e acontece! –, com o decorrer da vida de cada um, de surgirem problemas ou situações que os façam lembrar do analista. Lembrando Freud (1937), quem está livre de novos traumas? Nesses casos, frequentemente o analisando tem desejo de voltar a poder falar sobre si mesmo e sua vida; o que me parece razoável propor que possa ser feito nas circunstâncias de uma "consulta analítica" (Saigh, 2002).

A mudança na designação – "consulta analítica", para indicar especificamente esses encontros analíticos pós-término – parece-me também importante para que se anote, preliminarmente, que as "consultas analíticas" não são idênticas, nem na estrutura nem nos objetivos, à sessão de psicanálise regular, do período em que se desenvolveu a análise propriamente dita.

Nesses termos, e considerando minha experiência, parece-me que, se há enquadre pós-analítico para a relação analisado-analista, o mais importante desse enquadre é a relação de intimidade e de confiança que se tenha estabelecido durante a análise. Acredito que sem essas duas condições o trabalho analítico é impossível. Na minha prática clínica, a maioria dos meus analisandos volta a me procurar: alguns, imediatamente após o término; outros, depois de algum tempo; e alguns, poucos, nunca me procuraram (até hoje).

De fato, tudo leva a crer que a questão do pós-término nos obrigará a olhar, o mais de perto possível, para as situações de *vida* de homens e mulheres analisados, "devolvidos", em certo sentido, depois de suas psicanálises, à vida dita "real" e ao tempo humano, social, com todas as suas vicissitudes.

Nesse sentido, estudar o pós-término pode ser uma boa ocasião para que se comece a estudar o destino social dos nossos analisandos analisados, mais ou menos como a medicina interessa-se hoje por acompanhar e estudar, o mais atentamente possível, o que os especialistas médicos chamam de "sobrevida" dos operados que carregam hoje coração, fígado, rim transplantados e pacientes que se submetem a tratamento quimioterápico. Vale lembrar que essa comparação não implica adotar novamente o modelo médico.

De fato, já não se pode dizer que o acompanhamento que a medicina mais moderna e avançada tem procurado oferecer aos grandes operados (e que em muitos casos já inclui, também, algum tipo de suporte psicanalítico ou psicoterapêutico) seja exatamente idêntico à atenção terapêutica ou profilática médica tradicional. Do mesmo modo, tampouco se pode dizer que as "consultas analíticas" no pós-término sejam exatamente iguais às sessões de análise. Só vão até aí, nesse caso, as semelhanças entre o "modelo médico" e a atenção aos grandes operados, de um lado; e, de outro, a atenção analítica pós-término aos analisados terminados.

Não se pensa em "cura" nos territórios da psicanálise. Não parece haver dúvidas de que o pós-término terá de começar a ser estudado pelos psicanalistas como o momento – um espaço e um tempo – em que a psicanálise é levada para dentro do mundo "real", vital, necessariamente um mundo *social*; e, carregada – literalmente "carregada" para lá! – por cada homem ou mulher que tenha internalizado a tal "função analítica" e se tenha tornado, por esforço pessoal de introspecção, uma pessoa, no mínimo, um pouco menos miserável do que foi antes de fazer-se psicanalisar.

O pós-término, afinal, talvez deva ser estudado como o espaço e o tempo em que se podem observar homens e mulheres que "sabem" – na medida do possível – de si mesmos e sobre si mesmos, apesar de todas as manipulações, mistificações ou ideologias; homens e mulheres que *sabem* – na medida do possível – que já foram seres humanos muito mais infelizes do que conseguiram passar a ser, depois da psicanálise; e homens e mulheres que *sabem* de tudo isso num plano profundo ou, pelo menos, num plano um pouco mais profundo do que o plano dos cadastros bancários ou das divisões de classes sociais "oficiais".

Para Rangell (1966), já parecia natural que "[...] se tivesse desenvolvido um interesse pela fase do pós-término" (p. 142). Mas, para esse autor, "[...] o contato pós-analítico *não* teria interesse primordial para a finalidade de pesquisa" (p. 143).

Interessará à psicanálise – e portanto à pesquisa – entender melhor o que homens e mulheres analisados satisfatoriamente podem fazer ou fazem, no mundo dos homens, com os raros e preciosos autossaberes que alcançaram na e pela psicanálise. Esse estudo só pode ser testado, para a psicanálise, se se começar a dedicar mais e melhor atenção ao período pós-término das psicanálises.

Parece-me que o estudo do pós-término, por mais importante que seja para fazer aumentar o conhecimento da psicanálise sobre ela mesma e para ela mesma, será importante também para que a psicanálise construa bom saber, também, sobre sua inserção na vida humana dos analisados, isto é, sobre a inserção da psicanálise na vida em sociedade, na vida da "cidade", como espaço humano e social para o qual têm de voltar e voltam, necessariamente, os analisandos analisados.

***

Pretendo neste livro desenvolver questões como: o que ocorre aos ex-analisandos analisados depois de submetidos a uma psicanálise, em termos dos ganhos traduzidos em melhora da sua qualidade de vida e de suas relações; na sua implicação e sua satisfação com sua vida profissional; e na sua implicação responsável pelo que lhes acontece?

Sentia falta de conversar com outros colegas, outras pessoas; sentia-me muito sozinha e fechada entre quatro paredes no meu consultório com meus analisandos. Comecei a investigar, a curiosidade aumentou e busquei outros interlocutores. Daí nasceram os depoimentos reunidos neste trabalho.

Aqui, o foco de interesse é examinar uma questão posterior ao término, que denomino de "pós-término" ou "pós-análise", entendido como a experiência que os analisandos vivem depois do término de uma análise mais bem-sucedida ou menos bem-sucedida.

Foram escolhidos os casos que me pareceram mais adequados para representar os modelos de pós-termino em minha prática clínica.

Esse *insight* lançou uma nova luz sobre o trabalho que me propus desenvolver e me fez repensar na vida dos pós-analisandos; será que aproveitaram realmente suas análises? Voltaram a procurar os analistas? Adquiriram uma capacidade de *insight* que os estaria ajudando a tocar suas vidas depois de terminadas suas análises? E muitas outras questões que ficam sem respostas. Também a escolha de analisandos que fiz para exemplificar os modelos que estou propondo neste livro me fez pensar sobre cada um deles, e isso abriu um enorme espaço mental, deu-me uma visão muito mais geral, a despeito da especificidade de cada caso. Esse fato foi uma grande descoberta que fiz para mim mesma: tornou-se mais clara para mim a razão da escolha desse tema. Já não me sinto tão sozinha, pois posso dividir minha experiência com meus colegas analistas, ou com outras pessoas que venham a ler este trabalho.

Levantei na literatura artigos publicados sobre o tema do pós-término e constatei que o número de artigos publicados sobre este assunto é muito menor do que o de artigos publicados sobre o término de análise (Saigh, 2002). A impressão é que o tema não parece muito "confortável" para os psicanalistas, seja porque não lhes agrade expor-se ou expor os casos de suas clínicas, seja porque a abstinência psicanalítica não lhes permita tomar tal iniciativa. Afinal, estudar o período pós-término de ex-analisandos é um modo de – em vários sentidos importantes – antever a possibilidade de os analisandos retomarem, por diversos modos, o trabalho analítico.

Ao mesmo tempo em que fazia o levantamento de artigos publicados, pesquisei também novas e mais atualizadas referências clínicas e teóricas sobre o período do "pós-término de análises". Essas referências ainda são pouco frequentes, mas já começam a aparecer na literatura nacional e internacional especializada.

Quando as pessoas falam de sua vida depois da análise, contam, muitas vezes sem se darem conta, sobre como sobreviveram sem seus analistas, falam da dor de uma separação – que sem dúvida remete a separações mais primitivas e muito dolorosas – memórias muito profundas que só emergem quando uma outra separação ocorre, quando então tudo vem à tona, de uma vez. Por isso é que separações de término de análise e as vivências pós-término são, em alguns casos, catastróficas.

Como disse Freud, a psicanálise pode ser entendida a partir de três diferentes ângulos: como um procedimento terapêutico; como um corpo de conhecimentos teórico-práticos, que aspira ao estatuto de uma psicologia geral; e, por fim, como um método de investigação dos processos psíquicos inconscientes.

A autora

1.

Casos clínicos

Quatro diferentes modelos de pós-término

Fazendo uma retrospectiva de como venho procedendo em relação ao encaminhamento do fim da análise e do acompanhamento pós-término, antes de me interessar por estudar formal e sistematicamente esse tema, percebo que em meus contatos pós-analíticos com meus analisandos sempre mantive uma postura analítica resguardando o que se entende por *setting*. As situações não são todas iguais, mas, independentemente do que esteja em jogo creio ser de fundamental importância ter sempre em vista a possibilidade de que esta pessoa que volta a me procurar pode eventualmente retomar seu processo de análise. Mesmo me abstendo em certos casos de interpretar, acho conveniente manter uma certa reserva que possibilite ao analisando uma retomada de seu processo de análise, caso necessário. Quando afirmo isto estou pensando em termos da demanda do analisando naquele momento específico.

Não incluí nos modelos que proponho para pós-análise situações de analisandos bastante comprometidos que na verdade, como não conseguem chegar a internalizar de forma estável o objeto analítico e desempenhar por si mesmos a função analítica, apenas interrompem suas análises por vontade própria e prematuramente na minha maneira de ver, e que muito provavelmente retornarão. Na minha experiência, tais analisandos retornam de tempos em tempos por não poderem prescindir do acompanhamento de um analista. Tais analisandos, anos atrás, sequer seriam tomados em análise; muito provavelmente receberiam apenas tratamento psiquiátrico e seriam internados.

Nos modelos que irei descrever, tomei o cuidado de omitir e mudar detalhes que identificassem os pacientes.

Ao Modelo I, chamarei de pós-término bem-sucedido. Com essa denominação pretendo me referir ao fato de que o analisando tem um comportamento durante o pós-término que revela já ter uma função analítica introjetada e preserva um vínculo afetivo em relação ao ex-analista. Parece que o ex-analisando mantém o analista como um ponto de referência. Eventualmente entra em contato, por exemplo, em ocasiões festivas, como Natal e fim de ano. Lembro-me de uma ex-analisanda que liga regularmente no dia do "aniversário da análise". Apesar de não ser uma relação social como outra qualquer, e ainda guardar características do vínculo analista-analisando que lhe deu origem, ainda é uma relação assimétrica, porém muito menos sobrecarregada por aspectos transferenciais. Estou pensando em outros ex-analisandos que de tempos em tempos me telefonaram e já chegaram a pedir horários para conversarmos. O que ocorreu nesses encontros não foram sessões de análise, tampouco constituíram conversas sociais. Eles me contaram fatos de sua vida e parecem ainda querer manter o vínculo, pois, embora tendo demonstrado interesse por mim, em nenhum momento fizeram perguntas de natureza pessoal. Penso ser uma necessidade de me resguardarem em meu papel de analista.

Na minha prática clínica, com analisandos que vivenciaram esse processo que eu chamaria de bem-sucedido, e que de comum acordo finalizaram suas análises, foi possível manter uma atitude menos convencional. Quando procurada por eles, pude ter uma conversa mais informal e amistosa.

Uma subdivisão que fiz nesse modelo de pós-término bem-sucedido abrange analisandos que fazem uma análise dentro de padrões normais, durante um tempo consistente, passam por todas as fases de uma análise clássica, chegam a um término de comum acordo com o analista e no pós-análise se comportam de uma maneira totalmente diferente do modelo citado. Há uma ruptura: não procuram, não querem saber, como se o analista e a análise nunca tivessem existido. Acredito ser uma defesa contra uma insegurança que têm em seu mundo interno, que talvez não estejam tão bem resolvidos como acreditam estar. Seria como um casal que se separa e não consegue se ver nunca mais. É um problema não resolvido, o se ver ameaça demais a frágil segurança. Para um casal que tem bem resolvida a separação, o fato de se reencontrar não apresenta ameaça. Com o analista a situação é semelhante.

Ao Modelo II, chamarei de pós-término com consultas analíticas. No caso específico que abordarei mais adiante, a interrupção se deu por motivo de doença familiar.

Trata-se de casos similares ao primeiro modelo: são pessoas que procuram análise com uma queixa particular e durante o processo analítico passam por todas as fases características de uma análise. No entanto, na hora de parar sentem muita dificuldade; preferem fazer essa interrupção de uma maneira mais suave, não cortando completamente a relação com o analista. Passam a se ver, de comum acordo, menos vezes por semana, chegando até a se verem em sessões espaçadas, realizadas a cada quinze dias; a isto chamo de "consultas analíticas", inspirada numa supervisão realizada com Pierre Fédida há alguns anos, já mencionada. O pós-término é objeto de um contrato que eventualmente pode vir a ser revisto, com sessões mais espaçadas. A ideia desse espaçamento é favorecer a elaboração por parte do paciente de sua separação em relação ao analista. Qual é a especificidade dessas consultas analíticas em relação a outros tipos de contato pós-analítico? O analista mantém sua postura analítica, faz intervenções e preserva o *setting* de uma análise padrão. Esses encontros não se configuram como sessões de análise no sentido de um processo em desenvolvimento, mas também não são comparáveis a conversas sociais. O que muda é a frequência e o intervalo entre as sessões.

A analisanda citada no Modelo II, embora tivesse condições de "caminhar com as próprias pernas" uma vez que havia introjetado o objeto analítico, optou por garantir um lugar onde pudesse se sentir cuidada, olhada, vista e onde pudesse compartilhar alguns fatos de sua intimidade que são fontes de grande angústia e que só a analista tem conhecimento. Acho que sua discrição em relação a mim durante essas conversas e ao longo de todo tempo tem o sentido de não descaracterizar minha função analítica. Embora eu não faça interpretações no sentido clássico do termo, procuro identificar qual o sentido de a analisanda estar me trazendo tal material. Por exemplo, houve sessões em que ela me trouxe fotos de um trabalho que estava fazendo. Esse tipo de trabalho é uma reaquisição recente em sua vida, já que por anos tinha se dedicado a isso, mas tinha parado por causa de depressão. Nessa sessão, especificamente pareceu-me que a analisanda queria que eu testemunhasse o enriquecimento de sua vida de fantasia e a ampliação das suas possibilidades criativas, numa volta a algo que, como ela dizia, sempre fizera parte de sua vida.

Minha suposição é de que nos vários casos que acompanhei de pessoas com necessidades semelhantes a essa, houve um precário desempenho da função materna. Minha hipótese é que tais pessoas ainda precisem relacionar-se com seus analistas como com um objeto externo real, mesmo já tendo condições de caminharem sozinhas.

Ao Modelo III, irei me referir como pós-término com reanálise. Formulei esse modelo a partir de minha experiência clínica: são pessoas que tiveram uma boa vivência de análise pessoal e conseguiram perceber o ganho que adquiriram em suas vidas. Penso poder distinguir e incluir nesse modelo dois grandes grupos de analisandos: o primeiro grupo seria formado por aqueles analisandos que terminaram sua análise com o aval de seus analistas depois de terem passado por todo o processo de uma análise revelando boa introjeção do objeto analítico. Exatamente por terem se beneficiado profundamente dessa experiência, podem recorrer à análise com o mesmo ou com outro analista em algum outro momento de suas vidas em que sentirem necessidade. O segundo grupo seria constituído por aqueles analisandos que, tendo experimentado os benefícios da análise, eventualmente tiveram que interrompê-la pelos mais variados motivos: foram morar fora, enfrentaram problemas financeiros, estavam vivendo momentos atribulados em sua vida pessoal e familiar. Tão logo superadas tais dificuldades retomam a análise, mesmo que com outro analista.

Em conversas com colegas, nos dados que obtive nas entrevistas que fiz e na minha própria experiência percebo que este grupo é o que abrange maior número de ex-analisandos.

Ao Modelo IV, chamarei de pós-término com atendimento em situações de crise. São pessoas que só procuram análise em momentos de crise. Sentem-se muito mal e querem aliviar-se o mais rápido possível desses sintomas, a maior parte das vezes sintomas psicossomáticos, tais como pânico, síndrome de pânico, compulsões várias. Segundo minha experiência, tais pessoas efetivamente se comprometem com um processo de análise enquanto estão enfrentando alguns desses momentos críticos. A análise se torna o que de mais valioso parecem ter na vida e a coisa mais importante que estão fazendo. Não faltam, são pontuais, não questionam o número de sessões, chegam a solicitar sessões extras. Mas da mesma maneira que ficam dependentes da análise durante esses períodos de fragilidade e vulnerabilidade, tão logo identificam uma pequena melhora e atingem um certo nível de estabilidade, interrompem-na, usando os mais diferentes pretextos, aparentemente irrelevantes. Num primeiro momento, parecem ter recursos para se aprofundarem em um contato consigo mesmo e serem capazes de se envolver de fato com o processo analítico, levando o analista a acreditar em suas possibilidades. Qualquer quebra de *setting* destitui completamente o analista de seu lugar, que talvez seja o intento inconsciente que reiteradamente move esses pacientes. Talvez isso representasse o "triunfo" do analisando e o fracasso do analista em não aceitar seu convite para sair de sua função. Nesse tipo de situação o analista tem que ser muito rigoroso e estar sempre atento para não cair nas armadilhas que inconscientemente o paciente lhe estende a todo momento.

Duas situações podem ocorrer: ou a interrupção abrupta da análise, com posterior retorno ao primeiro sinal de crise, ou uma banalização de seu compromisso com o processo: começam a faltar, a priorizar outros compromissos, a trazer associações mais empobrecidas, em resumo, a se distanciar até chegarem a interromper.

Será que nesses casos podemos falar de pós-término? Terá realmente havido análise? Caso afirmativo, terá efetivamente ocorrido um término? Apesar de terem feito análise regularmente durante alguns anos num *setting* clássico, sua análise foi interrompida sem que isso resultasse de um acordo analista-analisando. Estaríamos às voltas nesses casos com aqueles analisandos de quem Winnicott (1998) dizia ser impossível que se comprometessem com uma análise padrão? Acredito que sim. Apesar de terem algum vínculo introjetado, não conseguem nem ter uma ligação contínua nem se desligar totalmente.

Pela minha observação de casos semelhantes, trata-se de indivíduos que fora do *setting* analítico também vão se enredando nas relações afetivas e nas escolhas que fazem vida afora. A possibilidade de entrar em contato com suas questões mais profundas é absolutamente assustadora para esses analisandos. É mais fácil para eles trazer *flashes* de seu cotidiano do que realmente trazer material associativamente mais significativo.

A hipótese que faço é a de que tais pessoas temem se aprofundar, como se esse aprofundamento as ameaçassem de entrarem em um colapso mental. Por vezes, mostram-se tentados a "resolverem" suas questões psíquicas de uma forma mais rápida e mágica por meio de medicamentos de prescrição tão indiscriminada e abusiva como hoje se faz. Depois de um tempo, quando percebem que tais soluções fracassam, voltam a procurar a análise.

Torna-se extremamente difícil trabalhar com analisandos nessas condições, mantendo uma continuidade no processo analítico. São situações truncadas e de difícil manejo. Esses analisandos vivem a situação de pós-término, isto é, avaliam ter feito análise e ter chegado a um término dela, mas, para muitos analistas, entre os quais me situo, talvez esses pacientes nem tenham chegado a fazer realmente uma análise.

Modelo I – Pós-término bem-sucedido

Alberto procurou-me porque queria se conhecer melhor para poder entender certas atitudes que tomava quase sem se dar conta do que fazia. Era como se fosse tomado por um sentimento, um desejo imperioso que o obrigava a agir sem pensar.

Era um rapaz de 25 anos, bem apessoado, estudante de arquitetura. Inteligente, perspicaz, família de classe média. No início de sua análise, falava muito e a minha função se resumia a lhe assinalar e nomear algum sentimento. Suas ações que mais o atormentavam eram as noturnas (fugidas de casa para procurar parceiros amorosos), que ainda ocorriam às vezes, mesmo depois de alguns anos de análise.

Era como se estivesse dividido em duas pessoas: uma diurna e uma noturna.

Depois do Édipo ser bem trabalhado e de ele ter elaborado sua relação quase simbiótica com a mãe, pôde perceber a função que essas "fugas" tinham, na relação com sua mãe (o não pensar). As "fugas" (termo que ele mesmo usava) começaram a diminuir.

Concomitantemente, conheceu uma moça e conseguiu ter um relacionamento mais firme com ela – foi a primeira vez que isso ocorreu. Levou-a para seus pais conhecerem e isso foi um passo muito importante para sua vida. Depois que percebeu que era amado por uma mulher (o evadir-se da depressão, o medo de enfrentar suas dúvidas quanto à sua sexualidade), se sentiu muito mais seguro (na transferência isso ocorreu antes – o apaixonamento correspondido de uma forma acolhedora deu-lhe uma segurança que nunca acreditou que pudesse ter).

Foi um trabalho difícil, árduo tanto para a analista como para o analisando.

Conseguiu conversar com o pai, coisa que não existia antes. O pai era muito prepotente e só lhe dirigia a palavra para dizer que ele não servia para nada, que só gostava de arquitetura-decoração, coisas de mulher, que era melhor que ele ficasse com a mãe.

Numa das sessões, lembrou-se de um episódio traumático que determinou um distanciamento de sua mãe quando ainda criança.

Contou que sentiu muito o afastamento da mãe, e não sabia por que ela se afastara. A mãe também não comentava o assunto com ele.

Não sei se por essa ocorrência, mas sua sexualidade sempre foi um problema. Provavelmente, foi o que o levou à análise.

A análise é um processo complexo. Não sabemos, nem ele nem eu, quando e como o "problema" desapareceu. Foi como se "de repente" Alberto tivesse começado a ter uma vida sexual boa com a namorada. Foram morar juntos, ela engravidou e casaram. Tiveram um bebê, motivo de muita alegria para ele e para toda a família.

Continuou em análise depois do nascimento do bebê.

Depois desse nascimento, começou a ter sonhos nos quais "fugia à noite". Ficou apavorado. Percebemos, ele e eu, que estava se sentindo muito de lado da situação maternal – parto, amamentação, cuidados com o bebê –, e que então podia rever e repensar a relação entre ele-garoto e o pai. "Talvez ele (o pai) tenha sentido a mesma coisa que eu estou sentindo agora", me disse numa sessão. Acho que a paternidade o aproximou muito do pai.

Depois de sete anos de análise, comecei a pensar que ele já podia seguir o seu caminho sozinho, pois já tinha um bom objeto analítico elaborado. Comuniquei isso a ele. Primeiro, se assustou, disse que não. Mas aos poucos, nas sessões seguintes, pudemos falar disso mais calmamente e marcamos um final para depois de seis meses. O término foi tranquilo.

Na última sessão, trouxe-me flores. Muito comovido, agradeceu pelo meu trabalho. Perguntou se podia me telefonar, caso precisasse. Respondi que sim. O período de pós-término foi tranquilo.

No Natal, seis meses depois, telefonou, formal; disse que estava bem e me desejou Feliz Natal.

Desde então, me telefona em datas festivas. Considero um caso bem-sucedido com um pós-término também bem-sucedido. Acredito que se houver algum problema grave ele vai telefonar e talvez queira marcar uma hora para conversarmos. Não acredito que queira fazer análise novamente.

Acho que o mais importante numa análise é conseguir reconstruir a história daquela pessoa e ressignificá-la, para que possa conviver melhor com suas angústias e aflições. Depois de entrar em contato com essa nova história, a pessoa estará pronta para seguir o seu caminho.

Em nenhum caso deve-se entender que todos os problemas estarão resolvidos para sempre, mas que o ex-analisando está capacitado e tem ferramentas próprias para "tocar em frente" a própria vida.

Desde o primeiro dia, Alberto deu-me a sensação de ser capaz de se desenvolver psiquicamente. Seu problema sexual não tinha a gravidade que ele mesmo acreditava que tivesse.

Modelo II – Pós-término com consultas analíticas

Beatriz procurou análise por estar muito deprimida, não conseguia nem sair da cama. Fez análise por nove anos. Vem de uma família de poucas posses: pelo fato de o pai ser mais velho e inválido, era a mãe quem sustentava a casa. Beatriz sempre foi obrigada a fazer muita economia. Hoje tem uma vida economicamente estável, porém durante algum tempo continuou a repetir o modelo de "miséria". Principalmente quando estava angustiada, a primeira coisa que fazia era economizar em tudo, o que parecia acalmá-la. Na relação comigo, tinha muita dificuldade em efetuar meu pagamento. Ao longo da análise, foi-se conhecendo melhor e percebia que era muito mesquinha. Poderia ter uma vida mais confortável, mas não conseguia. O que me parecia era que esse era o seu jeito de lidar com a angústia e a depressão. Seu refrão era: "Se eu fizer todo o meu dever, me sinto melhor". Não percebia que o tempo havia passado, e que nada disso era mais necessário. É comum o paciente recordar o que nunca poderia ter sido "esquecido", porque nunca foi consciente. Quando a angústia não paralisava Beatriz, ela se oferecia uma vida cotidiana mais agradável. Era uma "teoria" que tinha e cujo processo de elaboração foi muito penoso. Agarrava-se a essa teoria como algo precioso por pior que fosse a vida emocional que se proporcionava. As "repetições" para ela tinham a função de tranquilizá-la. Houve uma grande mudança na sua maneira de lidar com esses "ataques de mesquinharia", como ela mesmo ironizava; em momentos críticos de ansiedade, percebia o impulso quase incontrolável de fazer alguma economia, mas já conseguia parar, refletir sobre o assunto e tomar outra atitude mais condizente com a situação.

Tanto nos momentos de maior depressão como nos de euforia, Beatriz revelava uma grande dificuldade de se organizar no tempo. Fora da análise comportava-se da mesma maneira, não conseguindo cumprir sua agenda, o que causava enormes transtornos a ela própria, mas sobretudo àqueles com quem convivia. Percebi no transcorrer do processo de análise que quando chegava no horário para as sessões, ou até antes, era por estar deprimida. Caso contrário, nos momentos de mania, às vezes chegava apenas para dar boa tarde, faltando somente cinco minutos para terminar o seu horário.

Beatriz não teve uma alta, apesar de sentir-se bem e conviver melhor consigo mesma. Um familiar próximo adoeceu e veio a falecer. Interrompeu a análise depois de nove anos; não foi uma alta. Concordei com essa interrupção pelas dificuldades de ordem prática que Beatriz enfrentava naquele momento. Telefonou duas vezes durante esse período para conversar. Avisou-me quando seu parente morreu. Telefonei-lhe para dar os pêsames. Voltou a telefonar um ano depois, e marcou um horário para vir conversar. Veio no horário marcado, e eu a percebi muito deprimida. Tive a impressão de que esse intervalo da análise não existiu para ela, pois "continuou a falar" como se estivesse estado comigo na véspera. Disse-me: "Não esqueça de me dizer quanto eu estou devendo". Na hora, fiquei um pouco confusa, mas logo percebi que ela estava fazendo uma grande confusão, como se tivesse faltado a algumas sessões e não interrompido. Ela nada me devia. Transformara aquele enorme hiato em "faltas" às sessões, como se o vínculo comigo fosse de tal forma arraigado que não pôde admitir a interrupção. Combinamos consultas quinzenais.

Ela precisava de alguém para conversar, "contar suas coisas", como disse: "Meus filhos são muito ocupados e não têm tempo de me escutar. Acho também que eles não têm paciência, principalmente de ouvir os meus problemas, e também não demonstram muito interesse nas minhas coisas. Me sinto muito sozinha".

Percebi que ela mantinha forte vínculo comigo. É essa situação que chamo de pós-término com consultas analíticas. Beatriz ficou em análise nove anos consecutivos, teve contato com seu mundo psíquico, elaborou muitas questões emocionais, como Édipo, negação. Não usou e nem usa a análise como pronto-socorro. Penso na hipótese de que ela ainda precise relacionar-se comigo como com um objeto externo real. Sua formação cultural não lhe permite manter relações de muita intimidade. Embora tenha um grande círculo de relações e uma agenda sempre tomada, quando não está prostrada em depressão, suas relações se mantêm num nível superficial de uma distante cordialidade. Creio que sou uma das únicas pessoas com quem conseguiu estabelecer uma relação de verdadeira intimidade.

Modelo III – Pós-término com reanálise

Cláudia não chegou com uma queixa específica do ponto de vista manifesto, embora reiteradas vezes, ao longo do seu processo de análise, tenha se perguntado: "Quem sou eu? Do que é que gosto? Às vezes eu não sei se sou minha mãe, meu pai ou meu marido. Eu queria me separar, saber quem eu sou realmente e se o que eu faço é porque eu quero ou para agradar a eles". Estaríamos na presença daquilo que Winnicott (1998) conceituou como um "falso *self*"? Cláudia está em análise há quase 20 anos, com duas interrupções. Começou análise muito jovem. Tratava-se de uma "criança" cujo mundo mental vivia assolado por situações de intensa persecutoriedade. Desenvolveu muitos recursos para lidar com os episódios traumáticos que teve de enfrentar desde menina em sua vida familiar. Refletindo hoje sobre tais situações, agravadas pelo exercício precário das funções parentais por parte de seus pais, me impressiona o fato de Cláudia não ter efetivamente psicotizado.

Nos primeiros dois anos de análise, suas sessões foram muito turbulentas: ora adorava a análise e queria me oferecer presentes; ora detestava, dizia que não sabia o que fazia ali, ameaçava interromper o tratamento – quase sempre no começo da semana e, invariavelmente, quando voltava de férias.

Sentia-se muito perseguida: nunca me olhou nos olhos, tinha fantasias sobre mim o tempo todo, mas, ao mesmo tempo, queria saber tudo a meu respeito; entretanto, quando tinha oportunidade de me perguntar, durante as sessões, não o fazia "por medo de estragar a nossa relação". Disse numa sessão: "Meu maior medo é que você me conheça melhor do que eu mesma".

Gradualmente, pelas informações que trazia de sua vida, fui montando sua história na minha cabeça.

Cláudia é filha de dois profissionais liberais que se separaram quando ela era criança. Depois de um tempo, os pais voltaram a viver juntos e tornaram a se separar definitivamente na sua adolescência. Os irmãos se separaram e Cláudia ficou com a mãe, cuja instabilidade emocional culminava em crises que exigiam internamento hospitalar.

Pelo que se pode depreender, a confiança de Cláudia em seus pais e em relações a dois foi desde cedo minada, resultando profundamente comprometida sua capacidade de estabelecer uma relação de casal. Seus pais estavam longe de representar para Cláudia o que Meltzer (1967) chamou de uma "dupla parental inspiradora".

Nesse período da análise, parece-me que uma das minhas funções mais importantes era a de nomear para Cláudia os sentimentos que estava experimentando e dos quais parecia não se dar minimamente conta. Cláudia percebia como era importante o nosso trabalho.

Envolveu-se em uma relação amorosa complicada e parou de falar da nossa relação, de sonhos comigo, presentes, desejos de saber sobre minha vida pessoal, e passou a contar como estava bem, feliz e apaixonada. Parecia-me que atuava a situação de idealização e enamoramento fora da análise, repetindo a história parental. Com isso, se protegia do sofrimento que poderia advir do reconhecimento de sua dependência em relação à análise e da consistência do vínculo estabelecido comigo.

Foram várias sessões em torno do mesmo tema. Eu pouco conseguia falar. Tinha a sensação de que ela me despojava de minha função como analista, transformando-me, em sua fantasia, numa amiga e confidente. E tudo que eu sentia que antes ela vivia ali comigo passou a ser vivido fora e me era relatado. Havia uma traição em curso na cena transferencial. Sentia-me muito mal de vê-la nesse estado de alucinação. Cláudia acreditava que se comunicava por telepatia; que ela e o namorado eram almas gêmeas; e eu me via impotente diante de tudo isso. Minha suposição foi a de que Cláudia, além de estar atuando fora da análise esse estado de paixão, também estava se vingando do pai – vinte anos depois – por ele ter traído sua mãe. Agora, era a vez de Cláudia. E no lugar de identificar-se com a mulher vítima de traição, era ela que ativamente traía, como se assim se identificasse com o homem-pai que impusera à mãe tal sofrimento.

Cláudia vivia em um estado narcísico idealizado. Não formava ideias, não pensava, não observava. Não aguentava o desamparo; não sabia, então alucinava. Identificava-se com um objeto poderoso numa tentativa de, defensivamente, compensar o profundo desamparo em que sempre viveu. Esta maneira de funcionar não permitia que desenvolvesse a capacidade de pensar. Embora quisesse saber tudo, não se permitia observar ou investigar, porque isso implicaria necessariamente sofrer. Tentou transformar-me inicialmente nesse objeto idealizado. Uma vez que não correspondia a suas expectativas, a paciente, não suportando o desamparo, passou a alucinar tudo: poder e saber. Isso lhe oferecia a "vantagem" de não precisar de ninguém, ao menos em sua fantasia.

Quando dizia que ficava bem sozinha, Cláudia estava se identificando com esse objeto idealizado. A dor era tão grande de se sentir desamparada, de não saber, de ficar na vaguidão, que ela usava qualquer meio para se evadir, como drogas, paixões. Em relação à própria mãe, Cláudia parecia não ter percebido que esta não tinha correspondido a suas expectativas, simplesmente porque não tinha condições de fazê-lo.

Cláudia sempre fora mãe da própria mãe. Dei-me conta, ao longo da análise e da observação da paciente, de que não importava tanto o conteúdo de minhas palavras; o que eu falava servia-lhe como *holding*. Parecia que o som da minha voz já bastava para acalmá-la. Usava minha fala como um bebê "psicótico". Parecia sentir, nesse período da análise, que lhe era "permitido" pela primeira vez na vida, diante de alguém atento e confiável, manifestar todas essas mudanças de humor, acompanhadas de choros, esperneios, ruídos – tal como faz um bebê. Afinal, eu estava ali para contê-la. Não percebia ainda que tinha pai; numa dinâmica muito primitiva, funcionava como "um bebê só com peito"; ainda não via o pai. Sua mãe não continha sua angústia. A sessão era um *acting in* permanente. Chorava, parava de chorar, ria, mudava de ideia a todo instante. Não conseguia conter a angústia que experimentava ao pensar; então atuava. Parece que tudo em sua vida funcionara como atuação: casar, descasar, fazer cursos, trabalhos, arranjar amantes.

Conta que passou muito mal quando nasceu; quase morreu e teve de ficar na incubadeira por alguns dias. Sua mãe teve alta e ela permaneceu na maternidade por mais algum tempo. De vez em quando (segundo me contou), era tomada por um pavor indescritível; não conseguia ficar sozinha nem em casa. Chorava sem parar.

Parecia-me que experimentava um "terror sem nome". Pensei num bebê que fica sozinho na maternidade, sem a mãe, passando mal, numa incubadeira, como se fosse "um túnel escuro", como ela disse. Pagava qualquer preço para não ficar sozinha: transava com o marido sem ter vontade, ficava na casa da mãe comendo chocolate, percebia que estava atrapalhando, pois a mãe estava acompanhada. Aos poucos percebeu que esse tipo de atitude de nada adiantava, não a fazia sentir-se menos sozinha. Tinha um sentimento ambíguo em relação à mãe: ao mesmo tempo a idealizava e a odiava. Ficava com muita raiva quando via que a mãe não atendia aos seus apelos.

Mantinha com a mãe uma relação patológica de natureza simbiótica. Na medida em que não se discriminavam uma da outra, resguardavam-se de se perceberem as pessoas comprometidas que eram. Alguns comportamentos de Cláudia indicam um funcionamento psicótico que já se manifestava na relação transferencial. Vinha à análise, se apaixonava, a analista era "o máximo", mas qualquer frustração estragava tudo e ela ameaçava ir embora. Embora intensos, os vínculos ainda eram muito frágeis. Ficar só chorando e fazendo barulho mergulhava-a numa experiência emocional de tal forma turbulenta, que não conseguia se distanciar para falar sobre o que acontecia ali, comigo. Não dispunha de outro código a não ser o choro, o barulho, tal como um bebê. A mãe incentivava suas gratificações via oralidade: dava-lhe bombons e calmantes. Tudo pela boca, como uma mãe faz com um bebê (quando o bebê chora, a mãe oferece tudo para ver se ele para de chorar). Era tudo atuado, sem espaço para conversa. Era como se fosse uma criança levada que fazia de tudo para incomodar, para chamar a atenção. Não suportando a realidade, Cláudia recorria a manobras e a mecanismos para transformar a realidade de modo a moldá-la às suas expectativas. Poderíamos identificar nessas atuações um movimento de vida. Seria uma defesa contra a psicose?

Foi possível que, no contato comigo, viesse a perceber tudo isso. O pai foi a única pessoa que lhe deu e ofereceu um modelo mais saudável – não lhe dava drogas (como a mãe e o marido); mas Cláudia ainda não percebia isso. Não conseguia discernir quem ela própria era. Discriminar-se, ficar sozinha consigo mesma, era muito temido, pois fazia com que ela revivesse toda essa falta de continência, até física. Mas, apesar de toda a precariedade desses pais, algo seguramente deram à filha, o que lhe permitiu sobreviver, apesar das dificuldades.

Aos poucos percebi uma evolução em Cláudia, que já não estava tão identificada com o objeto idealizado e começava a se dar conta de que precisava da análise, mas, mesmo em momentos de intenso sofrimento, era capaz de não entrar em desespero e aguardar o momento da sessão. Continuava a procurar a mãe, mas com uma expectativa mais realista em relação ao que dela podia esperar.

Após três anos, interrompeu a análise. Durante o período de afastamento, escreveu-me algumas cartas e procurou-me somente uma vez por se encontrar numa situação muito sofrida. Seu pai chegou a ir morar com ela, por seis meses. Toda essa situação a deixou muito confusa, porque nunca anteriormente tinha convivido muito com o pai.

Acredito que nossos encontros foram proveitosos para ela. Cláudia voltou para onde estava morando e me escreveu algumas cartas. Nunca deixou de manter algum contato comigo durante todo esse tempo.

Voltou a me procurar após seis anos, já casada e com uma filha de dois anos.

Foi como se não tivesse havido interrupção: chegou, começou a falar, como se eu tivesse estado com ela durante todo o tempo em que esteve longe.

Acredito que fez o que queria – constituir uma família, ter filhos. A "barra" com a família estava muito pesada e ela queria muito ter uma família com seus próprios filhos. Foi o que fez, sem perceber muito quem era o marido.

Ficou em análise por mais quase dois anos, quando interrompeu de novo, por motivo de doença familiar. Nessa época, Cláudia ficou mais unida com o marido, e o pai também a ajudou muito.

Nesses dois anos, as sessões foram menos turbulentas do que no início da análise. Parecia que já me via mais separada dela. A relação com a mãe estava bem mais calma. Com o pai ainda tinha alguma dificuldade, mas já o enxergava melhor. Quando iniciou a análise, Cláudia nem o via direito – o pai, para ela, era só uma projeção da mãe; ela via o pai através dos olhos da mãe. Com a doença familiar, teve muito mais contato com o pai.

O conflito que vivia nessa época era a relação entre o pai e o marido, que não se davam bem. Seu relacionamento com o marido era muito turbulento, brigavam muito e sua mãe a aconselhou a separar-se.

Quando tem mais contato com o pai, vem para a análise satisfeita; escuta o que ele lhe fala e parece que fica mais segura quanto à sua situação financeira.

Um de seus dilemas, nesse período, era se deveria ou não ter outro filho. Queria ter o segundo filho logo, mas não tinha certeza de que deveria ser com este marido; se ficaria só com sua filha, ou se se separaria e arrumaria outro companheiro, para com ele ter outro filho.

Cláudia estava reproduzindo na relação com esse marido uma situação infantil caracterizada por um padrão relacional perverso: para ela, ser humilhada significa ser amada. É o que diz Freud (1919) em seu artigo "Uma criança é espancada". Cláudia já tinha uma percepção um pouco mais realista da sua situação, mas às vezes tal percepção não se mantinha e, então, ainda se sentia como um bebê desamparado, aterrorizado pelo convívio com uma mãe depressiva. Essa situação vivida internamente era de tal intensidade que eventualmente a impedia de discriminar fantasia de realidade. Nesses momentos, reagia intempestivamente, sendo capaz de pôr em risco a própria vida. Tinha um sistema de crenças que a levava a submeter-se a esse marido-objeto sádico. Parou novamente por motivo financeiro, não queria mais que seu pai pagasse sua análise.

Cláudia voltou a me procurar quatro anos depois. Tinha tido outra filha. Sua queixa atual era sobre a sua vida afetiva. A relação com o marido estava péssima e ela não tinha coragem de tomar uma atitude. Quando me procurou, já estava praticamente separada (seu marido já estava morando fora), mas não tinha coragem de formalizar esta situação.

Parecia repetir a primeira separação, quando teve um envolvimento amoroso – não sabendo como separar-se, cria uma situação sem volta ao agir de uma forma de tal modo destrutiva que impede qualquer possibilidade de reparação. É como se jogasse uma bomba e saísse correndo.

Conseguiu, nessa segunda separação, que tudo saísse como ela queria, e levou muito bem toda essa situação. Esse assunto tomou todas as sessões. Às vezes, vinha muito triste, chorava, mas sentia que tinha o controle da situação, que não precisava mais correr para o colo da mãe, como antigamente. Mostrou que havia desenvolvido uma certa continência interna, tendo aprendido a lidar com situações difíceis de uma maneira mais madura.

Profissionalmente, está muito bem. A relação com a mãe mudou completamente; tornou-se uma relação boa, madura, em que as duas são amigas, se ajudam, e uma pode contar com a outra. Reconhece tudo o que a mãe faz e fez por ela; é grata a essa mãe, apesar de todo o passado turbulento que tiveram. A relação com o pai melhorou bastante, embora ainda nutra uma certa animosidade.

Cláudia mudou muito nesses vinte anos. Hoje, é uma mulher adulta, que sabe o que faz, e profissionalmente é muito bem-sucedida.

As questões que mais a ocupam hoje dizem respeito às filhas. Sente-se culpada, acha que elas não têm pai por culpa dela.

Na análise, trabalhamos que o sofrimento que ela está tendo em relação às filhas é exagerado, que tem a ver com situações dela, antigas, vividas com seus pais. Todas as coisas pelas quais passou na infância foram revividas quando ela viu as filhas separadas do pai. Mas quem está revivendo o passado é ela; as filhas irão ter de lidar com seu próprio destino.

Fui analista de Cláudia, praticamente, ao longo desses vinte anos, mesmo nos intervalos em que não nos encontramos. Percebo que sempre continuei viva em sua mente, como analista; qualquer problema, qualquer aflição do seu mundo mental, era a mim que ela recorria. Acredito que fez um bom vínculo comigo, desenvolvemos juntas um trabalho precioso que nos enriqueceu a ambas. Estou convencida de que uma análise bem-sucedida é sempre um processo de desenvolvimento e crescimento, tanto para quem se deixa analisar como para quem se dedica com paixão a esta "missão impossível".

Como disse Freud (1937): "A experiência analítica ensinou-nos que o melhor é sempre inimigo do bom e que, em todas as fases do restabelecimento do paciente, temos de lutar contra sua inércia, que está pronta a se contentar com uma solução incompleta" (p. 264).

Chamei esse terceiro modelo de pós-término com reanálise por perceber que mesmo quando Cláudia ficou sem análise eu continuava a ser a sua analista. Mesmo depois da segunda interrupção, quando acredito que já tivesse um objeto analítico introjetado, seu vínculo continuou forte comigo. Ou, como disse Bion (1970), um vínculo tênue mas muito eficaz.

Modelo IV – Pós-término com atendimento em situações de crise

Eduardo procurou análise por estar sentindo-se muito mal. Na primeira entrevista, queixou-se de que tinha muito medo, a ponto de às vezes não conseguir sair de casa e de ter que fazer um esforço enorme para não passar o dia na cama. Estava próximo dos quarenta anos, tinha uma ótima aparência e era um excelente atleta. Sua maior preocupação era de que este medo o paralisasse, a ponto de ele não conseguir fazer mais nada. Aos poucos começou a falar de sua vida, fatos que começaram a dar significado ao quebra-cabeça de sua história pessoal.

Desde pequeno, tinha muito medo de ficar sozinho; até os 14 anos dormiu no quarto dos pais. Nessa idade, sofreu uma grave crise de depressão, foi internado e desde então toma antidepressivos, o que o deixa muito abalado; gostaria de viver sem remédios: "Às vezes, me acho viciado, detesto pensar que não consigo viver sem remédio". Um de seus maiores sofrimentos era ter que escolher, não importava o que, ou quem; desde comprar um carro, até com qual namorada iria sair, tudo era um verdadeiro tormento para ele.

O que ele não conseguia fazer era pensar, porque pensar significa escolher e escolher significa separar – o que para ele era insuportável. Essa era a sua catástrofe.

Como tinha essa dificuldade de escolher e romper, a sua vida afetiva era "uma verdadeira maratona". Mesmo tendo se separado da mulher (o que ocorreu durante o primeiro período de sua análise), continuava a vê-la. "Tenho que dar manutenção, senão corro o risco de perdê-la para sempre". Contava todos esses casos com muito humor. Era realmente engraçado. "Dar manutenção" às várias namoradas, visitar os filhos, trabalhar, fazer o seu esporte e vir à análise lhe davam um trabalho "medonho". Às vezes, parecia que ele vivia montando um grande quebra-cabeça e corria de um lado para o outro para conseguir agradar e, ao mesmo tempo, enganava a todos.

A única pessoa que não se divertia, em todo esse grande teatro que ele montava, era ele. Todos ficavam satisfeitos com sua *performance*, menos ele; que ficava exausto e não aproveitava nenhuma das situações tão bem planejadas por ele.

O que mais me chamava a atenção era a má qualidade de sua vida emocional, o que ele, aliás, não percebia. Não percebia que vivia muito mal, sem nenhum conforto afetivo, nem que vivia "manobrando" para sobreviver.

Um de seus maiores medos, até então, era medo de que seu pai morresse. O pai estava muito mal com uma doença que ambos sabiam ser incurável. Tratou desse pai com um desvelo enorme. Ia todos os dias à casa dele, lhe dava banho e fazia sua barba. Contava piadas para distraí-lo. O pai tinha muito medo de ser enterrado vivo e lhe fez um pedido: o de verificar se ele realmente estava morto antes de ser enterrado. No dia em que o pai morreu veio à sessão antes de ir para o enterro. Estava muito triste, pálido e me contou que estava pensando em usar uma gilete para cortar os pulsos do pai. "Caso ele não esteja morto, aí morre de vez". Até nessas horas, o jeito de ele falar tinha muito humor; era uma característica sua, ele sabia e gostava. Na sessão seguinte, descreveu detalhadamente suas "manobras" ao lado do caixão, à espera de um momento oportuno para cortar os pulsos do pai. Mas não teve oportunidade para fazer esse último gesto "de atenção" com o pai. "Foi a única coisa que não fiz pra ele". Algum tempo depois, trouxe um sonho: estava com a irmã e ela conversava com o pai. "Meu pai sabia que estava morto, mas mesmo assim quis falar". Quando conseguiu falar, o pai só pedia socorro. "Depois – continuou –, acordei e fiquei muito aflito, suando. Aí pensei: Sou eu que estou pedindo socorro...". Estava muito emocionado, com lágrimas nos olhos. Acredito que foi um dos primeiros sinais de que o *splitting* estava diminuindo.

Às vezes, quando eu tentava introduzir algum assunto, respondia: "Não quero, não consigo pensar". Ocorreu-me que é possível que jamais tenha pensado sobre coisa alguma, em toda sua vida. No seu código particular, construído a partir de uma não representação da catástrofe ou de uma representação inadequada, "pensar" significava "manobrar", palavra que usava com frequência, fazer manipulações, inventar histórias, administrar ideias e horários livres, de modo a jamais "perder" coisa alguma.

Uma das hipóteses que fiz foi a de que todo o dia a dia de Eduardo era dedicado a manobrar, no fundo, para evitar a depressão. Como subproduto de suas manobras, Eduardo "armava" para fugir do risco de se encontrar consigo próprio. Em termos mais técnicos, o paciente atuava o tempo todo; se não atuasse, poderia acontecer de pensar em vez de agir, o que ele achava que não aguentaria. Tinha pavor de saber quem ele era; de ter de ver o que não queria ver, de ter de lidar de outro modo com suas frustrações. Não conseguia escolher porque não havia construído qualquer representação de perda, de separação.

Esse quarto modelo é o que chamei de pós-término com atendimento em situações de crise; o analisando volta à análise cada vez que aparece um problema grave. Essa situação de pós-término já aconteceu quatro vezes, sempre da mesma forma.

Na minha maneira de ver, são analisandos que não conseguem ficar em análise se não têm algo que os deixe muito mal. Não têm condições de aprofundar-se em algum assunto ou tema que os afligem. Pode ser até uma consequência da época em que vivemos.

Numa subdivisão desse modelo, estariam os analisandos, que, além de usarem o modelo de atendimento em situações de crise, trocam de analistas cada vez que sentem necessidade por qualquer motivo. Usam a análise como defesa para se protegerem deles mesmos e da turbulência do próprio mundo interno. Não conseguem se aprofundar em nenhuma relação afetiva, e repetem esse padrão com os diversos analistas que procuram. São pessoas muito superficiais, porque não aguentam uma relação mais consistente. Não conseguem entrar em contato com seu mundo mental. Eu diria, no extremo, que são analisandos que dizem para todo mundo que fazem análise, mas na realidade nunca fizeram.

***

Espero que esses quatro modelos que estou propondo para o pós-término consigam dar conta de uma parte dessa experiência que foi um aprofundamento dos quatro modelos que propus para descrever e explicar o processo de término de análise (Saigh, 2002).

2.

O TEMA DO PÓS-TÉRMINO DA ANÁLISE NA LITERATURA PSICANALÍTICA

O pós-término para Freud e para outros autores

Freud não fala especificamente sobre pós-término, mas, em seus relatos de casos clínicos, podemos perceber a preocupação que tinha com o futuro de seus pacientes. Freud relata ter obtido notícias posteriores de seus pacientes, muitas vezes pelos próprios pacientes, de algum parente do paciente, ou, ainda, de algum amigo psicanalista que ele tivesse indicado ao seu ex-paciente. Embora as análises fossem bem mais curtas naquele tempo, Freud manteve longo contato com os pacientes, durante anos, em alguns casos. De fato, em praticamente todos os casos que Freud relata, os contatos entre psicanalista e paciente, depois da análise, foram sempre contatos muito mais duradouros do que os contatos relatados pelos nossos psicanalistas contemporâneos. Não se deve extrair nenhuma conclusão precipitada dessa generalização, porque inúmeros fatores que nada têm a ver com a psicanálise colaboraram para que as coisas fossem assim naquele tempo, e já não sejam mais hoje. Por exemplo, as distâncias físicas: Viena, naquela época, era uma cidade pequena; todas as pessoas de um mesmo círculo social se conheciam e se encontravam com muita frequência; se não encontrasse os próprios pacientes, Freud certamente encontraria pessoas que lhe dessem notícias deles.

Em "Estudos sobre a histeria", Freud (1893/1895) relata exaustivamente cinco casos clínicos que se tornaram famosos, com detalhes diários de todas as consultas, o que ele pensava, e por fim acrescenta longos comentários das discussões com amigos sobre os casos. Essa evidência de atenção ao modo como os pacientes atravessavam o período de pós-término sugere interesse, aplicação e dedicação ao trabalho e aos pacientes, sem dúvida, mas sugere também um modo diferente de o psicanalista "viver" a psicanálise, em sociedade, em primeiro lugar, e também entre profissionais (médicos) da época.

O primeiro caso que Freud comenta em "Estudos sobre a histeria" é o de Fräulein Anna O., 21 anos, que foi analisada por Joseph Breuer entre 1880 e 1882. Breuer era então médico já reputado, em Viena, e Freud, nessa época, estava habilitando-se como médico. Breuer e Freud eram muito amigos. O tratamento de Anna O. terminou em junho de 1892; em novembro, Breuer contou para Freud toda a história dela, o que o deixou muito impressionado. Acompanhou todo o caso, interessando-se bastante, a ponto de incluí-lo e escrever sobre ele nos seus casos clínicos de histeria.

O segundo caso é o de Frau Emmy Von N., 40 anos, o primeiro que Freud tratou pelo método catártico. Essa paciente também foi acompanhada por um bom tempo depois de o tratamento ter terminado, no verão de 1890. O terceiro caso é o de Miss Lucy R., 30 anos, cujo tratamento começou no outono de 1892. Freud narra esse caso como sua primeira análise completa de uma histeria.

O quarto caso é o de Katarina, sem data certa, mas que aconteceu nas férias de verão de 1893. E o quinto caso é o de Fräulein Elizabeth Von R., em 1892. Além desses, Freud também tratou de Frau Cäcilie M., a quem ele conheceu melhor que todas, mas sobre a qual não oferece muitos dados por ela ser uma pessoa conhecida. O caso de Frau Cäcilie M. foi detidamente estudado por Breuer e Freud, estudos que foram publicados sob o título de *Sobre o mecanismo psíquico dos fenômenos histéricos: Comunicação preliminar*, em 1893. Em todos esses escritos encontram-se evidências do interesse por acompanhar a evolução das pacientes, mesmo depois de interrompida a situação de análise.

Não se deve esquecer que Freud iniciava uma prática terapêutica, inteiramente revolucionária para os padrões da época. Até o tom "panfletário", que alguns estudantes de psicanálise identificam em alguns dos escritos de Freud, falam da necessidade de ele convencer seus leitores e a comunidade médica e científica internacional da época, da eficácia terapêutica do seu método. Cem anos depois da descoberta de Freud, com o advento de psicofármacos de última geração e de descobertas de neurocientistas sobre o funcionamento bioquímico do cérebro, não estaríamos nós também confrontados com a mesma exigência de "divulgação"? Há algum tempo, a revista *Superinteressante* publicava, na capa, uma foto de Freud, por trás de um vidro estilhaçado, e, em manchete, questionava se a psicanálise não estaria vivendo seus dias de agonia. Em muitas das mais renomadas faculdades de medicina do nosso país, existe ainda hoje – talvez mais acentuada do que nunca – uma forte tendência biologizante e organicista, que se conserva e se reproduz na formação dos novos psiquiatras.

No artigo "Análise terminável e interminável", Freud (1937) fala indiretamente sobre pós-término. Conta de um paciente, o "Homem dos Lobos", jovem russo, caso no qual Freud escreve ter recorrido "[...] à medida heroica de fixar um limite de tempo para a análise" (p. 248); o paciente a princípio não acreditou naquele fim anunciado, mas, assim que ele se convenceu de que Freud falava absolutamente a sério, aconteceu a mudança desejada. As resistências do paciente diminuíram e ele foi capaz de reproduzir todas as lembranças e de descobrir todas as conexões que pareciam necessárias para compreender sua neurose primitiva e dominar a atual. Ao terminar a análise de "Homem dos lobos", Freud (1912) acreditava que a cura fosse radical e permanente. Mas estava enganado. Depois do término, o paciente retornou a Viena, refugiado e destituído. Freud teve que ajudá-lo a dominar em alguns meses uma parte da transferência que não fora resolvida. Diz Freud (1937), numa nota de rodapé: "Desde então, o paciente tem se sentido normal e comportado de modo não excepcional, apesar de a guerra tê-lo despojado de seu lar, de suas posses e de todos os seus relacionamentos familiares" (p. 249). Durante quinze anos, o paciente ficou em Viena e manteve um lugar na sociedade, ainda que humilde. Durante esse período, contudo, o paciente teve crises que foram interpretadas como ramificações de sua doença perene. Uma das alunas de Freud, Dra. Ruth Mack Brunswick, pôs fim a essas condições em um breve tratamento. Segundo Freud, algumas dessas crises ainda estavam relacionadas a partes residuais de transferência e apresentavam caráter paranoico. Em outras, o material patogênico consistia de fragmentos da história da infância do paciente, que não tinham vindo à tona enquanto Freud o estava analisando e agora "[...] se desprendiam como suturas após uma operação ou pequenos fragmentos de osso necrosado" (p. 249).

O segundo caso que Freud narra no mesmo artigo é de uma mulher solteira que não conseguia andar desde a puberdade, devido a fortes dores nas pernas, diagnosticada como caso de natureza histérica. A mulher já tinha tentado vários tipos de tratamento, sem sucesso. A psicanálise, durante nove meses, removeu o problema e devolveu à paciente a capacidade de participar da vida. Nos anos que se seguiram ao restabelecimento, a mulher enfrentou muitos contratempos em família, inclusive uma perda financeira, e, como já estava mais velha, perdeu a esperança de ter felicidade no amor e casamento. Apesar das desventuras, ela se tornou um apoio para a família naqueles tempos difíceis. Doze ou quatorze anos após o fim de sua análise, essa mulher teve um mioma no útero, o que a obrigou a fazer uma histerectomia completa. A partir daí, caiu doente novamente, enamorou-se de seu cirurgião e teve fantasias masoquistas sobre aquelas alterações dentro dela. Essas fantasias ocultavam o seu romance, mas ela se mostrou inacessível a uma nova tentativa de análise. Permaneceu doente até o fim da vida.

Para Freud, na época, a análise bem-sucedida desta paciente realizara-se há tanto tempo que não caberia esperar muito dela; a segunda doença pode ter se originado da mesma fonte que a primeira, que fora superada com êxito; talvez uma manifestação diferente dos mesmos impulsos reprimidos, que foram solucionados incompletamente; não fosse o novo trauma, não teria havido nova irrupção da neurose. Sim, mas... quem está livre de novos traumas?

Esses dois exemplos de casos clínicos datam do início da carreira de Freud, e mostram o quanto lhe interessava o modo como se desenrolava a vida de seus pacientes, mesmo depois de terminada a análise. Diz ele:

> [...] Minha razão para escolher esses dois exemplos foi precisamente o fato de que eles residiam tão atrás no passado. É óbvio que, quanto mais recente for o desfecho bem-sucedido de uma análise, menos utilizável será ele para nosso debate, visto que não dispomos de meios para predizer qual será a história posterior do restabelecimento (1937, p. 255).

Freud (1937) também reivindica com sua teoria o fato de que "[...] a análise produz um estado que nunca surge espontaneamente no ego e que esse estado recentemente criado constitui a diferença essencial entre uma pessoa que foi analisada e outra que não o foi" (p. 259). Mais adiante, ele não se mostra muito otimista com a possibilidade de todos os resultados de todas as análise serem permanentes:

> [...] a diferença entre uma pessoa que não foi analisada e o comportamento de uma pessoa após tê-lo sido não é tão radical como visamos a torná-lo, e como esperamos e sustentamos que o seja. Se assim for, isso significará que a análise *às vezes* tem êxito em eliminar a influência de um aumento no instinto, mas não invariavelmente, ou que o efeito da análise se limita a aumentar o poder de resistências das inibições, de maneira que se mostram à altura de exigências muito maiores do que antes da análise, ou se nenhuma análise se tivesse efetuado. [...] Ao estudar desenvolvimentos e mudanças, dirigimos nossa atenção unicamente para o resultado; desprezamos prontamente o fato de que tais processos são geralmente mais ou menos incompletos, o que equivale a dizer que são, de fato, apenas alterações parciais (p. 260).

Depois de um momento inicial em que, muito mais jovem e menos experiente, ainda eufórico com sua descoberta e ainda com uma visão francamente médica de análise, falando em cura e em alta em "Análise terminável e interminável", um dos seus últimos e mais brilhantes escritos, Freud já enxerga com muita lucidez as limitações do alcance terapêutico da psicanálise diante das incertezas e da imprevisibilidade da vida.

Ao escrever este artigo em 1937, Freud já havia conhecido aos malefícios da Primeira Grande Guerra e pressentia que outra guerra se avizinhava. Já sofria de um câncer no maxilar e já tivera de exilar-se na Inglaterra, tentando escapar ao antissemitismo que grassava na Europa continental.

Algumas de suas reflexões sobre a civilização humana, melhor dizendo, sobre os impulsos destrutivos do ser humano, já haviam sido escritos – "O futuro de uma ilusão" (1927), "O mal-estar na civilização" (1930), "Por que a guerra?" (1933) datam desta época em que Freud, aos 80 anos de idade, já se havia despojado de muitas de suas ilusões da juventude. É natural que em tal contexto Freud se indagasse sobre as eventuais limitações do método que criara e sobre o alcance terapêutico da psicanálise, em outras palavras, sobre o valor profilático das mudanças promovidas pela psicanálise.

Em um dos últimos trabalhos que escreveu, "Esboço de psicanálise" (1940), Freud já afirmara que a transferência representava um fenômeno universal da mente humana que extrapolava o contexto da análise. Escrevia então que um ser humano vem à análise com uma capacidade para a transferência ou com uma "transferência já pronta". Como um "fenômeno humano", pode-se esperar que a capacidade de transferência persista depois da análise, mas com significativa redução na transferência neurótica dos elementos. Se aconteceram as alterações vantajosas do ego que visamos alcançar, elas podem "[...] ser mantidas independentemente do resultado da transferência e manter-se-ão por toda a vida" (p. 182).

Embora Melanie Klein tenha contribuído para o estudo do término de análise com dois trabalhos, publicados com um intervalo de uma década – "Sobre os critérios para o término de uma psicanálise" (1950) e "Sobre a saúde mental"(1960) –, não encontrei em nenhum de seus escritos referências ao tema de pós-término.

Não encontrei em minha revisão bibliografia nenhum texto de Bion especialmente consagrado ao tema "pós-término". Não surpreende, uma vez que, para ele, a questão do pós-término não se justifica, porque a análise é intrinsecamente um processo interminável. Como falar em "pós" quando algo não se concluiu nem se pode prever que se conclua algum dia? Quanto ao fim dos encontros analíticos, Bion (1978-1980) diz que deixa a critério do paciente aceitar ou não os termos do acordo, para que este se sinta livre de quaisquer compromissos formais com o seu ex-analista e possa vivenciar realmente a separação. Caso contrário, o vínculo se perpetuaria. Diz ele: "Não posso ser analisado por completo – não acho que isso exista. Algum dia tem que parar; depois disso, vou ter que fazer daquilo que sou, o melhor que puder" (p. 112).

Em *Fundamentos da técnica psicanalítica*, Etchegoyen (1987) escreve sobre as recomendações técnicas para o analista no pós-término, não se aprofundando na situação emocional da dupla analista-analisando. Mas termina suas reflexões com uma recomendação pertinente, dizendo que o analista deveria a longo prazo ser esquecido.

Transferência após o término

Vários autores escreveram e se preocuparam com a transferência durante o pós-término, assunto que parece ser dos que mais chama a atenção dos psicanalistas, como questão ainda tão insti gante hoje, como nos dias de Freud, para todos os especialistas.

O problema, de fato, já está exposto em Freud, pelo menos quanto aos seus limites essenciais e intransponíveis, desde o brilhante "Análise terminável e interminável", de 1937: "[...] Os pacientes não podem, eles próprios, trazer todos os seus conflitos para a transferência, nem tampouco está o analista capacitado a invocar todos os possíveis conflitos instintuais deles, a partir da situação transferencial" (p. 265).

Hal Hurn, em 1973, um dos autores contemporâneos que reflete sobre o destino da transferência após o término, diz:

> [...] o que resta da transferência e da neurose de transferência, depois da análise, mesmo que seja a análise mais idealmente bem-sucedida? Que aspectos do(a) analista, suas interpretações e tudo mais que acontece numa análise continuam, depois, a ser representados psiquicamente?

> Qual é a natureza e a função desses remanescentes, nos ganhos analíticos e terapêuticos? Será que os conflitos internalizados da transferência e suas resoluções tornam-se elementos centrais nas mudanças estruturais a que visamos? Mais particularmente, será que a representação psíquica do analista e as interpretações continuarão para sempre a desempenhar um papel vital na manutenção dessas resoluções? (p. 181)[1].

Interessa-lhe também, no mesmo texto, saber como o analista trabalha esse significado, ao longo da análise. Nessa linha, Hurn (1973) reflete sobre a repetição:

> [...] Na análise, a repetição não é eliminada, mas muda o conteúdo do que é repetido. O neurótico repete o passado infantil, enquanto o paciente satisfatoriamente analisado, em situações novas que exigem que ele se controle, é capaz, além disso, de repetir as soluções dos conflitos do passado infantil que foram alcançadas na análise (p. 185)[2].

Ainda nesse texto, Hurn (1973) comenta o desapontamento pós-analítico difuso descrito no estudo de acompanhamento de Ticho (1972) e reflete sobre variantes do conceito de transferência:

[1] Este trecho, assim como todos os subsequentes, foram traduzidos pela autora.

[2] Tradução livre da autora.

> [...] à luz da teoria de Kohut, pode-se perceber um componente particular na transferência não neurótica, referido sob diferentes nomes, como "transferência positiva" (Freud), "transferência básica" (Greenacre), ou "aliança terapêutica" (Zetzel). Esse componente particular manifesta-se na tendência de o paciente experienciar o analista, no modo narcísico, como *self object* (p. 187-8)[3].

No mesmo texto, em que acompanha em vários autores as modificações pelas quais passou o conceito, Hurn incorpora também outras lições de Freud, trazidas por Buxbaum. Para essa autora, Freud em várias ocasiões chamou a atenção para um aspecto da relação entre paciente e analista, que se manifesta frequentemente depois do término, e que teria permitido que se estabelecessem relações de amizade.

Em *The technique of terminating analysis*, de 1950, Buxbaum explicitamente considera que o contato social pós-analítico entre paciente e analista poderia, realmente, promover a resolução mais completa da transferência neurótica.

Quanto à "transferência negativa", ela pode persistir na forma de uma aversão, "[...] de nunca mais ver o analista novamente" (p. 185)[4]. E também pode persistir a transferência da idealização, que às vezes respinga do analista para a psicanálise. Essas idealizações muitas vezes ocultam

---

[3] Tradução livre da autora.

[4] Tradução livre da autora.

formações reativas que irrompem e operam destrutivamente contra a análise.

Tenho observado que pessoas que tiveram uma primeira experiência malsucedida de análise, ainda que de pouca duração, desenvolvem uma espécie de transferência de tal modo negativa que estendem tal transferência do analista para a psicanálise como um todo. O depoimento que dão a respeito revela um tal desalento que é como se ficasse para sempre comprometida a possibilidade de qualquer outra experiência vir a ser tentada no futuro.

Para Martin Bergmann, em 1988,

> [...] Os dois conceitos, neurose de transferência e a resolução da transferência, continuam a ser conceitos complementares. Se os psicanalistas podem encorajar uma neurose de transferência, mas são impotentes para resolver a transferência que eles mesmos criaram, eles podem bem estar na posição do aprendiz de feiticeiro, que pode desencadear um processo que é incapaz de levar a termo" (p. 146)[5].

Creio que esse fator – criar ou estimular o incremento da neurose de transferência – pode variar, dependendo do maior ou menor grau de onipotência ou de narcisismo do analista. Analistas que têm essas questões insatisfatoriamente

[5] Tradução livre da autora.

elaboradas, na minha observação, têm mais dificuldade de se tornarem mais humanos frente a seus analisandos.

Analisandos que têm um sentido de identidade precariamente desenvolvido podem precisar num primeiro momento ter no analista uma referência ou um modelo identificatório. Caberá ao analista suportar esse período contendo sua angústia e desconforto frente a tal situação para poder, com isso, favorecer que pouco a pouco o analisando se diferencie e se discrimine, vivendo seu processo de individuação. Ocorreu-me a esse propósito um episódio que vivi na minha clínica. Um dia, ao descer para chamar uma analisanda, deparei-me com uma espécie de duplo meu. Minha analisanda havia cortado o cabelo exatamente como eu e vestia uma roupa muito semelhante ao tipo de roupa que costumo usar quando trabalho. De início assustei-me, mas esta observação me levou a ficar mais atenta para o que estava em jogo em sua necessidade de me copiar, que observei ao longo das sessões manifestar-se também na forma de expressar-se verbalmente. Nos institutos de psicanálise, há algum tempo, podia-se quase adivinhar com quem determinado candidato se analisava pela maneira como se comportava, falava, expunha suas ideias e seu trabalho clínico. Evidentemente, analistas que possuam uma personalidade muito carismática podem favorecer o surgimento de "duplos". Cabe a tais analistas favorecerem na vigência da análise a elaboração da neurose de transferência, o que não garante de qualquer forma que não vão sobrar restos transferenciais.

Ainda sobre a imagem intrapsíquica do psicanalista depois do término da análise, Bergmann nos diz que todo fim de análise é um corte radical, não importando o tempo que dure a fase do término. O paciente tem que se conformar em não ter mais aquele analista e ser capaz de transformar aquela relação num "relacionamento intrapsíquico".

O autor também indaga até que ponto o analista que assume características parentais na transferência de um paciente, cujos objetos primários fracassaram no desempenho de suas funções, pode propiciar a esse paciente evoluir de uma situação regredida e de dependência infantil para uma situação de autonomia e de relacionamentos simétricos mais satisfatórios. Bergmann chama a atenção para o fato de que este analista tende a tornar-se o primeiro objeto confiável com que este paciente pode contar. Do meu ponto de vista, cabe ao analista permitir-se assumir tal posição numa determinada fase do processo e encorajar o paciente em seus primeiros passos rumo à autonomia.

Quanto à questão da resolução da análise de transferência, Bergmann dá uma contribuição original: "O que temos de ter em vista não é resolver a neurose de transferência, mas garantir que ela forme uma estrutura interior produtiva na vida do ex-analisando" (p. 151)[6].

Em 1991, Pellanda assinalou que:

[6] Tradução livre da autora.

> [...] em mais de vinte anos de prática clínica de psicanálise, chama minha atenção o fato de que certas pessoas parecem não mais necessitar de auxílio, enquanto outras retornam frequentemente a tratamento. Parece que estas dependem da presença factual do analista para sustentar suas maturidades (p. 1).

Este último grupo de pacientes referido por Pellanda são aqueles que incluí no terceiro modelo de pós-término. Minha experiência clínica neste aspecto coincide com a de Pellanda.

Para Pfeffer, em outro artigo interessante de 1993, também sobre o destino da transferência depois de concluída a análise, e, mais diretamente, sobre o destino do analista como objeto, as conclusões a que se pode chegar, a partir da observação, são que:

> [...] depois da análise, a experiência da análise, incluindo a neurose de transferência e a resolução dela, continua a ser mentalmente representada e lembrada, e é repetida no estudo de acompanhamento, assim como na vida. As lembranças dessas experiências analíticas são organizadas em torno da pessoa do analista e desempenham papel importante no processo de lidar com as situações da vida de modos menos neuróticos e mais adaptativos (p. 324)[7].

[7] Tradução livre da autora.

Nos estudos de acompanhamento realizados com profissionais que tiveram formação analítica, o autor verificou que seus respectivos analistas didatas continuavam representados psiquicamente como objetos de projeção de pessoas significativas do passado destes ex-pacientes. Pfeffer também observou que a representação do analista didata tendia a ser projetada no analista responsável pelos estudos de acompanhamento.

De importante também, nessa reflexão, é que, embora a compulsão à repetição não seja eliminada, o autor observa diferenças importantes no que é repetido:

> [...] A pessoa neurótica repete os conflitos do passado, enquanto o paciente satisfatoriamente analisado, em novas situações que exigem domínio, repete brevemente e com fraca intensidade os conflitos do passado, mas agora organizados em torno do analista. Além disso, como se demonstra pela rápida recuperação do paciente no estudo do acompanhamento, o paciente satisfatoriamente analisado repete na vida as soluções dos mesmos conflitos, também organizados em torno do analista. Por essas vias, depois da análise, o analista é, simultaneamente, em parte um novo objeto e em parte um objeto antigo (p. 336)[8].

A ressalva que eu faria a esses estudos seria a seguinte: como discriminar pessoas satisfatoriamente analisadas de

[8] Tradução livre da autora.

pessoas neuróticas? Talvez esteja implícita neste tipo de estudo uma ideia de cura da qual não partilho; um limite muito bem demarcado entre o que é normal e o que é patológico. O que me motivou a desenvolver uma pesquisa de caráter eminentemente qualitativo foi o fato de que numa pesquisa quantitativa não se atenta para as peculiaridades de cada indivíduo integrante do grupo X ou do grupo Y. Penso que a psicanálise se debruça sobre a investigação do que é próprio e específico de cada indivíduo singularmente concebido.

Dissolução da neurose de transferência

É apenas na fase terminal, quando a realidade da separação do analista se impõe, que as fantasias mais profundamente reprimidas, características da onipotência infantil do paciente, conseguem chegar à transferência, pelos bem conhecidos sintomas de regressão. A volta de tais sintomas representa uma tentativa de preservar tais fantasias infantis onipotentes. Cria-se um campo propício por excelência, para se elaborar esse aspecto da neurose de transferência, relativo à mais antiga fase do desenvolvimento libidinal – ansiedade de separação.

Goldberg e Marcus (1985) mencionam um comentário de Hans Sachs (1942), contemporâneo de Freud, segundo o qual, por mais completa que seja, a análise faz pouco mais que arranhar a superfície de um continente. Acredito que este continente continuará a ser arranhado, mesmo depois de terminada a análise. Na minha experiência, de um processo analítico sempre resultam resíduos transferenciais que, ou serão elaborados pelo próprio analisando por meio de sua autoanálise, ou serão por ele deslocados para um outro analista, caso o analisando inicie uma outra experiência de análise. Creio também que a decisão de pôr término à análise, tomada de comum acordo pelos dois integrantes da dupla, estimula inevitavelmente uma intensificação das manifestações da chamada neurose de transferência.

Embora antes de pôr fim a uma análise o analista deva considerar a capacidade do analisando de elaborar os resíduos transferenciais, de modo que a neurose de transferência resulte dissolvida, todos sabemos que grande parte dessa dissolução acaba de se efetivar durante o período do pós-término.

Em todos os autores que consultei e na minha própria experiência pessoal observei que a dissolução completa da neurose de transferência não é jamais alcançada. Segundo Balkoura (1974), em seu trabalho *The fate of the transference neurosis after analysis scientific proceedings*, citando Pfeffer, existem aspectos de realidade do analista, assim como do analista de transferência, que não podem ser considerados neurose de transferência. A esse respeito, Pfeffer (1963), em seu artigo "The meaning of the analyst after analysis – A contribution to the theory of therapeutic results", nos dá a seguinte contribuição:

> [...] Depois da análise, o paciente retém uma importante e complicada representação intrapsíquica do analista.

> Essa representação do analista é conectada não apenas com resíduos transferenciais, mas também, de um modo muito importante, com a porção *resolvida* da neurose de transferência. Essa ideia, contudo, pareceu então importante não apenas por conta dos fenômenos discutidos, mas também em relação à questão da natureza do tratamento analítico. Nesse relatório, é principalmente considerada a ideia do pós-analítico e a da representação intrapsíquica do analista (p. 230-1)[9].

Essa ideia nos parece indicar que apenas uma porção da neurose de transferência resulta dissolvida e enfatiza a importância da realização de estudos de acompanhamento do período pós-término.

Uma das conclusões a que Kantrowitz, Katz e Paolitto (1990) chegam em seu artigo "Follow-up psychoanalysis five to ten years after termination: I. Stability of change" é que um resultado analítico bem-sucedido pode ser definido como o estabelecimento e a resolução parcial da neurose de transferência com o concomitante benefício terapêutico.

Conway (1999), em seu artigo "When all is said... A phenomenological enquiry into post termination experience", chama a atenção para o fato de que o próprio Freud mudou sua posição entre 1916 e 1937. No trabalho de 1916, afirmava de forma otimista que, ao final de uma análise

[9] Tradução livre da autora.

bem-sucedida, a transferência estava permanentemente resolvida, enquanto em seu artigo de 1937, "Análise terminável e interminável", relativisou tal afirmação: a resolução da transferência e a eficácia da análise ainda estão claramente associadas, porém a resolução da transferência já não é mais o parâmetro de uma "cura" completa.

A mesma autora cita Etchegoyen (1987), que, em seu livro sobre técnica analítica, parece ao mesmo tempo apoiar e refutar a possibilidade de resolver completamente a transferência durante a análise. Ele escreve que a transferência para o analista *é* resolvida durante a análise, embora o destino do analista na mente do paciente (não é, então, o destino da transferência?) precisa de algum tempo pós-analítico para ser definido, de tal modo que o destino de um bom analista [na mente do paciente] seria um luto nostálgico, a ausência do analista e que a longo prazo se transformaria numa recordação.

Concordo com Guiard (1979), que, em seu artigo "Aportes al conocimiento del proceso post-analitico", na minha opinião um dos melhores que li, diz:

> [...] ao finalizar o mesmo processo, ambos são diferentes do que eram no começo, e não apenas pelo que se tenha passado ali, entre os dois, mas também porque o tempo terá passado. [...] Pode-se considerar o pós-análise como a convalescença das neuroses de transferência. [...] Para o analisado, o central e nuclear do processo pós-analítico é terminar de aceitar que só tem a si mesmo, e continuar

> a busca pelo autoconhecimento, durante uma luta demorada que avança para o futuro, num espaço próprio, que já é diferente do espaço do analista. O analista deve permanecer no "seu" lugar no mundo, exercendo sua função com outros, enquanto o analisado tem de assumi-la, reflexivamente, uma vez alcançada a autonomia (p. 195)[10].

Elaboração do luto

O tema do luto é um tema recorrente na literatura pós-término. Vários autores consideram que o luto pela perda do analista só se completa muito tempo depois de cessados os encontros entre analista e analisando.

Da mesma forma, podemos afirmar que a elaboração do luto acaba de se realizar no período de pós-término, independentemente de que modalidade de pós-término se esteja falando. Essa ideia de um sofrimento muito grande pela separação do analista – um luto – é partilhada por muitos outros autores da comunidade psicanalítica.

Essa vivência se desencadeia a partir do momento em que ou analista e analisando chegam a um consenso a respeito da data prevista para o término, ou a partir do momento em que um dos dois anuncia a intenção de pôr um fim aos encontros analíticos.

Em "Análise terminável e interminável" (1937), Freud já escrevia:

---

[10] Tradução livre da autora.

> [...] a informação que o paciente recebe do analista de que seu tempo concreto ali com ele está prestes a se esgotar, seja ele um ano ou seis meses ou qualquer outra duração, ocasiona-lhe um alto grau de turbulência em seu mundo mental e funciona como pressão sobre conteúdos reprimidos, podendo também desencadear fantasias de rejeição e abandono, antes não trabalhadas (p. 250).

Freud nos alerta que "[...] pode levar ao sepultamento de material psíquico comprometendo sua elaboração" (p. 250).

Embora a elaboração do luto pela perda dos encontros com o analista seja um processo doloroso que se inicia ainda na vigência da análise e se prolonga pela vivência do pós-término, acredito que ela possa ser facilitada pelos ganhos que o analisando se dá conta de que teve com a análise. De que ganhos estou falando? Desde ganhos de ordem prática, por exemplo, mais tempo e dinheiro disponíveis para investir em outras atividades, até ganhos de ordem psíquica, tais como: a internalização por parte do paciente da função antes exercida pelo analista, o desenvolvimento de confiança em sua autonomia, em outras palavras, na sua capacidade de caminhar com as próprias pernas. Ainda que isto signifique um certo desamparo, a sensação de liberdade parece compensar. Como ouvi uma vez do meu analista, o já falecido Dr. José Longman, "there is a point of no return (existe um ponto do qual não há retorno)". É o momento em que o analisando sente e o analista capta que está na hora de se despedirem.

Ainda com relação a ganhos obtidos por meio do processo de análise e que podem constituir fatores decisivos para favorecer uma satisfatória elaboração de luto, estudos mencionados por Craige (2002) indicam que depois de uma análise bem-sucedida o analista razoavelmente bom torna-se traço permanente na mente do analisando, oferecendo um útil novo objeto interno de apoio. Desse modo, depois de o analisando ter feito o luto pela perda do relacionamento quase diário com o analista, o analisando pode vir a sentir-se enriquecido, em vez de empobrecido, pela perda.

A autora pensa também que o término de uma análise equivale a um estado de luto. Observa-se frequentemente que "o término de uma análise reativa no paciente situações mais arcaicas de separação e tem a natureza de uma experiência de desmame" (p. 65).

Seu critério para a terminação é o seguinte:

> [...] Minha abordagem ao problema do término de análises, tanto de criança quanto de adulto, pode ser definida da seguinte forma: a ansiedade persecutória e a depressiva deveriam estar suficientemente reduzidas, e isso – em minha concepção – pressupõe a análise das primeiras experiências de luto (p. 67).

No mesmo trabalho de 1950, Melanie Klein escreve que, mesmo quando resultados satisfatórios são alcançados, o término de uma análise fatalmente desperta sentimentos dolorosos e revive ansiedades arcaicas – equivale a um estado de luto. Quando a perda representada pelo final da análise ocorre, o paciente ainda tem que se encarregar por si mesmo de parte do trabalho de luto.

A perda e o luto do final da análise têm uma qualidade especial que os diferencia da perda por morte: são componentes fundamentais do vínculo transferencial e contratransferencial. A renúncia à fusão com o objeto é a base do trabalho do luto. O trabalho do luto pelo teste da realidade faz com que o indivíduo renove os seus elos com o mundo exterior e reconstrua dolorosamente o mundo interior. No término da análise existe um reviver desses lutos primordiais, que vão ser retomados com o analista na transferência.

Em 1938, Schmideberg, em "After the analysis", faz o seguinte comentário:

> [...] O paciente às vezes desloca a valorização narcísica de si mesmo para a análise; insistirá que a análise é muito superior a qualquer outro método de tratamento, e não admitirá que exista qualquer coisa fora dela, assim como no passado sentiu-se superior a todas as crianças e desejou que seus irmãos e irmãs não existissem (p. 125)[11].

O narcisismo assim deslocado do eu infantil para o processo de análise pode ser um fator que dificulte que o

[11] Tradução livre da autora.

paciente aceite interromper a análise e elabore o luto pela perda dos encontros analíticos.

Craige (2002), em seu artigo "Mourning analysis: the post-termination phase", estuda as diferenças que há na elaboração do luto do analista entre o que chama de "pacientes comuns" e os terapeutas que fazem suas análises didáticas, designados aqui como "candidatos". Para ela,

> [...] enquanto os candidatos podem esperar manter relacionamento de colegas com seus analistas, depois do término, os "pacientes comuns" típicos não podem contar com qualquer tipo de contato e, assim, é provável que sofram uma reação de luto muito mais intensa que os candidatos (p. 537)[12].

Além disso, os candidatos por já terem passado, em sua maioria, antes de se submeterem a análise didática, por outros processos psicanalíticos, já desenvolveram recursos que os preparam melhor para o exercício da autoanálise, o que favorece a elaboração do luto pela separação; pelo mesmo motivo, supõe-se que estejam mais preparados que os pacientes leigos para se libertarem dos resíduos da transferência após o término.

Nessa comparação, é importante não esquecer que os "pacientes comuns" não têm qualquer tipo de conhecimento ou de treinamento que os preparem para a exposição diária

[12] Tradução livre da autora.

> [...] ao perturbador material emocional que sempre está "em pauta", sempre "ao vivo", para os profissionais da saúde mental. Nem são "obrigados" a manter relações sociais com seus analistas, ou a enfrentar a política organizacional dos psicanalistas, o que, para os candidatos, pode provocar dolorosos estados de desidealização (p. 537)[13].

Craige (2002) cita Orgel, que diz: "[...] nenhum processo interno substitui inteiramente a relação analítica". E ainda: "[...] nenhum relacionamento jamais preenche o desejo infantil básico da completude narcísica"; por isso [também], "[...] o luto das esperanças não realizadas pela análise pode nunca ser completo" (p. 538)[14].

Bergmann, em seu artigo "On fate of the intrapsychic image of the psychoanalyst after termination of the analysis" (1988), concorda com vários autores quando diz que não importa o quanto a fase do término se estenda, num certo momento ela acaba se interrompendo abruptamente.

> [...] Um relacionamento que foi rico em transações interpessoais tem de transformar-se em relacionamento intrapsíquico.

[13]Tradução livre da autora.

[14]Tradução livre da autora.

> Não há nada, na vida real, que se compare à experiência do término. Não surpreende que tão frequentemente os analisandos associem o término à morte (p. 137)[15].

Ao referir-se a relacionamento intrapsíquico, penso que Bergmann está tratando do que tenho chamado de função analítica.

Pellanda (1991), em seu artigo "A fase pós-análise: vicissitudes de um luto", diferencia pacientes que após a análise são capazes de enfrentar a vida do pós-término sozinhos, enquanto que outros, por não conseguirem introjetar um objeto analítico, necessitam de um acompanhamento *ad aeternum* de um analista: seria o que chamei de Modelo IV como análise interminável (Saigh, 2002).

Isto seria considerado pelo autor uma das vicissitudes para a elaboração do luto.

Baulkoura (1974), em seu artigo "The fate of the transference neurosis after analysis scientific proceedings: worshop report", sugere que a realização para estudos de acompanhamento possa retardar ou obstruir o processo de elaboração natural do luto durante a fase do pós-término.

Estamos aqui às voltas com uma questão espinhosa. Embora eu considere de relevante interesse científico – e daí meu interesse no tema pós-término em estudar como se processa esta fase –, ao mesmo tempo penso que a metodologia

[15]Tradução livre da autora.

utilizada deve levar em conta este dado. Os sujeitos da pesquisa podem ser prejudicados em sua elaboração do luto característico da fase em apreço.

Craige (2002), tendo procedido a uma extensa revisão bibliográfica a respeito do pós-término com ênfase na questão do luto, escreve que o luto ecoa através da literatura analítica sobre o término. Muitos analistas que escrevem sobre o término observam que o luto pela perda do analista nunca chega a se completar até bem depois de paciente e analista terem deixado de encontrar-se. Ele cita Buxbaum, Reich, Deutsch, Ticho e Loewald.

Todos esses trabalhos baseiam-se na compreensão psicanalítica do luto como uma resposta normal a qualquer perda significativa, inclusive à perda do analista, no término, que se resolve pela internalização do objeto amado perdido. Moore e Fine, citados no trabalho de Craige (2002), definem o luto como o processo mental pelo qual o equilíbrio mental de alguém é restaurado, depois da perda de um objeto amado significativo. Refere que para Loewald o modo como o analisando faz o luto e internaliza o analista indica se a separação do analista será experienciada como privação e perda ou como desenvolvimento. Embora muitos escritores analíticos vejam o período de luto depois do término como esperado, Sheppard (1998) cita em seu artigo um estudo de Lord, Ritvo e Solnit que trata do processo de luto depois do término, e concentra-se nos casos raros de analisandos cujos analistas morrem durante o tratamento.

Segundo Craige (2002), uma história pessoal de perda e privação precoces parece ser o fator mais importante associado ao luto patológico depois de análise terminada ou interrompida. Alguns autores discutem se o luto pelo analista no término é feito primordialmente por um objeto de transferência ou por um objeto real. Para Novick (1976), o analisando faz o luto pelo analista como objeto de transferência.

Conway, em seu artigo de 1999, "When all is said... A phenomenological enquiry into post termination experience", salienta que em determinados casos na fase do pós-término o luto possa ser vivido como um sentimento de perda não só do analista real mas também como uma perda temporária dos ganhos obtidos no trabalho de análise; pode acontecer, escreve a autora, de os sintomas voltarem por algum tempo e as palavras do analista parecerem ter sido esquecidas.

Guignard (1997), em seu artigo "Après l'analyse", publicado na Rêvue Française de Psycanalyse, chama a atenção para o fato de que:

> [...] o trabalho de luto do analisando tem seu duplo especular no analista: é o trabalho de fazer-se morrer ele mesmo. Esse é o limite extremo da abstinência analítica: mais do que se pôr à vista do analisando, num espírito messiânico, o analista deve aceitar "que ele cresça e que eu diminua" (p. 1222)[16].

[16]Tradução livre da autora.

Dificuldades de desligamento

Antes de dar início às dificuldades de desligamento que se evidenciam no pós-término, gostaria de fazer algumas considerações sobre tais dificuldades ainda durante a fase do término.

O analista precisa estar instrumentado para lidar com os mais diferentes tipos de resposta emocional do analisando que está terminando a análise. Precisará, para tal, confrontar-se com seus próprios lutos. O analista também requer cuidados especiais com ele próprio na fase do "desmame analítico" e seus sentimentos necessitam ser incluídos e examinados por ele próprio, favorecendo o trabalho do término.

Para o paciente, continuar sozinho não é tarefa fácil; a perda do colo, do envelope protetor, todas essas sensações quase físicas são mobilizadas na fase do término e necessitam muita interpretação do analista a fim de serem suficientemente elaboradas, para que o paciente "ganhe asas".

A perspectiva de não mais voltar a encontrar seu analista provoca no analisando um sentimento de pesar, é vivida por este como uma perda que faz aflorarem outras perdas sofridas anteriormente. As reações depressivas podem ser de tal modo intensas que tornam necessário um adiamento do término, até que o analista julgue que o analisando esteja pronto para lidar com seu sentimento de solidão.

Quando o desligamento foi bem elaborado, deixam de desencadear, na ausência ou na presença do analista, angústias de separação e de desmoronamento, pois o analisando entra num estado de sustentação mais eficiente, torna-se autônomo, pode ficar só, sentindo-se acompanhado. Entretanto, certos analisandos experimentam uma enorme dificuldade de separar-se do analista.

Tanto na primeira categoria de pacientes – aqueles que sofrem de profundos distúrbios narcísicos de personalidade – como na segunda – aqueles que fazem uma identificação "adesiva" com o analista –, surgirão também dificuldades na fase do pós-término. Estes pacientes dificilmente internalizam o objeto analítico e mesmo após encerrada a análise voltam a procurar o analista tão logo se deparem com alguma situação nova que represente conflito e mobilize angústia. Isto está ilustrado no Modelo IV de pós-término (pós-término com atendimento em situações de crise). Quanto aos pacientes narcísicos mencionados por Rosenfeld, tenho verificado em minha prática que eles dificilmente conseguem sobreviver sem um acompanhamento analítico.

Em 1938, Schmideberg, em "After the analysis", observou que, para alguns pacientes, a análise é uma fuga da vida, uma volta à infância. Esse tipo de paciente vive literalmente pela análise e para a análise. Ele se sentirá culpado se tiver de lidar com uma dificuldade ou se superar uma crise emocional, se ambas não tiverem sido analisadas antes, em resumo, acha que nada consegue resolver sem a análise. Quer que a análise o proteja da realidade, como seus pais o protegeram da vida; quer continuar a ser um bebê e adia qualquer esforço ou decisão desagradável para quando a situação estiver "completamente analisada", com a expectativa de que a vida, depois do trabalho analítico, será mais fácil, sem ter que fazer qualquer esforço. Não será necessário renunciar a nada, e qualquer decisão que tome jamais custará qualquer dor.

No mesmo texto, a autora chama a atenção para "o momento certo de parar". Concordo com ela quando diz que se deve pesar as vantagens de continuar o tratamento em relação às desvantagens, e também levar em consideração os efeitos psicológicos de grandes sacrifícios impróprios e outras inconveniências. Se o analisando sente, talvez com alguma justificativa, que o analista espera que ele considere a análise a coisa mais importante que faz em sua vida e, pela qual o analisando deveria trocar a grande maioria de seus prazeres – comprar roupas, jantar em restaurantes, viajar, em função do custo da análise – nestes casos será difícil analisar a inibição do prazer no analisando.

Tenho observado, conversando com colegas e na minha própria prática profissional, que há situações em que o analisando delega as soluções de todos os problemas de sua vida ao analista e à análise, fica quase escravizado e negligencia outros investimentos que seriam prioritários naquele momento de sua vida. Lembro-me de uma analisanda que, às voltas com grandes dificuldades financeiras, postergava um tratamento dentário imprescindível. Penso que, no caso das instituições psicanalíticas, às vezes ocorre uma deformação do sentido da análise. Por exemplo, durante o período de formação na SBPSP, alguns candidatos a analistas que moram no interior de São Paulo, ou em outro estado, fazem enormes sacrifícios em termos financeiros e também do tempo que poderiam dedicar à sua atividade pessoal e profissional. Como os cursos e análises condensadas ocorrem no começo da semana, tais profissionais são obrigados a se deslocarem de suas cidades de origem todas as semanas, a trabalharem parte do fim de semana para compensar o tempo passado em São Paulo, comprometendo muito sua qualidade de vida durante o tempo de sua formação. No caso de analisandos leigos, seu investimento em análise chega a se tornar insensato, e às vezes o analista perpetua essa situação ao endeusar a análise e o analista, o que seria um desserviço ao analisando, que às vezes não se encontra em situação de avaliar realisticamente as suas condições de vida e muito menos de se encorajar sozinho a tomar a decisão de terminar a análise, ainda que temporariamente. Creio que nesta questão o bom senso é soberano.

Sinto-me respaldada, nesta minha maneira de pensar, pela opinião emitida por Green (2000) em seu livro *Le temps éclaté*:

> [...] uma longa análise em diferentes períodos parece ter melhores chances de obter modificações estruturais que uma única análise realizada num ritmo intenso [*five*

> *times a week*] (cinco vezes por semana, somente com a finalidade de respeitar o sacrossanto fim de semana), segundo as exigências formais de nossos colegas anglo-saxões (p. 62)[17].

Muitas análises de formação ou didáticas se ressentem dessas formalidades a ponto de observarmos colegas que fazem uma verdadeira contagem regressiva e, mal completam os cinco anos exigidos pelos estatutos da instituição, interrompem o processo se "dando alta".

Os intervalos, segundo Green, irão minimizar eventuais dificuldades de desligamento na medida em que exigirão do analisando, a cada interrupção, uma elaboração do luto. Na esteira dessa mesma ideia, acredito que o analisando, ao interromper a análise, mesmo que temporariamente, com a anuência de seu analista, desenvolve a confiança de poder caminhar com as próprias pernas e a contar com seus próprios recursos, ainda que enfrente dificuldades. Nessa mesma obra, Green chama a atenção para o fato de que às vezes uma decisão do analisando de interromper a análise pode ser considerada pelo analista um sintoma, devendo ser tratada com tato e habilidade. Diz ele: "[...] Sem dúvida é mais sensato liberar o analisando e suspender o processo analítico na expectativa de que as circunstâncias venham a

[17] Tradução livre da autora.

reatualizar a necessidade de prossegui-lo, permitindo a 're-abertura' da brecha pela qual o inconsciente se infiltrou, às vezes excessivamente" (p. 62)[18].

Do ponto de vista do analista, algum risco também se coloca. Como as análises atualmente duram mais tempo (oito, dez, doze e até mais anos), o analista fica restrito a um pequeno número de pacientes que permanecem, e sua clínica fica pouco diversificada.

Schmideberg, em 1938, havia alertado para outro risco envolvido na maior duração das análises:

> [...] O perigo de nossa atitude recente, de tentar manter o paciente pelo tempo mais longo possível, é que nos comportamos de modo muito semelhante aos pais possessivos, que fazem com que os filhos passem a ter medo da vida, porque não querem que os filhos cresçam e se separem deles (p. 134-5)[19].

Dificuldades de desligamento permeiam todo o processo da análise, tornando-se mais evidente nas interrupções de fim de semana, férias e, principalmente, no prenúncio do término da análise. Na fase do pós-término, tais dificuldades podem se evidenciar de diferentes maneiras: ou por meio de reações depressivas que sugerem a impossibilidade de

[18]Tradução livre da autora.

[19]Tradução livre da autora.

elaborarem satisfatoriamente o luto, ou por atuações que revelam, além de uma grande turbulência interna, uma evidente dificuldade de aceitarem o fim dos encontros analíticos. Para ilustrar, lembrei-me de uma analisanda que telefonava insistentemente e chegou a comparecer a uma sessão em seu antigo horário. Somente ao encontrar o paciente que agora ocupava tal horário, se deu conta da realidade dos fatos.

Talvez a maior dificuldade de desligamento resida na ansiedade de separação que é revivida quando se aproxima o final da análise.

Vários autores concordam quanto à importância de se trabalhar a ansiedade de separação que emerge quando a análise se encaminha para sua etapa final, mas a ansiedade ou angústia de separação não aparece apenas porque uma análise está para acabar, ela permeia a situação da análise e a nossa vida a todo instante. A angústia de separação está, então, onipresente no processo da análise, assim como na vida. Torna-se mais evidente no material associativo do analisando quando já se fixou uma data para o término.

Em 1924, Otto Rank escrevia que uma das dificuldades que os pacientes têm para deixar a análise é o medo de nunca mais ver o analista, uma das reações que simbolizam nascimento e morte, experiências fundamentais de separação que todo ser humano necessariamente enfrenta.

Melanie Klein observou que o término de uma análise mobiliza no analisando situações arcaicas de separação, e por isso ela equipara essa fase à experiência de desmame.

Balint (1950) adota uma perspectiva semelhante ao comparar a separação entre analisando e analista à experiência do nascimento.

Em 1950, Parres comenta que, ao se convencer de que a análise oferece formas ilusórias de satisfação e sentindo-se encorajado a buscar alternativas mais realistas de gratificação, o analisando acaba por separar-se lenta e decididamente da análise, elaborando assim o luto pela separação.

Miller, em 1965, refere que Ticho considera a reação pós-analítica de desapontamento mais comum do que normalmente se admite. Tratando desta questão, Miller escreve que uma maior consciência da reação de desapontamento levaria a uma cuidadosa análise, na fase de término, do modo como o analisando lidou com seus desapontamentos no passado, e permitiria que o analista conectasse aquelas reações com o processo de luto e ansiedade de separação características da última fase da análise. Isso não eliminaria, nem deveria eliminar, o desenvolvimento da reação de desapontamento, mas daria ao analisando uma maior chance de lidar construtivamente com seus desapontamentos.

Ferraro e Garella, ao fazerem uma revisão em 1994 sobre formas de término da análise, observam:

> [...] Um pré-requisito fundamental deste processo pode ser individualizado nas modificações sofridas pela angústia de separação que, como outros analistas já

> assinalaram (Bridger, 1950; Rickman, 1950; Liberman, 1967), pode converter-se em critério-guia por excelência para a decisão de terminar. [...] *esta é a síntese e o resultado final de complexos processos de integração que criaram um espaço psíquico temporoespacial de relação, espaço de natureza diferente do que reina na angústia de separação* (p. 92)[20].

Em relação à vivência mais significativa do pós-término, Green (2000) refere tratar-se de um desenraizamento de tal modo penoso que a palavra luto em absoluto não é de modo algum excessivamente forte para a ela referir-se. Segundo ele:

> [...] cessando a análise um grande vazio se instala. Falta do objeto de transferência? Com certeza, mas não unicamente. Vacância de um tempo que se oferece à exploração de si por si mesmo? Desdobramento em que aquele que busca é o próprio objeto da busca e tem assim necessidade de um outro para ouvi-lo? Sobretudo, sentimento de um veredicto que se anuncia: *é realmente necessário aí permanecer, renunciar a toda esperança de mudança futura?* Interrogações que não trazem sempre respostas mas relançam perpetuamente a questão: *Quem sou eu? Quem fui eu? Que será de mim?* Muito mais do que

[20]Tradução livre da autora.

Que posso eu esperar?, pois ter esperança não depende de autorização de ninguém (p. 61-2)[21].

A *autoanálise e sua função durante o pós-término*

Freud iniciou sua autoanálise de maneira ocasional e fragmentada em 1890, baseado fundamentalmente na interpretação dos próprios sonhos, lembranças, lapsos e esquecimentos. No verão de 1897, ele levou adiante sua autoanálise de uma maneira mais rigorosa e sistemática. O método que utilizava era a associação livre, defrontando-se com períodos de muita resistência. Freud explorou-se a si mesmo continuamente e converteu-se no mais informativo dos seus pacientes. Para o seu trabalho, ele não contava com predecessores nem mestres, e teve de inventar, ele mesmo, as regras pertinentes à medida que avançava. O "primeiro" sempre é transgressivo e diferente de todos os demais. O fundador da psicanálise submeteu-se ao que só depois ele criaria. A psicanálise não existia antes de Freud: o primeiro psicanalista não teve nem poderia ter tido analista que o analisasse.

Embora tenha feito ele mesmo a sua análise, Freud tinha um interlocutor médico: seu mais íntimo amigo, Fliess, otorrinolaringologista bem-sucedido, de 29 anos, que morava em Berlim. As cartas de Freud a Fliess (1887-1904) representam o grupo de documentos de maior importância para

[21] Tradução livre da autora.

acompanhar Freud nas primeiras descobertas do que veio a ser conhecido como psicanálise. Essa correspondência abrange um período de dezessete anos, durante o qual Freud escreveu, dentre outros trabalhos, "Estudos sobre a histeria" (1893/1895), "A interpretação dos sonhos" (1900) e o famoso caso clínico de Dora (Freud, 1905).

Em duas das muitas cartas que escreveu a Fliess, reunidas em *A correspondência completa de Sigmund Freud e Wilhem Fliess: 1887-1904*, Freud (1986) mostrou-se ambivalente sobre a crença na eficácia da autoanálise que empreendeu. Na primeira dessas cartas, Freud anuncia o começo de sua autoanálise, que considerava indispensável, tanto para a elaboração de seus próprios conflitos pessoais, quanto para a construção do conceito de psicanálise. Em outro momento, sente desmoronar a esperança de esclarecer os problemas do inconsciente buscando as respostas em si mesmo. Escreve novamente a Fliess:

> [...] minha autoanálise segue interrompida, e lhe digo por quê. Só pude analisar-me a mim mesmo com os conhecimentos adquiridos objetivamente (como faria com um estranho), uma genuína autoanálise é impossível, do contrário não existiria a neurose (p. 265-285).

Entretanto, não apenas as primeiras descobertas estão relacionadas às experiências pessoais e às dificuldades que Freud identifica desde logo. Didier Anzieu (1975), em A *autoanálise de Freud e a descoberta da psicanálise*, comenta que, ao longo de toda a vida, Freud continuará a analisar a si próprio e a enriquecer com exemplos pessoais mais recentes as reedições de suas primeiras obras.

Para Freud, os sonhos e os atos falhos constituíram a fonte mais importante de sua autoanálise. Ele os considerava indispensáveis para esclarecer dúvidas, tanto pessoais como teóricas, no que se refere à causa das neuroses. A preocupação que tinha em avançar em seu conhecimento o levou a concluir que ele mesmo era o seu paciente mais importante. Em 1914, preconizou a conveniência de analisar os próprios sonhos para todos que fossem bons sonhadores; para quem não fosse, sugeria que confiasse sua análise a um profissional especializado.

A redação de "A interpretação dos sonhos" (1900) ocorreu na época em que o pai de Freud morreu e foi uma reação àquela morte. A morte do pai foi anotada por Freud em 1908, na segunda edição do livro, como o acontecimento mais significativo e a perda mais terrível para um ser humano. Nesta mesma obra, aparece toda uma importante série de sonhos autoanalisados; e o complexo de Édipo é descoberto também durante sua autoanálise.

O registro de sua autoanálise também é encontrado na correspondência mantida por Freud com outros analistas contemporâneos seus: Jung, Ferenczi e outros. O último testemunho da autoanálise aparece numa carta para Romain Rolland, romancista francês, e o mostra já como consumado autoanalista. Apesar disso, desde "Análise terminável e interminável", Freud (1937) chama a atenção para o fato de que nem todos têm acesso ao recurso da autoanálise e que estes, para desenvolvê-lo, precisam buscar uma análise pessoal. Ele recomenda que os analistas profissionais sejam reanalisados a cada cinco anos.

Em "Recomendações aos médicos que exercem a psicanálise", Freud (1912) indica a análise do analista como condição prioritária; nesse ponto, portanto, deixa de lado definitivamente o conselho anterior de autoanálise.

Em termos gerais, sobre a autoanálise, pode-se dizer que há quem acredite que ela seja factível e há quem não acredite que seja possível uma verdadeira autoanálise.

Acredito que sim, que é possível uma autoanálise, mas, preferivelmente, depois de uma pessoa já ter passado pelo processo analítico. Uma pessoa analisada, que já viveu esse longo e doloroso processo, tem mais facilidade, mais conhecimento de si própria e já deveria ter adquirido as ferramentas necessárias para uma possível autoanálise.

Mesmo em Freud, há momentos em que ele põe em dúvida a possibilidade da autoanálise, há momentos em que a declara absolutamente impossível: se fosse possível, não existiria a neurose, diz Freud em carta a Fliess, já citada.

Quanto aos autores que escreveram sobre o tema, alguns falam de a autoanálise ser possível (e até fácil), mas só depois de alguém ter sido analisado. A questão, portanto, permanece nos seus termos essenciais: é possível analisar-se sem analista, sem desenvolvimento transferencial?

Parece possível refletir, pensar sobre sonhos ou sintomas próprios. Por que então chamar a isso de autoanálise? Porque se acredita que, depois de uma análise, se estaria mais preparado, ou se teria um posicionamento diferente frente a sintomas, repetições e fantasias?

Alguns autores como Meltzer (1967) e Anzieu (1975) consideram a autoanálise uma prolongação natural da psicanálise, e a capacidade de autoanalisar-se um dos objetivos a alcançar, para se conseguir um bom final de análise. Como este final depende da identificação introjetiva com o analista, esta saída implica um ideal, um modelo que faça que o ego, assim modificado, tenha capacidade para se autoanalisar.

Melanie Klein (1938), em *O luto e sua relação com os estados maníaco-depressivos*, nos oferece a autoanálise de uma cena onírica, por ocasião do falecimento de seu filho, exemplo esclarecedor pelo implacável rigor analítico e por sua coragem em fazê-lo. Não se trata de negar uma experiência dolorosa, mas de poder se apropriar de uma vivência, mantendo sobre ela o olhar da analista que era. Enfim, mantendo o que Meltzer denomina de "instrumento analítico" – referindo-se a um instrumento útil e não a uma qualidade mental –, que permitiria o controle do *acting-out*, a restrição da onipotência e a elaboração do conflito.

Para Bleger (1972), por exemplo, todo analista precisa desenvolver o que ele chama de "dissociação instrumental", para conseguir dar conta dos próprios sentimentos, que são intimamente mobilizados durante o encontro analítico, conseguir compreender a experiência emocional em curso na sessão, sem, no entanto, deixar de contê-los e sem agir impulsivamente, pressionado por tais sentimentos. Desempenhar a função analítica não significa, portanto, apenas observar os movimentos emocionais do analisando, mas observar-se a si mesmo e a seus próprios movimentos emocionais, a despeito da turbulência que o encontro provoque.

Para Bion (1970), a função analítica implica desenvolver uma visão binocular, que permita a correlação entre consciente e inconsciente, e por fim a auto-observação.

Craige (2002) nos diz que na literatura psicanalítica o pós-término é considerado uma fase do processo analítico durante a qual o analisando faz o luto pela perda do analista e cria internalizações da relação analítica ou, como disse em minha dissertação de Mestrado, introjeta uma função analítica que capacita o analisando usar a função da autoanálise no pós-término. Entretanto, ainda não temos muito conhecimento sobre como os ex-analisandos realmente experienciam o luto pós-término. Neste mesmo trabalho, a autora cita ideias de vários autores, que considero muito relevantes:

> [...] Rangell sente que o pós-análise é o tratamento da neurose de transferência, e a compara com o período pós-cirúrgico, no qual o paciente tem de recuperar-se não

> apenas da doença original, mas também da própria cirurgia. [...] De acordo com Guiard, a fase de pós-término é um processo de luto, durante o qual o analisando deve recuperar-se não apenas da cirurgia, mas também de uma nova doença, o luto provocado pela perda do analista, e que o analisando tem de encarar sozinho (p. 508)[22].

Craige sugere que, para avaliar a prontidão de um paciente para o término, o analista deve avaliar, dentre outras coisas, a prontidão do paciente para lidar sozinho com as tarefas do pós-término.

Afinal, o luto é uma resposta normal à perda de qualquer objeto em que houve investimento libidinal. Elaborar essa perda exige tempo. A neutralização da perda do analista talvez se dê pelo ganho de uma função egoica, que o paciente se veja capaz de exercer por si mesmo. À medida que a análise evolui, não é apenas o analista que se desinveste como objeto idealizado, mas a própria análise é "desidealizada" e deixa de ser depositária de esperanças irrealistas.

Nessa fase pós-analise, segundo Novick (1976), instaura-se no ex-analisando um diálogo interno com o seu ex-analista, cuja imagem o ex-analisando mantém viva dentro de si. O analisando perde o contato com a pessoa real do analista, mas desenvolve uma função psíquica estável, que o autor chama de "função analítica".

---

[22]Tradução livre da autora.

No mesmo trabalho, Novick menciona uma pesquisa realizada com candidatos a analistas, a quem se perguntava: "O que tomou o lugar de sua análise em você e em sua vida?". Dez candidatos mencionaram espontaneamente o esforço que empreenderam para entenderem por si mesmos o que se passava em seu íntimo, em outras palavras, a dificuldade que tiveram para fazer aquilo que Freud já chamava de "autoanálise continuada". Embora a autoanálise seja uma habilidade que se desenvolve mediante a análise pessoal, a experiência de autoanálise referida pelos candidatos pareceu assustadora a alguns dos entrevistados.

Kantrowitz, Katz e Paolitto (1990) realizaram um estudo de acompanhamento em psicanálise, para ampliar nossa compreensão dos ganhos resultantes de um processo de análise. O objetivo do estudo foi avaliar em que medida o trabalho analítico pode ser considerado concluído; por outro lado, buscavam avaliar se a mudança psicológica que ocorre é duradoura. Os resultados mostraram estabilidade desta mudança nos anos posteriores ao término; e os achados confirmam os de Pfeffer (1963). Nas entrevistas de acompanhamento, foram detectados e elaborados resíduos da neurose de transferência. O estabelecimento de uma função autoanalítica foi considerado um dos principais recursos adquiridos durante o processo analítico. Essa capacidade autoanalítica reforçada ampliou a habilidade do ex-analisando para enfrentar novos conflitos quando estes surgiam.

Pellanda (1995) descreve e comenta o que ocorre com certos pacientes após o término da análise, como um processo de ganho de autonomia e independência, que se pode comparar ao processo por que passam alguns que só se permitem casar depois de perderem o pai. Como se a melhora só se pudesse evidenciar depois de terminada a análise.

Para esse autor, uma das principais conclusões desse estudo é que não há autoanálise séria se ela não for relatada a alguém. Quando Fliess não desempenhou mais o papel de "único público", foi Minna, a cunhada de Freud, quem se tornou interlocutora privilegiada de Freud.

Pellanda acrescenta:

> [...] O destino natural do analista é a saudade e o esquecimento por parte do paciente, uma vez que não faz sentido ficar ligado [analista] a vida toda. [...] [Lamenta que] a preocupação desmedida com a questão da reativação da transferência tenha restringido em demasia a curiosidade e a disposição dos analistas para tomarem contato com seus antigos pacientes. [Ainda que tenha dúvidas quanto a tomar a iniciativa de procurá-los], aceita sistematicamente ver qualquer ex-paciente que nos procure; e, dos que assim agiram, a maioria aparentemente o fez justamente por não conseguir desempenhar sozinho esta tarefa de seguir com a autoanálise (p. 114).

Concordo com a ideia de que há uma identificação do analista com sua função específica de analisar, isto é, de buscar a verdade e de objetivar os motivos profundos dos problemas, de aceitar qualidades e defeitos, de reconhecer aspectos não agradáveis dentro de nós mesmos, ou de nos aceitar, com nossas restrições e limitações verdadeiras. Esta identificação com a função principal e específica do analista é que nos permite continuar crescendo e amadurecendo; assim podemos prosseguir a própria análise, independentemente dos encontros com nossos agora ex-analistas.

"Sempre acho estranho quando não consigo entender alguém em termos de mim mesmo" (p. 116), escreveu Freud numa carta à sua noiva em 1872.

Em minha clínica, também já tive reações de estranhamento diante de relatos de situações que eu sequer imaginara até então. Nessas condições, é difícil manter uma sintonia emocional com o paciente. A interlocução com um supervisor pode ser de extrema valia nesses momentos.

Na minha experiência, acredito que, quando a função da autoanálise está ativa, a tarefa de observador que era anteriormente delegada ao analista é reassumida pelo analisando, na medida em que se percebe continuamente identificando e dando sentido às menores manifestações de seu próprio inconsciente, de seus sonhos, de seus atos falhos e de projeções que eventualmente faça.

Pellanda afirma – e concordo com ele – que o grande ganho de uma análise bem-sucedida é a capacidade de autoanálise. E conclui:

> [...] A autoanálise existe independentemente de que se a denomine como tal, e, portanto, melhor se a aproveitarmos no sentido de nosso aperfeiçoamento pessoal e em benefício de nossos pacientes. Para tanto, é necessário que se direcione a atenção também para o período do "pós-análise", como propõem Etchegoyen, Guiard e Thomas, entre outros. A autoanálise pode se considerar, em síntese, o estado natural de funcionamento do ser humano, executado com realismo e maturidade, após sua análise pessoal bem-sucedida. Cada caminhante possui seu ritmo, como dizia Freud. Ensina-se a caminhar pelo exemplo, e, então, cada caminhante faz seu caminho, como diz o poeta (p. 118-9).

Gostaria de acrescentar que compartilho da posição dos autores acima citados.

No mesmo trabalho é citada a contribuição de inestimável valor de Ticho (1967), "On self-analysis", que examina o depoimento de vários colegas, todos com suas análises terminadas há quatro ou cinco anos. Ticho atribui a escassez de estudos sobre autoanálise aos seguintes fatores:

1 – não há princípios explicitamente formulados para caracterizá-la;
2 – nos estudos de *follow-up* o interesse não tem sido neste aspecto, mas na sintomatologia;

> 3 – apesar de afirmações contrárias, persiste o mito da *análise completa e perfeita*, logo dispensando qualquer preocupação com continuação;
>
> 4 – o tipo de entrevista psicanalítica, mesmo a *posteriori*, não parece ser o melhor instrumento para investigar a autoanálise, pois induz à regressão, com reativação de transferência residual e recorrência de sintomas (p. 112).

Botella (2000), em entrevista para a *Revista da Sociedade Brasileira de Psicanálise*, menciona que a velhice do corpo não impede que continue a evolução psíquica, salvo nos casos em que o suporte neurobiológico seja deficiente. Acredita também que a experiência em análise de pessoas de mais de 70 anos é válida. Se estão em boas condições físicas, são capazes de desenvolver uma neurose de transferência com as características clássicas. Nesses casos, o processo analítico naquilo que é fundamental difere pouco do processo em moldes clássicos. Para Botella, pode-se dizer, atualmente, que a morte do corpo surpreende o psiquismo em plena evolução; e que, tão necessário quanto a solução da neurose, é que o paciente adquira a capacidade de continuar a evoluir sem ajuda.

Lichtmann (1992) se pergunta em *Acerca del pos-análisis*:

> [...] O que acontece com nossos pacientes depois de *terminadas* as suas análises? A compreensão que adquiriram

> durante a análise, o novo saber do desconhecido neles mesmos, que introduz uma relação de saber com sua própria verdade e que, pensamos, sustenta as mudanças, pode conservar-se com o passar do tempo?
> Até que ponto pode-se considerar *completo* o resultado de uma terapia psicanalítica? E até que ponto essa *completude* incide na permanência do processo? (p. 789)[23].

E conclui que na realidade a psicanálise desenvolve e atualiza apenas o que já existia na pessoa.

Para finalizar, acredito que a autoanálise não é um substituto para a análise regular, que propicia a experiência da transferência, das interpretações transferenciais e que oferece um observador relativamente neutro e a exposição a uma técnica na qual o material analítico pode ser mais bem compreendido. Ainda assim, creio que se podem alcançar *insights* significativos por intermédio da autoanálise.

Num sentido amplo, nenhuma concepção teórica aceitaria a conclusão de que a autoanálise seja impossível. E talvez se deva dizer que a análise pessoal termina quando se deixa de pedir ao Outro aquilo que o Outro não tem para dar (ou que o Outro não conseguirá *dar*, mesmo que tenha, porque jamais nos bastará *receber*). Ou quando, afinal, nos conformamos em ter de deixar de fazer ao Outro a pergunta cuja

---

[23] Tradução livre da autora.

resposta só nos bastará se for a resposta possível de cada um, construída por cada um.

A pessoa que se submeteu a um processo analítico bem, ou mais ou menos bem-sucedido, independentemente de sua vontade, continuará a se autoanalisar, pois essa função analítica foi desbloqueada e posta em andamento pela análise. Não tem retorno, uma vez analisada, sempre fará sua própria análise com ou sem um analista. E, pela minha observação, esses analisados começam também a analisar os outros a sua volta, familiares e amigos, que às vezes não ficam muito satisfeitos com essa análise "selvagem".

Principais ideias convergentes encontradas na literatura psicanalítica

Passo a seguir a traçar um panorama dos pontos comuns que pude identificar na revisão bibliográfica que fiz a respeito de pós-término.

As ideias mais recorrentes dizem respeito a: transferência após o término, dissolução da neurose de transferência, elaboração do luto e dificuldades de desligamento. Também me deparei com muitas contribuições sobre a função da autoanálise durante a fase pós-analítica.

O que me chamou a atenção neste levantamento bibliográfico foi o pequeno número de autores que se ocuparam do tema. Isto fez com que uns se reportassem aos outros continuamente a ponto de se repetirem nas considerações que fazem e nas citações a que remetem o leitor. É de salientar que foi Freud quem primeiro se interessou pela questão, quando discutiu em "Análise terminável e interminável" (1937) a questão do alcance profilático da psicanálise e os fatores que contribuíram para uma eventual necessidade de reanálise, não só em pacientes analistas mas também em pacientes leigos. Deutsch, em 1959, e Gardiner, em 1973, nos dão testemunhos do interesse que Freud manteve pela evolução de seus pacientes após o encerramento da análise, especialmente no caso do "Homem dos Lobos".

Em todas as contribuições que recolhi me dei conta de que todos os autores tinham tomado Freud (1937) como ponto de partida. Também me chamou a atenção o fato de poucos analistas europeus terem abordado o tema. Na verdade, suas questões eram outras e seus trabalhos apenas tangenciaram o tema sobre o qual me debruço agora. A imensa maioria dos autores que se ocuparam do pós-análise foi de americanos que procederam a estudos de acompanhamento, mas sempre com uma perspectiva de pesquisa quantitativa e não com um enfoque de acompanhamento individual por seu próprio analista. Ao ler os resultados de tais trabalhos, me vejo diante de categorias e percentuais que me parecem simplificar e homogeneizar situações que não são nem simples nem possíveis de serem comparadas. É um mote frequente ouvido entre analistas e até terapeutas principiantes: "Cada caso é um caso". Apesar de meu enfoque ser outro, cabe citar alguns estudos de acompanhamento desenvolvidos em pesquisas feitas por psicanalistas do Menninger Project (1986) e do Boston Psychoanalytic Institute.

O critério de que me servi para apresentar a evolução do pensamento psicanalítico a respeito da questão do pós-término foi o cronológico.

Como já mencionei, a literatura sobre a fase de pós-término é relativamente esparsa.

Acho importante a observação de Schmideberg (1938), quando diz que o que chama a atenção do leitor é a idealização que alguns pacientes fazem da análise e as expectativas messiânicas que depositam nessa "nova religião". Schmideberg expressa sua preocupação em respeitar a individualidade e a identidade de seus analisandos e enfatiza que a análise não pode representar uma fuga da vida – este seria o efeito iatrogênico do tratamento. Por outro lado, um superinvestimento narcísico deslocado para a análise dificultaria a elaboração do luto necessária à separação.

Convivendo com candidatos a analistas, observei muitas vezes na instituição que, tão logo os analistas cumpriam o prazo estabelecido pela regulamentação estatutária (cinco anos, quatro vezes por semana), interrompiam o processo e o faziam relatando grande alívio, dado o enorme custo que a formação havia representado em suas vidas. A este respeito, ocorreu-me uma mesa-redonda realizada em Buenos Aires na Associação Psicanalítica da Argentina (2001), em que os debatedores concordam com o fato de que a análise didática é apenas uma *tranche* (fatia), como dizem os franceses, de seu processo de análise como um todo. O fato de atenderem a uma demanda da instituição (como análise de crianças atende a uma demanda dos pais) compromete a possibilidade de que esta análise seja vivida de uma forma mais verdadeira e autêntica. Norberto Marucco (2008) neste colóquio comenta que:

> [...] Um aspecto da reanálise que considero vantajoso consiste no fato fundamental de que se trata de uma decisão pessoal tomada solitariamente, sem a intermediação institucional; uma decisão que alguém toma a partir das situações que experimenta na prática clínica, e obviamente a partir daquelas outras situações que provêm da própria vida (p. 155)[24].

Schmideberg considera que o melhor resultado que se pode esperar de uma análise é que o paciente torne-se "uma pessoa como outra qualquer" (1938, p. 122).

Pfeffer (1963) comenta que os resultados que obteve em seu estudo de acompanhamento realizado com pacientes analisados poderiam ser classificados como se segue:

> [...] Quatro tipos gerais de repetição são observados no estudo de acompanhamento, que, pode-se pressupor, são também repetidos na vida: (1) repetição de um

[24]Tradução livre da autora.

> conflito infantil não resolvido em neuroses narcísicas onde uma transferência passível de ser trabalhada nunca chegou a ser estabelecida; (2) repetição de um resíduo de transferência; (3) repetição de um conflito, junto com a repetição de sua resolução; (4) repetição de um conflito resolvido, com um alto grau de funcionamento autônomo do ego (p. 241)[25].

Segundo Rangell (1966), as reações transferenciais só terminam com a morte. O absolutamente intransferível da experiência contribui para que essas reações continuem a ocorrer. Saber que será um convalescente é sinal de bom prognóstico. Incluem-se na convalescença as recuperações espontâneas dos recursos suficientes para combater a doença. É o "impulso despertado pela própria análise" de que Freud nos fala.

Rangell descreve esse período pós-analítico como uma "fase pós-analítica". Destaca também que o material pós-analítico não se limita aos esforços organizados nessa direção, mas é disponível para ser visto por outros analistas. O analista conduz outras análises, de pacientes seus e de outros, e também há ocasiões em que analisandos voltam, não para prosseguir a análise, mas para "dar uma olhada" em suas vidas psíquicas, seja por uma hora, seja por diferentes períodos de psicoterapia pós-analítica.

[25]Tradução livre da autora.

Penso que os quatro diferentes modelos de pós-término que estou oferecendo neste trabalho contemplam as diferentes situações abordadas também por Rangell, em particular o Modelo II, que estou chamando de "pós-término com consultas analíticas".

Hoffs (1972) levanta interessantes questões sobre o pós-término:

> [...] Há uma fase de pós-término de análise que deve ser reconhecida como uma entidade distinta, com algumas características regulares? Se há uma fase de pós-término, como estudá-la melhor? Devemos confiar no acaso e em relatos episódicos de acompanhamento de casos analíticos, ou temos razão de contatar ex-pacientes analíticos para obter informação sobre o período pós-analítico e sobre o desenvolvimento posterior do paciente? (p. 89)[26].

Esse autor nos alerta para a necessidade de atentarmos para cada paciente específico, a fim de avaliar a maior ou menor validade de o analista tomar a iniciativa de lhe propor encontros pós-analíticos. Isso se revela interessante em alguns casos. Já em outros, pode ser vivido pelo paciente como uma intrusão e como uma desqualificação de sua capacidade de conduzir sua própria vida.

[26] Tradução livre da autora.

Compartilho o pensamento de Hoffs (1972) quando diz: "Em alguns casos, um acompanhamento iniciado pelo analista é contraindicado e deve ser evitado. Os principais fatores a considerar ao iniciar estudos de acompanhamento são as implicações da transferência e contratransferência" (p. 92)[27].

Hoffs também sugere, e eu compactuo com seu ponto de vista, que maiores complicações nos estudos de acompanhamento poderiam ser evitadas na medida em que tais estudos pudessem ser conduzidos pelos próprios analistas que trataram os pacientes, objetos de tais estudos.

Hurn (1973), como Rangell, também se refere a esse período pós-analítico como uma "fase pós-analítica", atribuindo-lhe o *status* de uma fase, por dar continuidade a um trabalho iniciado durante a análise, o que propicia novas resoluções e favorece momentos de integração após a conclusão da análise formal. Durante essa "fase pós-analítica", o analista chega a representar "um símbolo e um estímulo para o acesso ao inconsciente". É a isto que denomino introjeção da função analítica.

Hurn endossa Norman *et al.* (1976) e Pfeffer (1963), quando assinalam a tendência dos ex-pacientes a reviverem aspectos da neurose de transferência nas próprias entrevistas nesses estudos de acompanhamento, mesmo quando tais entrevistas são conduzidas por outros analistas que não os seus.

[27] Tradução livre da autora.

Hurn cita a observação de Zetzel de que a possibilidade de elaborar satisfatoriamente o luto é fundamental para o término de uma análise, e que "[...] a capacidade para apreciar e usar o analista pós-analiticamente é um dos ganhos mais valiosos da análise" (p. 190)[28].

Assim como para Balkoura (1974), também em mim desperta curiosidade a variedade de motivos inconscientes que podem estar por trás do interesse de um ex-paciente de análise em colaborar com um estudo de acompanhamento: desejo de ser cooperativo, gratidão, curiosidade, desejo de amizade com o analista ou seu substituto, de sentar e olhar, de sentar e ser olhado. O estudo do acompanhamento é também uma gratificação, isto é, uma oportunidade para contato renovado com o objeto perdido, mesmo na forma de um objeto substitutivo. Que outra fonte de gratificação poderia motivar alguém a se submeter a tal processo? Isso me levou a refletir que talvez estudos desse tipo só façam sentido no caso de pacientes institucionais, clínicas de institutos de psicanálise, clínicas-escola.

Também me ocorre que a disposição para participar de um estudo de acompanhamento poderia ser ela própria reveladora de um resíduo não elaborado da transferência.

No estudo de Baulkoura (1974) creio ver parcialmente confirmada essa minha hipótese: "[...] Alguns experienciaram o estudo de acompanhamento como oportunidade para

[28] Tradução livre da autora.

reclamações e para 'voltar ao seu analista'" (p. 898)[29]. Por outro lado, penso que tais estudos obstruem a possibilidade de a elaboração do luto ser concluída pelo paciente.

Balkoura ainda cita em seu estudo as dúvidas levantadas em relação aos procedimentos de acompanhamento utilizados pela Menninger Foundation: entrevistas dirigidas, questionários diretivos ou entrevistas associativas. Qual desses instrumentos favoreceria a emergência de material mais fidedigno?

Guiard (1979) traz contribuições extremamente interessantes e pertinentes e que não hesito em endossar partindo de minha experiência clínica. Em primeiro lugar, enfatiza que a validade dos dados obtidos da fase pós-analítica depende de tais dados terem surgido espontaneamente ou acidentalmente. O autor cita, por exemplo, que Freud sempre se interessou pelo destino de seus analisandos e que muitas vezes tomou conhecimento da evolução destes de forma circunstancial. Creio que a passagem a seguir é bastante ilustrativa do pensamento de Guiard:

> [...] As comunicações espontâneas têm, para os fins da pesquisa, a vantagem de conservar esse caráter de espontaneidade próprio das comunicações durante a análise. A isso se pode acrescentar outra, em certos casos, bem manifesta em um dos seguintes exemplos: que o ex-analisando

[29]Tradução livre da autora.

> não espera nada em troca (de concreto, pelo menos). Às vezes, essa circunstância torna muito criativa as suas produções verbais ou escritas, particularmente importantes para a avaliação do processo (p. 175)[30].

Às vezes, depois de longos lapsos de tempo, acidentalmente obtemos dados de analisados que evoluíram aparentemente muito bem e nunca procuraram o analista nem o informaram sobre sua evolução.

O autor considera de importância fundamental o processo posto em marcha na ausência de contatos reais analista-analisando, aquilo que chamo de situação de análise. Como se trata de um trabalho de autoanálise, é difícil ter acesso à forma como transcorre. Guiard categoriza os dados obtidos a respeito desta fase pós-analítica em espontâneos, acidentais e programados:

> [...] As possibilidades *espontâneas* podem ser epistolares: cartas, cartões ou mediante entrevistas pessoais solicitadas pelo analisando. [...] As *acidentais* não obedecem a nenhuma regra de motivação, podem ser trazidas por terceiros, por notícias de jornal etc. As *entrevistas programadas* são marcadas por iniciativa do analista, para a finalidade de fazer um acompanhamento do analisando, depois de concluir a análise (1979, p. 174)[31].

---

[30]Tradução livre da autora.

[31]Tradução livre da autora.

Guiard também dá uma contribuição original ao enfatizar a necessidade, tanto do analista como do analisando, de se separarem e se diferenciarem após o término de uma vivência emocional tão intensa para ambos. Fica claro que também por parte do analista é necessária a elaboração de um luto. O paciente segue sua vida e o analista continua a exercer o seu ofício. Diz ele:

> [...] A necessidade de diferenciar-se, para que cada um siga seu caminho com autonomia, exige que o paciente e o analista vão até as próprias raízes. A elaboração de cada um é assimétrica: ao finalizar o mesmo processo, ambos são diferentes do que eram no começo, e não apenas pelo que se tenha passado ali, entre os dois, mas também porque o tempo terá passado.
> Da ilusão de atemporalidade passamos à consciência de temporalidade. Pode-se considerar o pós-análise como a convalescença das neuroses de transferência (1979, p. 195)[32].

Lembremos que já em 1914 Freud definira a neurose de transferência como uma zona intermédia entre a enfermidade e a vida, uma enfermidade artificial, um pedaço de vida real, porém provisório.

---

[32] Tradução livre da autora.

O aspecto central da contribuição de Guiard está na mais perfeita sintonia com minha experiência pessoal como analista e ex-analisanda. Pouco a pouco vamos desinvestindo o analista de projeções de aspectos transferenciais e nos dando conta de que a relação que com ele vivemos, embora verdadeira, era de certa forma ilusória, "um pedaço de vida". Nossa vida nos espera e temos de aceitar a solidão intrínseca a nossa condição humana.

Tendo a experiência de análise alcançado seu propósito, tornamo-nos capazes de nos apropriarmos de nossa autonomia e convivermos com o fato de que estamos sozinhos, mas com uma capacidade conquistada na análise de desfrutarmos criativamente as oportunidades que a vida nos oferece e os diferentes vínculos que estabelecemos: afetivos, pessoais, profissionais e sociais.

Quando Guiard afirma que "[...] alcançar a abstração é o maior grau de êxito no processo" (1979, p. 198)[33], penso que está se referindo à análise como favorecedora de um aprendizado por meio da experiência emocional e uma aquisição da capacidade de pensar. O que o aproximaria da perspectiva de Bion a respeito do que a análise significa – a experiência emocional vivida em análise na medida em que o analista possa usar em benefício de seu paciente sua função de *rêverie* – favorece o desenvolvimento em seu paciente de seu aparelho para pensar. Segundo Bion (1970), a experiência

[33]Tradução livre da autora.

emocional que a análise propicia se evolui satisfatoriamente, desenvolve no paciente uma função que seria a de metabolizar pensamentos e emoções. Ainda de acordo com Bion, muitos indivíduos, além de não se darem conta do que sentem, descarregam suas vivências sem elaborá-las (elementos beta) ou poder contê-las, para poder transformá-las em pensamentos (elementos alfa), desvencilhando-se da angústia que poderia advir do contato com o seu mundo interno.

O trabalho de Bergmann, que aborda o destino da imagem intrapsíquica do analista após o término da análise, data de 1988. As considerações de Bergmann tomam por base em grande extensão os resultados relatados por Pfeffer (1963) em seus estudos de acompanhamento. Pelo que pude depreender, a resolução da transferência dificilmente se deu, pelo menos entre os sujeitos que integraram sua amostra. Os estudos de Pfeffer, citados por Bergmann, assinalam várias direções: a possibilidade de retomada da análise com o mesmo analista, uma tentativa de uma nova experiência, a busca de uma espécie de réplica de uma relação transferencial com novos objetos da vida real do ex-paciente e uma internalização de uma imagem altamente idealizada do ex-analista que se torna o ideal de ego do analisando.

De qualquer maneira, o autor considera que a análise pode ser bem-sucedida em libertar o ex-analisando de inibições e mobilizar recursos que o ajudam a integrar-se e a ter relações afetivas mais satisfatórias. Embora considere os ganhos resultantes da internalização de uma imagem favorável do ex-analista, Bergmann não deixa de referir que uma elaboração insuficiente do luto pela interrupção dos encontros com o analista real pode, ou fazer com que tal elaboração se estenda por um período demasiadamente longo, ou chegar a desencadear um quadro de depressão.

No ano seguinte, Schachter (1990) tentou responder à seguinte pergunta em uma mesa-redonda publicada em *Journal of Psychoanalysis*: "Deveria o acompanhamento realizado pelo analista fazer parte da fase pós-término do tratamento analítico?". Este autor foi dos que mais contribuiu para o estudo do pós-término, tendo publicado trabalhos sobre o tema não só em 1989, mas também em 1990, 1992, 1997 e 2001.

Neste primeiro trabalho, o autor comenta que: "O esforço da pesquisa psicanalítica formal sobre a fase do pós-término tem sido menor do que o esperado, porque os analistas relutam em procurar contato com ex-pacientes para sessões de acompanhamento". Parece estranhar que assuntos tão explorados quanto a contratransferência, o relacionamento real entre analista e paciente e o término da análise não tenham tido como desdobramento e consequências naturais estudos sobre o que acontece no período pós-analítico.

Schachter, em seu trabalho de 1989, *Should follow-up by the analyst be part of the post-termination phase of analytic treatment?*, refere que Luborsky indaga se o acompanhamento pós-analítico deveria acontecer como rotina. As conclusões a que se chegou a partir de estudos de acompanhamento indicaram, por um lado, que a expectativa do paciente de um acompanhamento pós-analítico de rotina possa ajudar a consolidar os ganhos obtidos por meio da análise; por outro lado, a expectativa de um acompanhamento analítico agendado em alguns pacientes pode comprometer o desenvolvimento do trabalho do luto.

Caberá ao analista avaliar em cada situação suas especificidades. Os analisados mais beneficiados pela expectativa de um acompanhamento pós-analítico agendado são aqueles com dificuldade em internalizar a função analítica. A conclusão final das questões levantadas por Luborsky foi a de que a prática não seria prejudicial e em geral parecia apresentar benefícios. Sua sugestão foi a de que cada analista, em sua prática clínica, tentasse planejar o acompanhamento pós-término de seus pacientes. No mesmo estudo, verificou-se um ponto bastante curioso: nenhum paciente acredita, mesmo durante a fase final de sua análise, que nunca mais vai encontrar-se com seu analista, não importa o que digam um e outro. Ainda neste trabalho, Schachter chama a atenção para o comentário de Wallerstein que, contrastando com o que acontece com a prática médica em geral, são escassos em psicanálise os estudos de acompanhamento. Wallerstein atribui tal escassez a duas razões: a primeira é que, em vez de acontecer em instituições psicanalíticas, a psicanálise ocorre desde sua origem em consultórios privados e continua a fazê-lo, especialmente em seu país; a segunda razão que assinala é o ideal dos analistas de esgotarem a análise da neurose de transferência e de evitar perpetuar resíduos transferenciais e contratransferenciais não analisados. Um risco do acompanhamento rotineiramente programado é que ele possa vir a ser ouvido pelo analisado como um reasseguramento de que o analista continuará a se ocupar dele após o final da análise, ou como uma demonstração de que o analista não aposta na autonomia desenvolvida pelo paciente.

O segundo estudo de Schachter (1990) que consultei data do ano seguinte e aborda o contato pós-término de análise entre o par analista-ex-analisando. A principal conclusão deste trabalho é que os contatos pós-término propostos pelos analistas, aos quais estes em geral opõem tanta resistência, não representam prejuízos para os pacientes, segundo as observações clínicas que resultaram dos estudos de acompanhamento. No mesmo trabalho, Schachter discute se não haverá uma profunda diferença entre uma análise realizada com um paciente leigo ou realizada por um analista didata com um paciente em formação numa instituição analítica. O fato de um analista didata e seu ex-analisando conviverem numa mesma instituição certamente exerce um impacto sobre a resolução da transferência do ex-analisando.

No trabalho de 1992, Schachter dá continuidade ao trabalho anterior do ponto de vista do tema abordado, não se identificam grandes novidades. Entretanto, menciona uma observação feita por Hartlaub e Rhine (1986), afirmando que a tendência a procurar o analista após a conclusão do processo é maior entre os analisados que avaliaram satisfatoriamente os resultados do que os que não ficaram satisfeitos.

Segundo levantamento feito por esses autores, um analista que trabalhe em tempo integral analisará entre 50 e 100 pacientes ao longo da vida, e o número máximo de términos que terá visto ficará entre 5 e 25, e muitos analistas verão bem menos. O autor sugere, a partir desse dado, o benefício de estudos de acompanhamento, baseados numa população mais ampla. Sugere também que, sistematicamente durante a fase de término, seja planejado, entre analista e analisando, um contato pós-término que beneficiaria a ambos: o analista, porque alcançaria assim uma melhor perspectiva dos resultados do trabalho analítico; e o paciente, porque melhoraria a sua capacidade de se autoanalisar. Do ponto de vista de Schatchter, esses novos encontros poderiam desempenhar um papel importante para garantir a estabilidade dos ganhos obtidos na análise.

O artigo de Schachter lembra que, de início, Freud concebia a análise como um procedimento terapêutico que visava aliviar o paciente de seus sintomas. No entanto, com o tempo, Freud foi conferindo à análise um outro sentido: o de ser um processo de investigação da mente humana. Freud passou a considerar, no fim de sua vida, que a análise desenvolve recursos que possibilitam ao paciente continuar sozinho a investigar o seu funcionamento mental. Creio já estar se referindo à introjeção da função analítica, que identifiquei em trabalho anterior (Saigh, 2002) como um dos parâmetros para optar pela conclusão de uma análise.

Em uma carta a Jung, Freud (1909) teria dito que acima de tudo, não tentasse curar, mas que aprendesse e ganhasse algum dinheiro. E teria comentado que a psicanálise começara como método de tratamento, o que não recomendaria naquele momento, mas que o valor dela estaria nas verdades que continha, no que informava sobre os seres humanos, sobretudo sobre a natureza deles.

Em suma, depois de revisar estudos de acompanhamento de autores como Schlessinger, Martin e Wallerstein, Schachter (1990) conclui que não só o contato pós-termino não representa prejuízo para os pacientes, como tem um valor que extrapola a específica dupla paciente-analista: "[...] Dado que os estudos de acompanhamento são tão cruciais para o avanço científico, já não se pode defender o velho ideal de total ausência de contato depois do término, que deixa o analista com ideias sem substância e muitas vezes com ideias otimistas sobre o funcionamento do paciente depois da análise" (p. 149)[34].

Em 1997, Schachter e colaboradores iniciam suas considerações sobre pós-término, comentando que entre os diferentes ramos da medicina as "consultas de controle" em psicanálise sempre constituíram um tabu; durante muito tempo acreditou-se que a única relação adequada entre analista e paciente era nenhuma relação. É claro que sempre podemos questionar a especificidade da psicanálise em

[34] Tradução livre da autora.

relação a outras práticas clínicas e até nos perguntar se de fato podemos considerar a psicanálise um ramo da medicina. Não é nosso propósito discutir esse trabalho. No mesmo artigo o autor faz o relato de três experiências clínicas com três diferentes tipos de contato pós-término em pacientes não analistas. No primeiro, a iniciativa partiu do paciente, ao passo que, no segundo, a proposta partiu do analista, tendo ocorrido após o término do tratamento. No terceiro caso, o analista programou um encontro ainda durante a fase de término. As três análises haviam terminado por consenso entre analista e analisando. Embora muito mobilizados pelo luto, nenhum dos três pacientes em questão apresentou sintomas regressivos, ansiedade ou depressão significativas; em nenhum deles houve um incremento da dependência em relação ao analista. Em todos os casos, durante a análise, o campo transferencial havia sido explorado transferencialmente, tanto na vertente transferencial quanto na contratransferencial. Nessas três experiências, não pareceu terem sido operadas grandes mudanças negativas ou positivas, tendo sido possível levantar alguns dados interessantes sobre o destino da transferência e a representação interna do analista.

Em seu último artigo de 2001, dedicado ao pós-término, Schachter, que desta vez escreveu com a colaboração de Brauer, pesquisam o impacto da identidade de gênero do analista sobre o contato paciente-analista na fase do pós-término. Concluíram que, na maioria dos casos, os analistas dizem a seus pacientes que estariam disponíveis em caso de ajuda adicional. Pelo que puderam observar em seus estudos, as analistas mulheres são as que mais tendem a se sentir beneficiadas por suas respectivas análises e as que mais tendem a manifestar sentimentos positivos a seus ex-analistas. A conclusão deste estudo é que a identidade de gênero do paciente não interfere nos contatos pós-término, e sim as características da personalidade do analista.

Em seu trabalho, Kantrowitz e colaboradores (1990) focalizam a questão do acompanhamento da psicanálise de alguns pacientes, realizado de cinco a dez anos após o término da análise. No mesmo artigo, os autores mencionam que as resistência dos analistas à pesquisa sobre o pós-término deve-se, segundo Wallerstein, à crença difundida entre analistas de que as entrevistas de acompanhamento poderiam estimular os ex-pacientes a perpetuarem suas fantasias transferenciais e a revivenciarem aspectos de suas neuroses de transferência aparentemente "já resolvidas". Os autores também comentam que na literatura especializada só se encontram dois relatos de casos sobre os efeitos a longo prazo da psicanálise. São eles: o livro de Gardiner (1973) sobre o "Homem dos Lobos", de Freud, e o relato de Deutsch (1959) sobre dois pacientes, de 25 e 27 anos, após o término de suas análises. Em relação a estudos sistemáticos, os autores mencionam apenas o estudo empreendido sob a coordenação de Pfeffer (1963), o estudo desenvolvido por Oremland, em 1973, e Norman *et al.*, em 1976. Esses estudos trazem entrevistas não estruturadas, realizadas por um "analista de acompanhamento" sem que houvesse um número de entrevistas previamente determinadas. Os resultados desses estudos convergiram no sentido de que: 1º – embora bem-sucedidas tais análises, elas permaneciam incompletas, na medida em que se detectaram conflitos intrapsíquicos não totalmente solucionados; 2º – identificou-se uma revivescência da neurose de transferência que foi resolvida no decorrer das entrevistas de acompanhamento; 3º – detectou-se como um dos maiores benefícios obtidos por meio da análise o desenvolvimento de uma função autoanalítica e uma ampliação da capacidade de *insight*.

Os autores descrevem um estudo de acompanhamento realizado no Boston Psychoanalytic Institute (1972), do qual participaram 22 pacientes submetidos a entrevistas semiestruturadas nas quais se visou: 1º – estabelecer a extensão e a estabilidade psicológica além de desenvolvimento posterior; e 2º – explorar as percepções do paciente e sua perspectiva do trabalho analítico particularmente quanto à transferência e à dupla analista-paciente. Foram avaliados os seguintes quesitos: Tolerância e Manejos dos Afetos, Nível e Qualidade das Relações Objetais, Teste de Realidade, Satisfação com o Trabalho e Ganhos, Autoestima em geral, Resultado Analítico Bem-sucedido e Benefício Terapêutico, Somente Benefício Terapêutico, Manejo dos Afetos e Tolerância e Relações Objetais, e Teste de Realidade.

Em outro trabalho, datado de 1997, Kantrowitz, inspirada pela leitura de Chused, Jacobs e McLaughling, discutiu o impacto que os pacientes exercem sobre seus analistas e sobre a desestabilização de sua postura de neutralidade, de sua capacidade de continência e de sua escuta analítica, pacientes que remobilizassem conflitos aparentemente superados por parte do analista. O foco de sua atenção voltou-se neste estudo para as respostas emocionais subjetivas dos analistas frente a seus pacientes. Alguns analistas conseguem vencer tais dificuldades recorrendo a supervisões, a discussões clínicas com colegas e a um apurado autoexame de suas reações contratransferenciais. Em alguns casos, chega a ser necessária a retomada da análise pessoal. É da experiência corrente de todos nós que exercemos o ofício de psicanalistas, o contínuo processo de investigação a que nos submetemos nós próprios, tanto no decorrer dos encontros com nossos pacientes quanto após a conclusão de cada sessão.

As conclusões apresentadas por Pellanda (1991) no 13º Congresso de Psicanálise sobre a fase pós-término e as vicissitudes do luto que ela implica parecem se aproximar do que chamo análise interminável, com dificuldade de introjeção da função analítica. Existem pessoas que sempre irão necessitar de uma análise, enquanto que outras conseguem seguir seus caminhos sozinhas, depois de finalizada a análise. Não falo de tratamentos inadequados ou malconduzidos, mas da qualidade sutil de certos pacientes que parecem necessitar de uma "sombra" como garantia de coerência e consistência. Minha hipótese é que estes últimos não desenvolveram uma confiança básica em seus objetos internos (Klein, 1932), falhando assim o teste de realidade e necessitando de uma "confirmação externa *ad aeternum*".

Este trabalho é parte de um interesse mais amplo a propósito do que acontece com as pessoas após o término de suas análises: término ao menos no sentido de envolvimento entre duas pessoas.

Pellanda (1991) assinala a necessidade dessas pessoas de verem sua autoconfiança reassegurada pelo retorno dos investimentos narcísicos que fazem sobre seus filhos. É como se o filho viesse a preencher ou tamponar a falta que o transformaria em talismã do desenvolvimento de seus pais. O autor acredita que tais pacientes não conseguem desenvolver uma função egoica autoanalítica e necessitariam, tal como Freud já previa em 1937, voltar a analisar-se. Pellanda (1991) sugere para esses pacientes, a título de seguimento necessário, uma psicoterapia psicanalítica e compara este recurso a uma "[...] prótese de perna ou ainda à insulina de um diabético" (p. 108), algo de que se necessita para toda a vida. O autor concorda com Ticho em que as entrevistas psicanalíticas não seriam recomendáveis como acompanhamento para avaliação do estado "atual" do paciente, pois elas induziriam à regressão.

Em seu segundo artigo, de 1995, Pellanda faz menção à famosa metáfora do jogo de xadrez, em que Freud diz que, embora se possam ensinar as aberturas e os fechamentos, não se pode prever, predizer ou ensinar o desenvolvimento do processo psicanalítico. Mas, conforme argumenta o autor, "[...] ao contrário do jogo de xadrez, onde peça tocada, peça jogada, um tema em psicanálise é sempre recorrente, como se depois da 'jogada' as peças se rearranjassem espontaneamente, de tal modo que o tabuleiro se apresentasse alterado para o próximo lance..." (p. 108).

Nesse artigo, o autor cita a distinção que faz Etchegoyen (1987) entre a análise concebida como um procedimento terapêutico que vise cura, alívio de sintomas e diminuição da ansiedade, e análise pensada como um processo de desenvolvimento pessoal que, ainda que termine a situação de análise cessando os encontros regulares entre analista e analisando, continua por meio desse processo infinito, que é o da autoanálise.

No mesmo trabalho, o autor menciona ainda a conclusão de Kramer (1959) que não existe diferença significativa entre a autoanálise de um analista e de um ex-analisando que tenha outra profissão, a não ser pelo fato de que o analista se ache continuamente exposto à pressão da contratransferência mobilizada nele por seus analisandos.

Em relação ao pós-término, Pellanda (1995) menciona que Ticho, em sua contribuição de 1967 sobre autoanálise, considera que após o término dos encontros analíticos ocorreria um período de relativa "inatividade psíquica"; a este se seguiria um período de desapontamento e reavaliação da análise, com características de um processo de elaboração de luto e que resultaria no desenvolvimento da capacidade da autoanálise consciente e autônoma.

O trabalho de Pellanda enfatiza a importância da autoanálise como o maior ganho do processo psicanalítico – o de proporcionar ao analisando condições de assumir alternadamente o papel de observador e de observado e internalizar uma espécie de *setting*. Amor à verdade e compreensão da própria mente nos habilita a continuarmos a usufruir de nossas análises, mesmo na ausência da presença física de nossos analistas.

As contribuições de Lichtmann (1992) acerca do pós-término procuram discutir se as mudanças psíquicas alcançadas por meio da análise podem se manter com o passar do tempo. Segundo Lichtmann, as mudanças não cessam com o término da análise, mas se estendem mediante um processo de elaboração pós-analítica.

Segundo Wallerstein (1992), a psicanálise não faz senão desenvolver ou atualizar de forma mais ou menos satisfatória os recursos potenciais preexistentes no sujeito. Isto implica, no entanto, uma transformação profunda que depende do desempenho de um papel criativo, tanto por parte do analista quanto do analisando. A consolidação das mudanças alcançadas por meio da análise implica viver plenamente, aceitando tensões e frustrações inerentes à vida; depende também em grande parte de que as pulsões de vida possam predominar sobre as pulsões de morte. O trabalho de Wallerstein indaga sobre o destino dos ganhos alcançados pela análise e, para responder a esta indagação, examina as conclusões a que chegaram o Menninger Project e a segunda fase do Boston Institute Project (Kantrowitz *et al.*, 1990) além dos estudos clínicos de Pfeffer (1963).

Em estudos de acompanhamento reportados anteriormente, Pfeffer (1993), em seu artigo "After the analysis: Analyst as both old and new object", nos fala que, anos depois da análise terminada, pacientes antigos eram vistos sentados uma vez por semana em entrevistas tipo analíticas. Uma observação a respeito dessa discussão foi feita: pacientes analisados satisfatoriamente regrediam e reagiam às entrevistas de estudo de acompanhamento como se estivessem em análise, comunicando-se por meio de livre associação e muitas vezes com sonho, e experimentavam o analista de acompanhamento, e seu consultório, como se fosse o analista didata.

Diz ele que, em um estudo de acompanhamento, há um retorno das neuroses existentes durante a análise, inclusive as fantasias que envolviam o analista de acompanhamento e eram vividas com muito ódio. Observou-se também que a reação ao término desse estudo de acompanhamento era muito parecida com a reação que o paciente teve com o término da análise.

Nesse estudo, o paciente faz um deslocamento do ex-analista para o analista de acompanhamento. Nessa situação, a regressão e o "enfraquecimento" do ego podem resultar em reaparecimento passageiro do conflito original como manifestado na recorrência da sintomatologia originária. O procedimento de entrevistas de acompanhamento facilita a regressão e suas manifestações. Deve-se então examinar detalhadamente, numa tentativa para dar conta da recorrência da sintomatologia e para conseguir sua rápida reversão. A reexperiência do tratamento analítico com livre associação, comunicação por meio de sonhos, lembranças do passado e o desenvolvimento de sintomas pré-analíticos são todos indicativos de um processo regressivo nesse estudo, que pode ser aproveitado para examinar os sintomas antigos que estão deslocados para essa situação. O ressurgimento passageiro dos sintomas podem ser explorados com bom aproveitamento, no qual o paciente se reafirma a si mesmo, dizendo: "Já passei por isso antes e consegui sair. Nada de insuperável será acordado por esse estudo de acompanhamento".

Em 1997, Guignard, em seu comovente trabalho *O Tempo de Depois*, se diz tentada a pensar que o "resto" que escapou à análise alimentará a continuação do funcionamento analítico do ex-paciente no tempo de depois, desde que tenha sido satisfatoriamente introjetada a função analisante de início delegada ao analista: o trabalho de luto não é só pela perda do analista enquanto pessoa real e enquanto objeto de transferência "[...] o trabalho de luto tem seu duplo especular no analista: é o trabalho de fazer-se morrer ele mesmo. Esse é o limite extremo da abstinência analítica: mais do que pôr-se à vista do analisando, num espírito messiânico, o analista deve aceitar 'que ele cresça e que eu diminua'" (p. 1.222)[35].

Conway (1999) interessou-se particularmente em como tinham sido vivenciadas por diferentes ex-pacientes suas experiências de pós-término. A autora enfatizou que a pesquisa psicanalítica esbarrava aqui também com problemas metodológicos e éticos, limitadores do campo a ser pesquisado. Partiu de uma amostra muito pequena de sujeitos e seu objetivo foi o de tentar obter um estudo mais profundo sobre várias possibilidades de experienciar o pós-término. Interessou-se por questões tais como:

> [...] Por que as pessoas respondem ao convite para conversar com um estranho sobre uma experiência tão pessoal? Afinal, por que a necessidade de falar? Teremos conseguido uma distorcida amostra de ex-analisandos que se sentem *levados* por razões particulares, mas desconhecidas, a retomar sua experiência? Embora essas questões não possam ser respondidas com certeza, duas principais razões foram apresentadas espontaneamente pelos ex-pacientes, para explicar seu interesse. Todos acreditavam que a experiência era importante e quiseram ajudar; e vários disseram que não haviam podido falar com ninguém sobre sua experiência de término, porque a pessoa com

[35] Tradução livre da autora.

> quem eles teriam compartilhado isso era o analista, e essa opção não foi pensada como possível (p. 566)[36].

Todos os sujeitos pesquisados pela autora relatam a experiência de uma aguda ansiedade sobre o término e sobre a dificuldade de aceitar uma experiência irreversível. Nenhum paciente declarou ter se curado totalmente ou resolvido seus conflitos internos, porém todos manifestaram uma confiança em seus recursos internos para lidarem com suas vidas sem o auxílio do analista. Um ponto ficou claramente demonstrado: o de que a vivência do pós-término depende de como foi vivenciado o pré-término. Alguns pacientes só reconheceram de forma mais evidente a função analítica com que agora contavam em situações de intenso estresse. Para todos os pacientes, mostraram-se relevantes a capacidade para a autoanálise, a elaboração do luto pela perda do analista e outras questões ligadas à separação.

Botella (2000), em entrevista concedida à *Revista da Sociedade Brasileira de Psicanálise de Porto Alegre*, nos esclarece que toda análise é inacabada no sentido de pôr em marcha um processo que uma vez iniciado não se esgota, isto quer dizer que o psiquismo está em permanente evolução. O autor considera que toda parada na evolução psíquica sugere enquistamento e patologia, e afirma que o mais justo em termos de parâmetro para finalizar uma

[36] Tradução livre da autora.

análise seria avaliar a ideia de "autonomia adquirida"; em outras palavras, a ideia de que o paciente seja capaz de continuar sua evolução sozinho.

Em 2001, Parat acentua como ganhos obtidos na análise não só a capacidade de autoanálise como a ampliação das possibilidades sublimatórias de um indivíduo, além de sua capacidade para um controle diferente da repressão patológica que deforma e empobrece a via mental a ponto de, em alguns casos, provocar riscos somáticos. A autora lembra que Freud afirmava que é apenas mancando que obtemos, senão o melhor, pelo menos o menos mau de nós mesmos.

Craige (2002), em seu artigo "Mourning analysis: the post-termination phase", assinala que a fase do pós-término é a menos compreendida do processo do tratamento psicanalítico. Enquanto há muitos artigos e livros de psicanálise sobre o término (ele cita autores como Freud, Firestein, Loewald, Pedder, Novick, Viorst, Blum e Orgel), só alguns poucos discutem o destino do analisando e a conclusão do processo analítico depois do término. Na literatura psicanalítica, o pós-término é considerado uma fase do processo analítico durante a qual o analisando faz o luto pela perda do analista e cria internalizações da relação analítica que suportam a capacidade do analisando para a autoanálise continuada. Pouco se sabe, contudo, sobre como os pacientes analíticos realmente experienciam o luto pós-término.

A autora reconhece que apesar da importância do tema, ainda existe pouca literatura disponível sobre esta fase. Identificou três temas importantes a serem pesquisados relacionados com o pós-término. A resolução da neurose de transferência, a dissolução da situação analítica e a perda final do analista. A autora menciona que Etchegoyen (1987) considera esse o momento em que a análise culmina com um "estágio natural e doloroso". Segundo Craige (2002), Guiard discrimina três estágios no pós-término: o estágio inicial, no qual o paciente sente falta do analista e anseia por sua volta; depois um estágio de elaboração da volta durante a qual o ex-analisando batalha por sua autonomia e aceita a solidão, e finalmente o resultado no qual a autonomia é alcançada e a imago do analista se torna mais abstrata.

No mesmo artigo, Craige enfatiza que o pós-término constitui um momento privilegiado para testar os recursos desenvolvidos pelo paciente para o desempenho da função da autoanálise. A este respeito cita a contribuição de Ticho (1967), que diz que a capacidade autoanalítica é imediatamente testada, ao trabalhar por meio dos remanescentes da neurose de transferência e o luto por separar-se do analista. A fase inicial é caracterizada por um sentimento de realização e de elevada liberdade interior. A segunda fase é de desapontamento, na qual o paciente encara a inesperada continuação dos conflitos e da dor psíquica. O analisando entra em luto, não só pela perda do analista, mas também pela perda das esperanças irrealistas quanto ao resultado da análise (ou seja, de ser perfeitamente analisado e livrar-se da dor e dos conflitos). Durante essa fase, o paciente invoca ativamente um diálogo interno com o ex-analista, lembrando as interpretações e imaginando o que o analista poderia dizer. Na fase final, as funções analíticas do analista passam a ser uma parte estável e autônoma do ego do analisando.

Foram essas as contribuições que, dentre os artigos que selecionei sobre o pós-término, mais me chamaram a atenção e foram as mais importantes. Coloquei minhas ideias e pensamentos a respeito do que escreveram entremeadas com os deles. Acho que foi a forma mais didática e facilitadora para o leitor interessado neste tema, para mim tão importante. Acredito que a escolha cronológica também ajude o leitor a seguir o pensamento desses psicanalistas ao longo do tempo histórico, que pode dar uma visão mais fiel e verdadeira de como essas ideias e tentativas de estudos de acompanhamento foram ocorrendo e evoluindo pela história da psicanálise. Com os autores que escreveram vários artigos – Pfeffer, Schachter, Pellanda –, apesar de estar seguindo uma ordem cronológica, fiz o comentário em seguida um do outro, para podermos acompanhar melhor a evolução do pensamento de cada um.

Recomendações técnicas sobre o encaminhamento do pós-término

Não encontrei na literatura nenhum artigo específico a alguma recomendação técnica sobre como encaminhar o pós-término. Acredito que é uma situação muito peculiar e individual de cada analista. Não há nenhuma regra, como existe para o *setting* analítico: número de sessões, o não envolvimento do psicanalista com seu analisando, o uso do divã, e assim por diante. O comportamento pós-analítico parece-me uma situação mais livre, em que cada analista decide o que e como fazer com seu analisando que está indo embora. A maneira técnica de agir no pós-término depende inteiramente do analista: se vão se encontrar de novo ou não, se marcam uma data já fixada antes de terminarem para se falarem, se preferem deixar o analisando tomar a iniciativa desses futuros encontros, se houverem, é tudo por conta e risco do analista e não por recomendação de nenhuma instituição a qual ele pertença.

Buxbaum, em seu artigo "The technique of terminating analysis", de 1950, lembrou que Freud chamou a atenção, em várias ocasiões, sobre um aspecto da relação entre paciente e analista, muito manifesta depois do término, que permitiu que se estabelecessem relações de amizade. Assinalou que o contato social pós-analítico entre paciente e analista poderia, realmente, promover a resolução mais completa da transferência neurótica.

Schachter e Johan em seu artigo de 1989, nos diz que o contato pós-analítico parece desejável em geral. O *timing*, a frequência e o curso do contato não devem ser estereotipados, devem ter ritmo espontâneo, ditado pelas especificidades do caso.

Mas persiste ainda sem resposta a questão de saber se os pacientes que não voltam aos seus analistas, para algum acompanhamento na fase de pós-término, não ganhariam muito mais, se voltassem. Mesmo assim, há muitos pacientes, para alguns a maioria, que se beneficiariam se pudessem encarregar-se eles mesmos, e completamente, do processo de separação e luto na fase do pós-término. Uma vez que tantos pacientes procuram algum tipo de contato, nossas teorias da técnica deveriam incluir técnicas para usar quando a análise "está acabada".

Do artigo de 1992 de Schachter, deduz-se uma recomendação: a de que o contato pós-término seja um contato único, face a face, realizado no consultório do analista, e que tal contato seja sugerido ao paciente em algum momento da fase do pós-término, para revisar como o paciente está se sentindo, como transcorre sua vida desde o término, e também para considerar os ganhos e limitações do tratamento analítico. Tal contato seria realizado numa data de aproximadamente seis meses ou um ano após o término. No mesmo artigo escreve:

> [...] Sugiro que, durante a fase de término, o analista proponha como uma extensão da situação analítica que se planeje um contato pós-término paciente-analista, para revisar como o paciente saiu-se e para reavaliar os ganhos e limitações do processo analítico. Para mim, a razão risco/benefício nesse contato é altamente favorável.

> O analista beneficia-se porque ganha uma melhor perspectiva dos resultados do trabalho analítico, e o paciente beneficia-se porque melhora sua capacidade de autoanálise pela nova oportunidade para buscar mais tratamento necessário, e por experienciar uma afirmação da aliança terapêutica que pode ter alguma função para manter a estabilidade dos ganhos analíticos (p. 137)[37].

Ainda segundo Schachter, no final da análise o analista já tem boa experiência com seu paciente para avaliar seu ego e sua capacidade de tolerância à regressão. Se o analista perceber que o paciente ainda está em um estado muito fragilizado em relação ao término da análise, deveria, pelo possível risco que corre o paciente, recomendar um contato pós-término.

Encontrei algumas referências de recomendações técnicas sobre o pós-término no livro *Fundamentos da Técnica Psicanalítica*, de Horácio Etchegoyen (1987).

Ele se refere à questão do pós-término como o acompanhamento e relata ser partidário de se estabelecer um acordo com o paciente para manter entrevistas periódicas já combinadas antes de finalizada a análise. Diz ele: "Proponho a meus pacientes que venham depois de três e seis meses, e depois uma ou duas vezes por ano, e por um tempo variável, alguns cumprem com o programa proposto e outros não".

[37] Tradução livre da autora.

O autor faz a ressalva de que deixa a critério do paciente aceitar ou não os termos do acordo, para que este se sinta livre de quaisquer compromissos formais com o seu ex-analista e possa vivenciar realmente a separação. Caso contrário, o vínculo se perpetuaria.

Na prática de Etchegoyen (1987), o analista deve conduzir-se durante essas entrevistas pós-analíticas, sejam elas solicitadas pelo paciente ou não, de forma acolhedora e continente, mas de preferência não interpretativa. Concorda com Rangell (1966) que, se a interpretação é necessária e esperada, o ex-analisando a receberá bem. Em relação a honorários, ele deixa a cargo do paciente pagar-lhe ou não. Acrescenta também que, no caso de a análise ocorrer entre colegas, acredita que o analista possa aceitar circunstancialmente o pedido do seu ex-analisando para ajudá-lo "a resolver algum problema de sua autoanálise", mas nunca de forma sistemática, porque seria uma maneira encoberta de continuar ou reiniciar a análise. Esse programa de acompanhamento ou seguimento sugerido por Etchegoyen (1987) não exclui o fato de que a experiência concreta de término seja efetivamente vivida pelo paciente como algo definitivo. Cabe ao paciente, se o desejar em algum momento, procurar ou não novamente seu analista.

Como nunca sabemos se o ex-paciente vai necessitar de análise novamente, é aconselhável uma certa reserva, mas essas precauções mudarão com o passar dos anos e com o que cada ex-analisado escolha. Temos o direito de preservar nossa intimidade, mas não de impor a nossa ideia de distância aos outros.

Etchegoyen (1987) também não é partidário de transformar a relação analítica em uma relação amistosa, porque acredita ter alguns inconvenientes. Corroboro sua ideia quando diz que ao longo do tempo possa se desenvolver de forma espontânea uma amizade, mas não acredita que todos os seus pacientes tenham que terminar sendo seus amigos. Poderia ocorrer que essa amizade ainda fosse um remanescente da transferência, e mesmo que não fosse, deixaria o ex-paciente desguarnecido, pois não teria mais um analista, e sim um amigo, se porventura quisesse voltar a analisar-se.

Na minha experiência pessoal, penso ser conveniente manter uma certa reserva analítica, em outras palavras, manter o *setting*, mesmo em contatos realizados posteriormente ao final da análise. Qualquer outra atitude comprometeria a eventual possibilidade de uma retomada do processo. Sobretudo no caso de analisandos especialmente perturbados, modelo de análise interminável, que interromperam por vontade própria e prematuramente seu processo de análise e que muito provavelmente retornarão. Ou também conforme o Modelo III – atendimento em situações de crise – no qual qualquer quebra de *setting* seria fatal por destituir completamente o analista de seu lugar, o que talvez seja o intento inconsciente que reiteradamente move esses analisandos.

Na minha prática clínica, com analisandos que tendo vivenciado um processo que eu chamaria de bem-sucedido e que, de comum acordo finalizaram suas análises, é possível manter uma atitude menos convencional e, quando procurada por eles, ter com estes uma conversa mais informal e amistosa.

3.

Depoimentos

O âmago de uma pesquisa é obter-se maior abrangência, maior profundidade sobre o assunto que se está estudando. O depoimento ajuda a conhecer melhor as mais variadas opiniões a respeito do assunto que esteja sob pesquisa.

No meu caso, os depoimentos foram planejados e feitos para que eu tivesse um contato maior com pessoas ligadas ou não à psicanálise, para, por intermédio dos depoimentos, saber o que pensam sobre o tema do pós-término.

Além disso, é possível que o depoimento seja uma estratégia para que a pessoa que está escrevendo não se sinta tão sozinha, nem se sinta tão "exclusivamente" responsável pelo que diz ou pensa. Ainda mais do que isso, deve haver, em qualquer movimento para colher o depoimento de alguém, também um componente de curiosidade, um desejo de saber como outras pessoas pensam a respeito do "nosso" assunto.

Nada garante que as pessoas sejam "sinceras" e – além e diferente disso – nada garante, tampouco, que todas as pessoas tenham meios igualmente satisfatórios para falar ou escrever, com "verdade", da e sobre a própria subjetividade.

Mesmo assim, achei válido colher esses depoimentos e tentar aproveitar deles algum material que, acredito, acrescenta um pouco mais de conhecimento ao que eu já havia pensado e escrito.

A seguir apresentarei na íntegra os depoimentos que colhi, seguidos por considerações que fiz a respeito de cada depoente dos dois grupos.

Primeiro grupo – psicanalistas

Das cartas-consulta que mandei para psicanalistas, só recebi sete respostas. Enviei então para esses interessados questionários por *e-mail*; eles responderam pelo mesmo meio. Um mandou a resposta por carta anônima, procurando não ser identificado. Nesse caso, não pude enviar-lhe as minhas considerações sobre o que escreveu em carta não identificada.

Os outros três depoimentos foram colhidos pessoalmente e gravados. Esses depoentes foram escolhidos por mim, pelo interesse que eu tinha em saber suas opiniões e experiências de e sobre o período pós-término. Telefonei, falei de minha pesquisa, e marcamos um horário para a entrevista pessoal.

Podemos ver que não são todos os psicanalistas que estão disponíveis. Os ex-analisandos analistas que se dispuseram a me responder por razões particulares, mas desconhecidas, poderiam estar, de alguma forma, tentando retomar sua experiência de análise? Talvez sim. É possível que, ao aceitarem o meu convite, tenham feito mais do que apenas procurar colaborar para a pesquisa de uma colega. Conjecturo que possam ter se sentido convidados – e aceitaram o convite – para refletirem retrospectivamente sobre o benefício que tiveram das próprias análises.

Depoimento 1

Mulher, 52 anos
Profissão: Psicanalista – Membro Efetivo da Sociedade Brasileira de Psicanálise de São Paulo
Depoimento enviado em 18/04/2004, por e-mail

Este depoimento foi dado por uma psicanalista que é também minha amiga pessoal. Acredito que se dispôs a dar o depoimento para colaborar com a minha pesquisa e também porque se trata de uma pessoa que gosta de falar, que participa muito ativamente nas reuniões que frequentamos, que não se incomoda em se expor.

1) **Há quanto tempo você terminou sua análise e no seu ponto de vista atual, o que você pensa sobre ela e quais foram seus ganhos?**

Terminei minha análise há doze anos.

Penso que minha análise ajudou a me conhecer e ter uma vida mais coerente com meus valores, desejos e motivações. Vivo hoje de modo mais livre e responsável pelas minhas realizações.

Ganhei autoestima, segurança e maturidade. Outro ganho foi uma maior tolerância à frustração e uma dose de ousadia, ou seja, de ser diferente sem sentir culpa.

Meus sonhos foram logo emergindo na análise. Foram e são até hoje úteis no conhecimento do que se passa comigo.

2) Você percebeu rapidamente os seus ganhos? Eles foram mantidos? Qual é o seu estado atual de disponibilidade afetiva e tolerância com as pessoas e qual a sua produtividade no trabalho?

Meus ganhos se conservaram e foram mantidos em grande parte.

A possibilidade de colocar limites em mim e aos outros ajudou muito a compreender as relações familiares, a lidar com angústias e em ser melhor mãe, esposa e filha.

Minha disponibilidade afetiva e tolerância são mais relativas. Meus relacionamentos com meus pais têm sido mais autênticos e minha disponibilidade afetiva e tolerância aumentaram. O prazer e produtividade no trabalho têm sido buscados com mais liberdade e a percepção do mundo mais realista em relação a meus limites.

3) Descreva o que você aprendeu sobre você mesmo com a análise. Esses *insights* continuaram a ser úteis depois da análise?

Sim, tive *insights*. Por exemplo, eu era um tanto masoquista nas relações e achava impossível escapar desse modelo. Ao ver na análise como eu não era obrigada a fazer certas coisas que me desagradavam muito, não foi o fim do mundo como eu pensava não me submeter ao que eu não estava disposta a fazer.

4) Desde o término da análise, você se percebe usando a função autoanalítica?

Desde o término da análise continuo a descobrir sobre mim mesma principalmente através de sonhos. Presto muita atenção a eles e acho fascinante observar os movimentos internos comunicados por eles.

Atualmente, mantenho mais a calma e consigo ter maior controle das situações sem me desestruturar ou ter um comportamento autodestrutivo.

Caso que me lembro: Tenho uma certa neurose de fracasso. Quando estou para atingir um projeto ou meta, fico muito angustiada, posso até me punir com um fracasso. Percebi que em grande parte isso decorre de minha cultura sefaradita, ou seja, árabe, na qual não é encorajado o trabalho da mulher, mas o casamento e a vida doméstica. Apesar de ter imigrado para o Brasil aos dois anos, a cultura e o ambiente de onde vieram meus pais e avós foram determinantes da minha educação.

Procuro ver se tenho merecimento ou não do que consigo. Se sou original, quem não é? Aprendo a conviver com meu lado diferente. Preciso de solidão, por exemplo, e com isso procuro ficar só um tempo para me abastecer de mim mesma, "conversar com meus botões".

5) Você voltou a ver o seu analista depois do término?

Voltei a ver meu analista uma vez depois do término. Voltei pois senti falta e queria conversar com ele, não como analista, mas como uma pessoa "comum". Ele achou que eu queria mais análise, não era o caso. Ele era um pouco rígido. Havíamos marcado o término com seis meses de antecedência. Logo depois que deixei a análise, as pessoas me diziam que eu havia mudado muito, para melhor. Ter finalizado me fez muito bem.

6) As suas outras experiências de análise foram satisfatórias?

O segundo contato foi insatisfatório a meu ver.

Estou em análise novamente (a terceira), voltei em circunstâncias em que me via muito angustiada com um paciente e percebia haver pontos mais difíceis de elaborar numa supervisão. O supervisor indicou-me a analista. Iniciei há dois anos.

7) O que você pensa de seu analista?

O tratamento é satisfatório, a analista é menos rígida e mais "amiga", me sinto mais valorizada. Acho que ela gosta muito de mim e isso me faz muito bem. Tinha dúvidas com o primeiro analista, se havia o gostar de minha pessoa. A experiência emocional, como não poderia deixar de ser, é muito diferente. Por exemplo: levei um trabalho para o meu analista ler. Era um relatório, se não me engano. Ele não leu, nem se interessou em ficar com o trabalho. Devolveu e interpretou. Me senti muito inadequada.

A vantagem é que hoje minha analista lê, se interessa e interpreta também. Há uma troca maior entre nós.

O que tornou minha análise efetiva foi a possibilidade de ser eu mesma, de ter um senso de identidade maior.

Meu primeiro analista tinha um estilo um tanto arrogante. Seus valores pessoais divergiam dos meus. A cultura dele era bem diferente da minha. Ele era alemão e eu de cultura árabe, e meu pai e marido são dessa mesma cultura. Características pessoais de ele ser uma pessoa muito exigente dificultaram minha aceitação de minha pessoa como eu podia ser. Parecia ser sempre aquém do que eu-ele esperava.

8) Como foi, para você, terminar sua análise?

Terminar minha análise foi muito difícil, um vazio grande, não ter mais quatro vezes por semana para onde ir e contar o que me sucedia, como me sentia. Deu uma sensação de desamparo enorme e uma vontade de ficar na análise para não perder o hábito. Havia se incorporado à minha identidade. O lugar, o horário, o divã, tudo me fazia falta. Voltei para conversar e ele me disse que eu queria uma entrevista. Eu queria não sei o quê! Na última sessão ele me disse: "Vai ser um prazer tê-la como colega da Sociedade Brasileira de Psicanálise", um tanto formal. Eu queria e não queria ser colega. Ser colega era difícil, pois era difícil para mim crescer, ficar ao lado dos "grandes". Ao voltar a conversar com ele e ter sido colocada na "entrevista", fiquei mal. Acho que isso decorre da análise didática. Ele tinha essa função de me formar. Isso mistura os canais, com certeza. O canal de analista e professor.

9) Minha experiência como analista.

O término de análise de alguns pacientes que chegaram até esse ponto foi muito interessante. Um que me lembro queria ficar indefinidamente na análise. Eu queria parar, pois me sentia improdutiva e sem condições de ajudá-lo. Estava comigo havia nove anos. Após inúmeras supervisões dentro e fora do país, achei uma resposta quando um supervisor francês, Jean Guillaumin, disse "Il faut savoir sortir de la vie de l´autre (Devemos saber sair da vida do outro)". Avisei que iria sair, ele não aceitou de imediato, fui firme e assim terminamos, com uma hipótese que eu tinha que seria boa para ambos. A reação terapêutica negativa era evidente. Hoje este paciente se desenvolveu muito. Outra que lembro terminou após sete anos e voltou a me procurar duas vezes. Indiquei outro analista e ela foi nele por dois anos e retornou a mim por um curto período. Aí ela falou muito da análise com o outro analista. Ela vai e volta. Nesse tempo, curou-se de várias inibições. Tem uma gratidão imensa pelos ganhos que conseguimos. Sinto que o processo tem comigo um começo, um meio e um fim que às vezes é mais difícil de localizar. A análise é interminável, os encontros têm fim. Eu mesma senti uma capacitação grande ao terminar a minha, e as pessoas ao redor notaram muitas diferenças. É importante ter um término formal, sair da vida do outro. Isso é pesaroso, difícil e sofrido, para ambos. A alegria de ter feito um percurso juntos e disso tirar uma experiência rica é o que vale a meu ver. A distância do processo ajuda a decantação do que ficou e a internalização do processo.

Outro caso que lembro de oito anos de análise foi alguém não da área "psi", e que não tenho mais contato. Foi um processo muito interessante e rico e ela era modelo profissional. Até hoje estudo o tema. Foi um ganho dessa análise e um modo de elaborar as perdas e ganhos desse processo com ela. Eu me enriqueci com a sua saída, escrevi um livro. A escrita ajuda-me a elaborar. Já fui trocada por padres, por yoga, por viagens no meio do processo, por interrupções, mas essas que descrevi, a meu ver, tiveram um término.

Considerações

Mulher psicanalista. Três análises; a primeira parece ter sido um pouco mais satisfatória que a segunda, e a terceira, mais do que a primeira. O que parece entusiasmá-la, mais do que os analistas, é o processo analítico, o que dá traços particularmente interessantes a esse depoimento.

Embora a depoente reconheça os ganhos obtidos durante essa análise – disponibilidade afetiva, dose de ousadia, percepção dos próprios limites, maior liberdade de escolha, capacidade de analisar os próprios sonhos, controle da própria destrutividade –, não se sentia reconhecida e valorizada como pessoa. Penso que o comentário que fiz anteriormente em relação à função que o analista didata acumulava antigamente – de analisar mas também de avaliar o candidato – possa ter favorecido a projeção nele de uma figura autoritária e de certo modo persecutória aos olhos da analisanda.

Curiosamente, embora numa primeira leitura de seu depoimento pareça estar se beneficiando mais dessa terceira experiência de análise, tivemos a oportunidade de, numa leitura mais atenta, identificar numerosos ganhos obtidos na primeira.

Talvez uma das características mais interessantes do pós-término seja a que a depoente formulou nos seguintes termos: "A distância do processo ajuda a decantação do que ficou e a internalização do processo".

Talvez o que ela chamou de rigidez tenha sido a falta de disponibilidade do analista para observar se aquela busca de contato era de realmente uma retomada de análise ou simplesmente um pedido do que eu chamo de "consultas analíticas". Como ela conta que haviam marcado o término seis meses antes, acho que o analista não esperava que ela fosse retornar, ao menos num curto prazo.

Penso, então, em algumas hipóteses: é muito pouco provável o ex-analista se transformar numa pessoa "comum", como era sua fantasia, e aí podemos observar como devia ser sua transferência durante o processo analítico, mas que talvez só possa ser percebida depois de terminada a análise. Sua fantasia era de que o analista não a aceitava como ela era e parecia sempre insatisfeito, querendo, segundo seu ponto de vista, que ela fosse diferente do que era. Diferenças culturais? Pode até ser, mas acho difícil.

Por mais treinado e experimentado que o analista seja, "sem desejo e sem memória", como disse Bion (1970, p. 19), é praticamente impossível que sua personalidade não interfira, por pouco que seja, na relação com o analisando. Acho que é isso o que essa pós-analisanda deixa transparecer.

Uma outra possibilidade que encontro, avaliando o depoimento dessa depoente, é que talvez ela se sentisse, na sua fantasia, inferiorizada por ser mulher e pertencer a uma outra etnia diante deste analista homem, segundo ela tão rígido e parecendo desprezá-la. Poderíamos pensar numa repetição de modelos antigos, que talvez tenha vivido com seu pai e quem sabe viva com seu marido, o que a impediria de "ver" seu analista real e a levaria a confundi-lo com essas figuras familiares.

Na segunda análise, não ficou satisfeita; começou uma terceira quando se sentiu angustiada com um problema e não conseguia solucioná-lo sozinha. É uma analista mulher, e a analisanda se sente muito mais acolhida e "querida" do que na primeira experiência analítica. Talvez confirme a minha hipótese de que ela queria antes uma analista mais acolhedora que mostrasse o seu interesse e afeição por ela do que um analista tão rígido. Nenhuma crítica nisso, ao contrário, acho até muito provável, dependendo das características da pessoa, que não se aguente uma análise tão rigorosa, sem nenhuma demonstração de interesse pelas coisas que o analisando conta ou que às vezes traz para nos mostrar, como foi o caso dela, quando levou um trabalho para o analista ler e ele interpretou e não leu, e ela se sentiu muito ofendida.

É interessante como o processo de luto deu-se para essa depoente; apesar de não ter tido um contato tão intenso com seu analista, sentiu-se desamparada pela falta das sessões. Percebeu que o que estava sentindo mais falta era do hábito de ir quatro vezes por semana, deitar-se no divã e falar com alguém, mas assim mesmo o término foi duro.

Não nos esqueçamos que a primeira análise dessa depoente era didática. Concordo com o fato de que a análise didática é apenas uma *tranche* (fatia), como dizem os franceses, de seu processo de análise como um todo. O fato de atenderem a uma demanda da instituição (como análise de crianças atende a uma demanda dos pais) compromete a possibilidade de as análises didáticas serem vividas de uma forma mais verdadeira e autêntica.

Um aspecto da reanálise que considero vantajoso (a terceira análise dessa depoente) consiste no fato fundamental de que se trata de uma decisão pessoal tomada solitariamente, sem a intermediação institucional; uma decisão que alguém toma a partir das situações que experimenta na prática clínica, e obviamente a partir daquelas outras situações que provêm da própria vida.

Pude perceber nesse depoimento que essa depoente introjetou uma função analítica e começou sua autoanálise já no final de sua primeira análise. Pôde perceber na segunda tentativa que não havia muita empatia com o analista e não teve dificuldade de parar. Quando se sentiu necessitada, recorreu a uma terceira tentativa sem maiores problemas.

Como analista, vivenciou diferentes experiências desse período pós-analítico, ou fase pós-analítica, com seus analisandos. O próprio exercício de sua atividade profissional foi um elemento catalisador de suas elaborações do pós-término.

***

Acredito que essa depoente, ao escrever sobre suas experiências analíticas, pôde usar esse momento do depoimento para repensar suas análises. Talvez o depoimento tenha tido uma função para ela. No depoimento, ela pôde falar de algo que, pelo que pude observar, não falava há muito tempo com ninguém; assim, parece que pôde pensar de uma outra maneira sobre suas vivências analíticas. A passagem do tempo ajuda-nos a enxergar melhor o que passou. Como disse Ronsard, poeta francês: "É necessário nos afastarmos para melhor olharmos as coisas" ([s.d.], p. 100)[1]. Parece-me que o depoimento foi uma oportunidade para essa depoente fazer esse exercício.

Depoimento 2

Homem, 63 anos
Profissão: Psicanalista – Membro Efetivo da Sociedade Brasileira de Psicanálise de São Paulo
Depoimento colhido em entrevista pessoal, feita por mim, em 31/03/2004

[1] Tradução livre da autora.

Este depoimento foi dado pelo psicanalista que foi meu analista de junho de 1978 a dezembro de 1981, antes de eu ingressar na Sociedade Brasileira de Psicanálise. Desde essa época mantemos contato: faço supervisão com ele desde 1990 e somos amigos. Deu-me a impressão de estar interessado em contribuir para a minha pesquisa, não só porque somos amigos de longa data, mas também porque o tema o interessa.

A seguir, apresento a transcrição do depoimento, gravado por mim, com texto revisto pelo depoente.

1) Você prefere falar como analisando ou como analista?

A minha experiência mais longa, em termos de tempo, na questão de término de análise e pós-análise é como analista. Mas a minha experiência de analisando também é significativa. Também posso falar como analisando, mas, nesse caso, só tenho uma única experiência de término. A minha experiência como analisando durou dez anos.

2) Você sentiu que essa experiência mudou a sua vida?

Senti. Foi uma intervenção, um marco. Mudou muito. Ao longo do tempo, principalmente depois da análise, eu fui percebendo nitidamente as mudanças, cada vez mais, e ainda hoje percebo. Além de eu perceber, os amigos, o meu círculo de relações, de certo modo, "confirmavam" as impressões que eu tinha desse processo de mudança. E o processo continuou depois da análise. Um amigo com o qual eu convivia muito naquela época dizia que conhecia dois casos de análise: num caso, um amigo comum, meu e dele, a análise não fizera qualquer diferença; mas no outro caso – era eu! – sim, dizia ele, a análise havia feito muita diferença. O amigo, entretanto, frisava que ele observava uma mudança, mas que isso não queria dizer necessariamente que fosse para melhor ou para pior. Mas a questão continuava "empatada", dizia o meu amigo, porque, no outro caso que ele conhecia, a análise havia sido mais longa, e feita com outro analista. Éramos personalidades diferentes, claro.

3) Na sua opinião, no caso do amigo para o qual a análise não fez diferença, aconteceu por causa do paciente ou por causa do analista?

Não sei. Contei sobre essa opinião apenas para reforçar a percepção que eu já tinha, quer dizer, que eu venho tendo ao longo do tempo. Faz muitos anos que não tenho contato com esse amigo. Contei apenas para dizer que, também para ele, a análise provocou mudança visível em mim. Há pessoas que conviviam comigo antes e convivem hoje, e que também acham que eu mudei muito depois da análise. Algumas eu posso contar. Há quem diga que, antes da análise, eu aparentava uma atitude muito destemida no trabalho. Eu tinha um tipo de atitude que me causava muita angústia, porque eu aparentava uma imagem profissional e pública de alguém muito mais competente do que eu sentia que fosse. Não era proposital, ou por pretensão. Hoje eu diria que era uma atitude, digamos, "mercadológica". O caso é que eu tive um início de vida profissional de muito sucesso, em São Paulo, do ponto de vista da repercussão, como médico, conferencista, professor. Mas eu não me sentia à altura daquela imagem que eu percebia que transmitia às pessoas. A partir de um certo ponto – o que foi tornando-se interessante para mim –, eu quase que deliberadamente passei a fazer um esforço para que coincidissem o que eu sentia que era e os recursos que eu sentia que tinha, e não a imagem que eu gostaria que os outros tivessem, mas, pelo menos, a imagem que eu via como a minha imagem mais exposta. E isso, num certo sentido, me deu muita tranquilidade. E passei a dar menos importância a situações em que eu estivesse mais exposto, com mais responsabilidade. Essa foi uma das mudanças que ocorreram ao longo da análise, das quais me dei conta durante a análise.

Outra mudança que eu observei em mim é que eu fui passando, digamos, a me observar mais; me tornei mais observador de mim mesmo. Hoje, aceito melhor algumas coisas das quais eu queria me livrar. Coisas minhas, das quais eu queria me livrar. Hoje, essas coisas me parecem até bastante valiosas e eu até cultivo algumas delas. Uma preguiça, por exemplo. Percebi que aquilo de que eu queria me livrar era, na verdade, um ingrediente importante da minha personalidade, que tem parte importante, inclusive, na minha eficiência. Estou chamando de "preguiça", mas poderia chamar de "uma certa tendência à contemplação, à ociosidade", a evitar algumas complicações de fazer as coisas.

Outro aspecto também que eu acho que mudou depois da análise é que eu me tornei uma pessoa mais responsável por mim mesmo; deixei de atribuir aos outros e ao mundo e às instituições e às pessoas a responsabilidade pelos acontecimentos da minha vida. E até na vida íntima, pessoal, no casamento, com as mulheres, com os filhos, meus pais etc. Eu fui responsabilizando-me, eu mesmo. Ao mesmo tempo em que fui refinando o modo como me percebia a mim mesmo, afinei também o modo como percebo as pessoas. E fui responsabilizando-me mais pelas minhas atitudes, ou pelas minhas decisões relativas a outras pessoas. E recentemente tenho percebido que diminuiu o sentimento de culpa. Não que eu não tenha culpas... Tudo isso dá trabalho, você tem de elaborar, tem de lidar. Ao longo da vida, passei por momentos adversos, situações difíceis de saúde, de família, morte da minha mãe, morte do pai... mais todos esses acontecimento recentes, desde a morte da minha mãe. Mas tenho vivido de uma forma bastante pacífica dentro de mim, algumas situações bastante difíceis, tumultuadas. Atribuo isso à maior responsabilidade no sentido que dei a esse termo nas perguntas anteriores. Tanto quanto posso perceber, ajo hoje menos baseado no sentimento de culpa. Até onde percebo, eu diria que grande parte das minhas decisões e atitudes decorrem, hoje, mais de responsabilidade do que de culpa. Claro que todos carregamos motivações ancestrais de culpa... Mas atribuí à análise algumas mudanças importantes.

No meu trabalho analítico e na relação com as pessoas eu realmente dou cada vez mais importância a essa mudança.

Eu acho que se pode dizer que essa, talvez, seja a principal consequência de uma análise bem-sucedida. Pelo menos nesse aspecto, acho que a minha análise foi muito bem-sucedida. Em outros aspectos, provavelmente, foi menos bem-sucedida.

4) Quando a responsabilidade aumenta, a culpa diminui?

Quando você aceita a responsabilidade, penso eu. Quando a culpa é grande, você foge da responsabilidade, você mente a si próprio. Você tende a usar a culpa, no lugar da observação dos fatos, da investigação dos fatos... Fica-se moralmente muito rígido, confunde-se moral com ética, com responsabilidade. Esse parece ser um problema cultural nosso, brasileiro. Vê-se frequentemente... Quando acontece alguma coisa, bater num carro, por exemplo, a primeira coisa em que o sujeito pensa é em livrar-se da responsabilidade por um ato que ele praticou, afinal de contas, mesmo que sem intenção.

Por exemplo, em relação a uma pessoa, no que diz respeito ao uso de seus recursos, tanto mentais quanto materiais, para satisfazer sua curiosidade, seus momentos de prazer e de alegria, mais e melhores condições ela terá para lidar com os problemas que surgem na vida dela. Eu gosto muito de usar como modelo o do avião, e as advertências da comissária de bordo: "Em caso de despressurização da cabine, coloque a máscara de oxigênio em você mesmo antes de pôr na criança...", senão o risco é grande de não poder ajudá-la.

5) E quanto ao fim da sua análise? Quando acabou a análise, ficou uma relação de amizade?

Somos amigos até hoje, mas não foi de imediato. Depois da análise, fizemos seminários, grupos de estudo. E, a partir desse contato, nos aproximamos mais e ficamos amigos.

6) A análise não atrapalhou?

Aproximou, manteve.

7) E os pacientes? Acontece de os pacientes voltarem a procurá-lo, depois da análise? Ou vão embora e nunca mais voltam?

Eu trabalho com análise há trinta anos. Comecei a trabalhar em 1975. Desses trinta anos, vinte são de trabalho exclusivo com análise. Numa amostra tão grande, há inúmeras possibilidades. Muitos pacientes ficam um tempo e se vão. São como tentativas de análise que não se concretizam. Das análises que, enfim, seguiram seu curso e que perduraram por tempo razoável, alguns pacientes sumiram completamente. Não tenho notícias. Há outro grupo de pacientes que sempre mantiveram contato; escrevem, quando viajam, procuram uma notícia. Há também o grupo dos que interrompem e retomam a análise. E outros – um grupo menor – que se tornaram amigos, pessoas com as quais eu tenho um relacionamento. Há um grupo de ex-analisandos que são meus amigos. Não me parece que haja parâmetro. Semana passada, por exemplo, encontrei uma ex-paciente. Parou a análise há pouco tempo, depois de cinco anos, num momento em que deveria ter continuado. Encontrei-a por acaso e fui cumprimentá-la. Às vezes, me encaminha pacientes para análise. Mas não temos nenhuma outra convivência social. Tive um outro paciente que fez cinco anos de análise e parou porque foi morar fora, mas sempre me procura quando vem ao Brasil. Já faz uns dois anos que não temos contato.

8) Você acha que os pacientes que trocam seguidamente de analista, que iniciam quatro, cinco, seis tratamentos... Será que nunca tiveram nem uma análise para valer?

É possível. É uma hipótese que tem de ser verificada. Acho que é preciso tempo para que a análise dê certo, para que seja útil. Uma pessoa que fez dois, três anos, com quatro ou cinco analistas, não se pode dizer que ela tenha feito análise. Pode-se dizer que ela tentou formular, fazer uma análise. É razoável e entende-se que, ao longo da vida, você tenha três analistas, tudo bem. Um ex-analista morreu, você passa para uma segunda análise. É muito bom uma segunda análise, com um segundo analista. Pode ser muito útil. Isso é diferente. Mas paciente que conta que fez dez anos de análise, mas dois anos com um analista, depois fez um ano e meio na França, depois voltou e fez dois anos, depois mudou de analista, na minha opinião, não fez análise. Análise precisa de tempo. Às vezes, um paciente tem uma dificuldade e, em vez de enfrentar a dificuldade, ele passa a discutir, digamos, a análise. E muda de análise ou de analista, porque pensa "não, é a análise" ou "não, é o analista"... Um dos fatores dessa dificuldade é o ressentimento, a mágoa. Às vezes, o paciente chega para a análise com uma alta expectativa, e a análise não realiza aquela expectativa. É preciso enfrentar essa questão, mas nem sempre é possível, seja por dificuldade do paciente ou até por dificuldade do analista. O caso é que, às vezes, a análise não enfrenta o ressentimento do paciente que tem expectativas frustradas sobre a própria análise. Esse paciente pode ficar ressentido: ele tentou algo, que para ele começou como uma promessa, que no início foi uma promessa de recuperação da jovialidade, da vida sã, mas... Nada disso aconteceu. O paciente pensa: "Gastei dinheiro, gastei tempo...". Quase sempre, o analista fica no foco desse ressentimento. Em outros casos, o foco é a análise; esses pacientes mudam de "linha" analítica, de um analista freudiano para um analista junguiano... E há os que "concluem" que o problema está na análise, decidem que não querem saber de análise e tornam-se ressentidos. É provável que essa reação esteja associada a relações objetais. O paciente pode estar à procura de pais ideais ou quer preservar pais ideais, em detrimento de pais reais, e pode decidir não enfrentar a distância entre os pais vividos e os pais ideais. Simplifico demais e estou esquematizando. O que eu quero dizer é que essas relações mudam, mesmo em espaços muito curtos de tempo, até nas relações pessoais; sempre que altas expectativas frustram-se, vem o ressentimento. E se, além de não enfrentar o ressentimento, a pessoa não consegue responsabilizar-se, as dificuldades aumentam.

Tive uma experiência interessante, há uns vinte anos, com uma pessoa que começou uma análise e logo desistiu. Essa pessoa já tinha feito outras tentativas de análise. É muito possível que eu tenha contribuído para exacerbar a turbulência pela qual aquela pessoa estava passando. O que interessa contar é que a pessoa ficou em análise comigo por três anos, quatro vezes por semana e, depois, procurou outro analista. Escolheu um colega nosso, mais experiente na época do que eu, naquela época; e lá ficou, em análise, por pouco mais de um ano. Eu não sabia de nada disso. O que eu soube, eu soube depois, porque recebi uma carta desse ex-paciente. A carta dizia que a pessoa lembrava muito do "nosso trabalho"; que escrevia aquela carta para dizer que aquela experiência havia sido importantíssima; fazia uma espécie de reparação. Dizia que não retomaria a análise, porque não voltaria a fazer nenhuma outra tentativa. Não sei se fez ou não fez. O fato é que ontem, vinte anos depois, eu a vi, na plateia do meu curso; ela assistiu todo o meu curso, vinte anos depois. Falou comigo, disse "Você está cada vez melhor". A verdade é que a carta que recebi dessa pessoa foi muito importante para mim naquela época. Foi muito importante, porque também eu estava um pouco sem saber se estava fazendo certo; claro que estava fazendo o que me parecia mais sensato, adequado, mas é possível que eu tenha contribuído muito para exacerbar o clímax. Essa pessoa, justamente, pelo menos naquele momento, passava por uma turbulência muito grande, por um conflito, tinha grande dificuldade de lidar com aspectos alucinatórios. De qualquer modo, a mudança não correspondeu ao que ela esperava, nem resolveu o conflito...

Tenho analisandos com os quais mantenho contato; não contato social, mas são ex-analisandos que me encaminham pacientes e que, de uma outra forma, ainda acompanham um pouco as coisas que faço. Aparecem em lançamento de livro, ficam à espera para eu autografar o livro.

O que acontece após a análise é um assunto infinito. Acho que, nos casos em que o paciente desaparece, há sempre algum ressentimento, mágoa. Até a própria análise, o método analítico, o analista podem contribuir nesse processo. Mas acho que esse processo está ligado, em grande parte, à incapacidade do paciente para *fazer* luto ou à dificuldade para enfrentar as situações. Um fenômeno bem comum na vida que se observa é que, para cada situação, a pessoa tem uma teoria. Bion (2000) chama isso de "teoria *ad hoc*"; para cada momento você pensa uma coisa. O analista faz a mesma coisa: você oferece uma interpretação, noutro momento oferece outra... E ninguém considera a continuidade. A continuidade de uma experiência é muito importante. É preciso ter noção de tempo e a noção de entender. Essa é a função da posição depressiva, do aspecto depressivo da pessoa. Os aspectos relacionados à posição depressiva e esquiso-paranoide, se se usar modelo kleiniano, vão mudando; eles nunca se integram completamente. Há muitos pacientes que fizeram análise por tempo razoável, que poderia ser tempo adequado para que a análise se desenvolvesse e que, mesmo assim, ainda mantêm-se ressentidos ou magoados. Muitos desses rompem; são os pacientes de quem você nunca mais tem notícia; muitos deles tornam-se ressentidos, magoados, com o analista, com a análise, com o método etc. Parece que tudo dependerá do resultado e do modo como a pessoa elaborará, dentre outros, os aspectos relacionados com a transferência. Porque a transferência forma certos vínculos e ligações que são persistentes, porque são produtivos. E pode acontecer de o analista ser mais carismático, e de ser preservado como um deus e "adorado". E pode acontecer de isso ser produtivo. Analistas como Lacan e Bion são pessoas que tinham muito carisma. Pode-se criar uma situação comum de idolatria, que é também uma repetição. E que, de certo modo, pode ser bem elaborada. Estou falando em idolatria, mas também pode acontecer de o paciente tornar-se discípulo; isso está na base, na origem das escolas de psicanálise.

Considerações

O depoente é um homem, médico e psicanalista, que só fez uma análise, durante 10 anos e, segundo ele, muito bem-sucedida. O uso da função analítica parece bem claro em seu depoimento. Pode-se supor que a função analítica tenha sido adquirida em sua análise, mas, ao mesmo tempo, pode-se supor também que já fizesse parte de suas características. O depoente diz que uma das grandes mudanças que sentiu durante e após a análise foi uma maior integração entre seu mundo interno – a imagem que fazia de si mesmo –, e o mundo externo – o que ele percebia que os outros viam nele, como pessoa e como profissional. Ou uma maior harmonização entre sua imagem ideal e a percepção das potencialidades de seu ego real. O objetivo da análise não é transformar o homem em outra pessoa senão mais plenamente nela própria. O depoente diz também que se tornou melhor observador de si mesmo, e que, a partir dessa mudança, começou a aceitar-se mais com seus defeitos, alguns dos quais passaram a ser percebidos até como qualidades (por exemplo, uma certa preguiça, que passou a ser percebida como um componente importante de sua personalidade e até como fator de eficiência). Disso se conclui que aumentou sua capacidade de auto-observação e de autoaceitação. A análise colaborou para que o depoente percebesse que o que considerava uma limitação sua poderia estar na base de seu potencial criativo.

Um dos aspectos mais interessantes que o depoente relata como ganho de sua análise é a relação entre responsabilidade e culpa: quanto mais se sentiu responsável por suas atitudes e decisões, menos culpa sentia. Suas atitudes e decisões hoje decorrem mais da responsabilidade e são menos movidas pela culpa. Partilho da opinião do depoente de que, na medida em que um analisando deixa de fazer tantas projeções sobre o analista, ele pode passar a aceitar que está em relação com outro ser humano que embora desempenhe uma função junto a ele, analisando, é tão humano quanto ele e assim passível de viver situações em que eventualmente possa estar impedido de lhe dispensar os cuidados que ele sente que precisa e gostaria de receber.

Na medida em que alguém como o depoente deixa de ser movido por culpa e passa a assumir responsabilidade por suas vivências e por suas relações pessoais estará mais apto a cuidar de si próprio, o que seria um indício de seu desenvolvimento pessoal.

O depoente considera esse ponto a principal consequência de sua análise bem-sucedida: o aprendizado do autocuidado. Dá como modelo as advertências da comissária de bordo no avião que recomenda que coloquemos a máscara de oxigênio em nós mesmos antes de pô-las nas crianças, para evitar o risco de, sendo preciso, não podermos ajudá-las.

Esse refinamento do modo como o depoente se percebia o ajudou muito, segundo conta, na percepção, como analista, com seus pacientes.

Esse depoimento interessa também como fonte de informação sobre a relação analista-pacientes no pós-término, pois trata-se de um analista, com experiência de trinta anos de clínica, que vivenciou uma gama muito diferente de experiências com ex-analisandos. Há os que nunca aderiram de verdade à análise, há os que a fizeram durante algum tempo e nunca mais voltaram; outros que mantiveram algum contato por meio de cartas e telefonemas esporádicos; outros que retomaram a análise; e um grupo menor que se tornou amigo pessoal, com o qual mantém um relacionamento.

Na avaliação desse depoente, a análise que seja feita "para valer" demanda tempo. Para ele, pode-se dizer que os analisandos que ficam dois anos com um analista trocam e ficam mais dois anos com outro, e assim por diante, nunca se submeteram, realmente, a um processo de análise, opinião com a qual concordo. Esse tipo de paciente pode ser enquadrado no Modelo IV, que proponho neste livro, e que chamo de "pós-término com atendimento em situações de crise". O paciente começa a análise, mas se afasta logo que se sente menos angustiado. Por motivos diferentes, esses pacientes não aguentam nenhum aprofundamento e mantêm-se à superfície. Podem ser pacientes que trazem uma expectativa muito idealizada do que seja a análise, sem se dar conta de que a análise traz implícitos o sofrimento e a frustração, que exige tempo e que, na maioria das vezes, não leva a qualquer "estado de plenitude", como idealizavam. "O paciente pode estar à procura de pais ideais ou quer preservar pais ideais, em detrimento de pais reais, e pode decidir não enfrentar a distância entre os pais vividos e os pais ideais", diz o depoente.

O ressentimento aparece porque a expectativa do paciente foi frustrada; e ele não suporta o ressentimento, prefere parar e não dar continuidade à experiência que poderia favorecer elaborações muito importantes. Poderia mesmo representar o ponto de inflexão desta análise.

Esse depoimento de analista confirma a importância da continuidade na experiência analítica: "Fazem parte dela a noção de tempo e a noção de entender". É o que chamamos de função da posição depressiva; de o paciente conseguir reparar os danos causados em fantasia ou na realidade motivados pelo ressentimento. Para que essa reparação seja possível, o paciente precisa tolerar a frustração e perseverar na experiência para dela tirar algum proveito, o que poderíamos atribuir a um funcionamento depressivo no sentido kleiniano do termo.

A transferência após o término é muito variada, depende muito de como transcorreu a análise. Segundo esse depoente, quando o paciente "desaparece", é porque ficou algum sentimento de mágoa com o analista, portanto a transferência não foi bem resolvida. Pode-se questionar esse ponto de vista; existem analisandos cuja resolução da transferência implica não procurar mais o analista. Por outro lado, existem aqueles analisandos que, embora tendo tido um boa experiência de análise, guardam inevitavelmente alguns resíduos transferenciais que poderão, ou elaborarem sozinhos, valendo-se de sua própria função analítica introjetada durante o processo, ou eventualmente, elaborarem em uma outra experiência de análise.

De acordo com a opinião e a experiência do depoente, os aspectos relacionados com a transferência devem ser bem elaborados para que se tenha um bom resultado na análise. Nos casos em que os analistas são muito idealizados – e assim continuam, mesmo depois do término –, pode ter acontecido de a transferência também não ter sido bem elaborada.

Acredito que a condição desse depoente conferia-lhe recursos diferenciados para fazer uma elaboração de luto mais satisfatória durante a fase pós-analítica. Quando faço tal afirmação, refiro-me ao fato de que tal profissional, além de submeter-se à análise, praticava-a na condição de terapeuta e não só estudava a teoria, como também participava de seminários clínicos de orientação psicanalítica. Presumo portanto que já tivesse desenvolvido recursos adequados a um exercício apurado da autoanálise, o que sem dúvida favorece a elaboração do luto pós-término. O próprio convívio com o ex-analista no seio da instituição colabora para a resolução dos resíduos da transferência após o término, o que não acontece no caso de um paciente leigo que pode nunca mais vir a encontrar o ex-analista. No caso desse depoente, como ele se tornou analista, encontrava seu ex-analista em seminários e grupos depois de terminada sua análise, e hoje são amigos. Acredita que a análise os aproximou. A resolução de sua transferência em relação a seu ex-analista processou-se de forma tranquila.

O analista cujo depoimento examino aqui parece ter tido muitos ganhos com o final de sua análise: ganhos de liberdade e de tempo para investir na sua atividade de analista, uma maior confiança na própria autonomia ou, em outras palavras, uma maior capacidade para desenvolver-se como profissional.

Depois de o analisando ter feito o luto pela perda do relacionamento quase diário com o analista, o analisando pode vir a sentir-se enriquecido, em vez de empobrecido, pela perda. Embora o término de uma análise também implique luto e desapontamento, o paciente pode experienciar essa fase como uma nova vida.

Não podemos esquecer que esse depoente teve a oportunidade de continuar a conviver com seu analista, como seu colega, depois do término; e que essa experiência é muito rara, se se consideram os "pacientes comuns" típicos que, na maioria dos casos, não podem esperar nenhum tipo de contato. É provável que os analistas sofram uma reação de luto muito menos intensa que os "pacientes comuns". O próprio fato de o analista ter sido depositário de tantas projeções transferenciais e ter tido contato com os aspectos mais íntimos e primitivos da vida mental e de fatos da vida do paciente, torna-o um objeto do passado, com o qual o paciente não tem nenhum desejo de voltar a encontrar-se. Não podemos esquecer também que em certos casos um candidato a analista pode ter o mesmo sentimento em relação ao seu ex-analista didata; no entanto, por pertencerem à mesma instituição e participarem de atividades comuns por ela oferecidas, inevitavelmente se cruzarão vez por outra, o que pode causar um sentimento de constrangimento ou exacerbar alguma vivência persecutória.

Para esse depoente, uma segunda análise com outro analista pode ser útil e significativa para o paciente, dependendo do momento de vida que esteja atravessando. Ele acredita também que uma reanálise seja possível e necessária. Diz que já teve vários casos de pacientes analisados por outro analista, que o procuraram especificamente para uma outra análise.

***

Acredito que esse depoente sentiu-se bem em falar de sua experiência analítica. Pareceu-me bem à vontade contando sua história de vida. Acho que o depoimento para ele teve a função de criar um lugar no qual ele pôde falar de sua experiência com alguém que estava interessada em escutá-lo. O que de fundamental ficou para mim, desse seu depoimento, foi a associação que fez sobre culpa e responsabilidade, ao fazer um balanço de sua própria descoberta – uma descoberta que, pode-se dizer, vale para todos: quanto mais responsáveis nos tornamos, menos culpa sentimos. Essa foi a principal contribuição, na minha opinião, desse depoimento. Esse depoente também disse, num certo momento, que "o pós-análise é um assunto infinito" – outra opinião que ilumina parte importante dessa entrevista, muito oportuna, muito verdadeira e, também, muito útil para essa pesquisa.

Depoimento 3

Mulher, 45 anos

Profissão: Psicanalista – Membro Efetivo da Sociedade Brasileira de Psicanálise de São Paulo e Doutora em Psicologia Clínica

Depoimento enviado em 27/06/2004, por *e-mail*

Esse depoimento foi dado por uma colega psicanalista. Creio que respondeu porque, para ela, nós psicanalistas devemos sair um pouco da nossa instituição para expandir nosso ângulo de visão; e devemos procurar melhor interlocução com as universidades. Foi uma das pessoas que mais me incentivou a começar minha carreira acadêmica. É uma pessoa sempre muito disponível para ajudar os outros.

1) **Há quanto tempo você terminou sua análise, e no seu ponto de vista atual o que você pensa sobre ela e quais foram seus ganhos?**

Há cinco anos. Fiz ao todo três análises. Penso que a primeira análise atendeu mais às minhas questões existenciais. Minha segunda análise foi durante minha formação; ela foi muito importante para conter minhas angústias primitivas e foi quando tive mais contato com meu inconsciente e conflitos primários. Fundamentalmente me ajudou a construir minha identidade de psicanalista e nesse sentido puderam brotar vários aspectos potenciais de minha personalidade que não podiam desabrochar por inseguranças, conflitos edípicos e angústias existenciais. Minha última análise foi aquela que, poderia dizer, me "curou". Nesta pude aprender a lidar com sentimentos de exclusão, de frustração e reconhecer fundamentalmente tantos recursos e qualidades da minha personalidade quanto as minhas mais profundas limitações.

Essas percepções me possibilitaram maior capacidade para pensar sobre as situações de frustração, de angústia e obstáculos inerentes ao processo da vida. Conquistei maior liberdade para fazer minhas escolhas pessoais e profissionais e para tomar decisões.

2) **O que você sente que ganhou com seu tratamento? Qual é o seu estado atual de disponibilidade afetiva e tolerância com as pessoas e qual a sua produtividade no trabalho?**

Fui percebendo os meus ganhos durante o processo de análise. Aprendi a lidar melhor com as frustrações inerentes aos desencontros afetivos, tanto no grupo familiar como nos grupos social e profissional. Isso implica lidar com a alteridade e com as feridas narcísicas. Adquiri uma maior liberdade para ser eu mesma com tudo o que isso implica. Acredito que essas conquistas são para o resto da minha vida. Há coisas pelas quais imagino que nunca mais vou passar, mas há outras que só vivendo para saber. Sinto-me muito mais segura para me colocar, para expressar meus sentimentos e para lidar com as decepções, lutos e tristezas.

Profissionalmente, ampliei minha capacidade de continência para lidar com aspectos psicóticos, depressivos e narcísicos de meus pacientes, provavelmente por ter lidado com os meus próprios. Todas as minhas análises tiveram um término muito elaborado. Os conflitos que haviam me levado a iniciar cada uma das análises tinham sido elaborados e se mantiveram assim até hoje. Isto não significa que outros não surgirão e que eu não vá recorrer à análise para uma ajuda sempre que sentir necessidade. Percebo que hoje conto com a função analítica introjetada que me permite ser capaz de dialogar internamente comigo mesma e me ajudar a pensar quando brotam angústias ou quando recordo dos meus sonhos. Nesses momentos, o processo de autoanálise dispara com muita facilidade.

3) Descreva o que você aprendeu sobre você mesma com a análise.

Sinto-me muito mais disponível e tolerante com as pessoas da minha família nuclear e ampliada. Sinto-me menos rígida diante das limitações afetivas e emocionais dessas pessoas. Também posso dizer o mesmo das relações com meus amigos e colegas de trabalho. É um trabalho árduo aceitar e reconhecer as diferenças de cada um e o quanto elas nos frustram, mas quando sou capaz de distinguir o outro de mim e compreendê-lo isto se torna uma tarefa fácil, o que me possibilita ter mais liberdade para ser eu mesma. Também amplia minha capacidade de ter prazer na vida. A análise não tirou minha espontaneidade e meu entusiasmo em conhecer, em aprender, em compreender, em pensar, enfim, em viver, ao contrário, ampliou essas possibilidades.

Sofro, mas sou capaz de identificar onde estão as frestas desse sofrimento, o que de um lado me leva a ter que lidar com as minhas limitações e por outro me traz alívio por reconhecê-las e compreendê-las. Percebo que só posso ser aquilo que posso ser. Então, há demandas de trabalho que aprendi que não dou conta, muitas vezes tenho que me resguardar ou mesmo recusá-las.

4) Desde o término da análise, você se percebe usando a função autoanalítica?

Costumo dizer que uma vez analista sempre analista. É impossível olhar para o mundo da mesma forma que olhava antes das análises. A análise possibilita um novo olhar do mundo e uma vez introjetada a função analítica esse processo não para nunca. Esse é um processo criativo. Vivo descobrindo coisas novas. Percebo que minha capacidade analítica está sempre se modificando.

Depois do término da última análise, tive que contar mais comigo mesma para identificar e lidar com aspectos transferenciais e contratransferenciais constantes e presentes em cada relação analítica. Vivo descobrindo novas formas de falar com meus pacientes e de me aproximar de seu inconsciente oferecendo um sentido ou uma representação aos fenômenos inconscientes muitas vezes inomináveis. Trabalho muito e acho que vou ser sempre assim. Muitas vezes, ainda me sobrecarrego e aí tenho que lidar com as situações de estresse.

Procuro exercitar meu corpo, nadar ou correr, ir ao cinema e a concertos, visitar exposições de artistas plásticos que acabam tendo uma função terapêutica importante para mim.

Momentos de lazer, férias, passeios ecológicos são uma constante no meu cotidiano atual. Todos esses aspectos contribuem para manter minha mente não saturada e disponível para o "novo" e para manter a continência necessária para o trabalho analítico.

5) Você usa os *insights* e as técnicas aprendidas na análise em sua vida atual?

Uso o tempo todo. Mesmo porque a resolução de conflitos gera outros conflitos, isso é que é progredir. Ampliar os horizontes é se deparar com novos desafios e uma nova ordem de problemas se coloca...

6) Você voltou a ver seu analista depois do término?

Voltei a ver todos os meus analistas depois da análise. Foi muito gostoso esse contato. Na última análise, além de matar as saudades, também coloquei dados da vida em dia e trocamos ideias em situações pontuais.

7) O que você pensa de seu analista?

Acredito que a capacidade empática e terapêutica de meus analistas e o meu desejo verdadeiro de ser ajudada foram os aspectos principais que permitiram meus ganhos com as análises. Meus três analistas eram pessoas muito humanas e capazes profissionalmente. Mais do que linhas teóricas, penso que o vínculo terapêutico, o caráter humano e a verdadeira compaixão pelo sofrimento humano destas pessoas favoreceram o meu desenvolvimento.

8) Como foi para você terminar sua análise?

No primeiro caso, minha saída da análise teve relação com o início da minha formação e minha analista foi extremamente incentivadora dessa decisão e sempre, até hoje, valoriza meu potencial analítico. Na minha segunda análise foi mais difícil para que meu analista reconhecesse meu desejo de terminá-la, mas pudemos conversar e chegar a um acordo comum e depois disso ele me deu mostras de seu respeito pela minha pessoa e pelo meu potencial profissional.

Na minha terceira análise, muitos aspectos inconscientes surgiram para evidenciar que aquele processo analítico estava se concluindo. Entre eles, tive um sonho muito significativo que não me lembro em detalhes, mas que apontava um bom trânsito com meu mundo interno e de elaboração efetiva de questões edípicas. Sinto-me capaz de transitar entre o consciente e o inconsciente, nessa barreira de contato responsável pelo surgimento do novo e do criativo.

9) Como analista, qual é a sua experiência com a pós-análise de seus pacientes?

Meus pacientes que terminaram a análise de um jeito que eu acredito bem elaborado, com transformações significativas, respeitando todos os passos do processo, voltaram a falar comigo. Ou para algumas conversas diante de situações de angústia novas da vida, ou por *e-mail* me contando novidades de tempos em tempos, ou mesmo trocando questões ligadas a nossa área profissional no caso de pacientes da área da psicologia.

As análises de crianças são especialmente as que sinto mais saudades e falta quando se encerram. Lembro das crianças até hoje, algumas delas ficaram comigo anos. Com exceção de um paciente que terminou sua análise já adolescente, nunca mais vi esses pacientes crianças. Às vezes os pais me dão notícias pedindo indicação de orientação vocacional, e aí fico sabendo que já estão quase adultos se preparando para a universidade.

10) Você tem muitos pacientes que voltaram para uma reanálise com você?

Pacientes que encerraram suas análises antes da hora, mas que pudemos conversar do que foi possível trabalhar e da impossibilidade de continuar naquele momento, em geral, voltam para recomeçar uma nova análise.

Tive uma paciente psicóloga que ficou anos em análise mas teve que interromper porque se casou com um homem que por motivo de trabalho teve que mudar de país, e nos anos seguintes também continuou mudando, e acho que não volta mais para o Brasil. Ela me escreve sempre por *e-mail* muitas vezes me pedindo ajuda, respondo da maneira que posso, e às vezes acho que lhe é útil de verdade. Quando ela vem ao Brasil me visita e me traz alguma lembrança. É uma experiência muito gostosa.

Acho incrível o vínculo que se estabelece numa análise. De minha parte posso dizer que é muito forte, e carrego sempre comigo cada vínculo que estabeleci com meus pacientes.

Considerações

Esta depoente separou as três análises que fez por situações diferentes de momentos de vida. Na classificação que ela faz, suas análises foram: de "questões existenciais"; de "formação" e "construção" de uma identidade profissional; e de "cura" (entre aspas, no depoimento). Lembro-me de um artigo que li sobre a vida de Margaret Mee[2], no qual ela dizia que teve três casamentos em três diferentes momentos de sua vida e isso tinha sido muito bom. Como morou e trabalhou em vários países, em cada período de sua vida teve companheiros que combinavam com as atividades que estava desenvolvendo na época.

Parece-me que, para essa depoente, a resolução de seus resíduos transferenciais após os términos foi feita de modo mais tranquilo porque, como ela mesma conta, era como se passasse para uma outra etapa de sua vida, não ficando presa à etapa anterior. No meu ponto de vista, a primeira análise – questões existenciais – e a segunda – conter

[2] Artista plástica e ilustradora científica inglesa. Viveu no Brasil 35 anos e dedicou grande parte de sua vida à reprodução de bromélias em aquarela. Trabalhou na década de 1960 no Instituto de Botânica de São Paulo. Além de pintar, Mee ajudou a classificar bromélias da Mata Atlântica e da Floresta Amazônica.

angústias primitivas, maior contato com o inconsciente e conflitos primários, com vistas à formação profissional como psicanalista – não diferem muito. Pode-se dizer que na primeira análise discutiram-se questões de identidade "pessoal" e, na segunda, discutiram-se questões de identidade "profissional". Essas identidades nunca estão nem podem estar perfeitamente separadas, mas, sobretudo, jamais estarão perfeitamente separadas no caso de alguém que escolha a psicanálise também como profissão.

Parece-me que a depoente quis dizer que no primeiro contato analítico, fazemos uma "varredura geral", como costumo dizer, que não pode ser muito profunda, até que já tenhamos alguma noção de mundo interno. Enquanto a novela familiar de cada um não está bem elaborada e resolvida, fica mais difícil construir qualquer identidade propriamente "pessoal". Construídas, então, respectivamente, nesse caso, primeiro a identidade pessoal e, depois, a identidade profissional, a depoente pôde, na sua terceira análise, finalmente se conhecer e aceitar suas limitações e qualidades.

Essa depoente em particular frisa em seu depoimento a necessidade de dedicar-se a atividades de lazer que, de certa forma, neutralizem a sobrecarga emocional e o estresse a que está submetido um analista no dia a dia de seu exercício profissional, embora qualquer profissão, por mais criativa e não rotineira que seja, envolva também inevitavelmente situações de estresse.

Tendo submetido-se a três análises diferentes, sua elaboração de luto foi sendo trabalhada e desenvolvida ao longo desse tempo. Parece que isso foi mais percebido no término da última análise: teve que contar mais consigo mesma para identificar e lidar com aspectos transferenciais e contratransferenciais constantes e presentes em cada relação analítica.

Existe "o momento certo de parar" e concordo com ela quando conta como foi na segunda análise: devem-se pesar as vantagens de continuar o tratamento, em relação às desvantagens. Para o paciente, continuar sozinho não é tarefa fácil; a perda do colo, do envelope protetor, todas essas sensações quase sensoriais são mobilizadas na fase do término e necessitam muita interpretação do analista a fim de serem suficientemente elaboradas, para que o paciente "ganhe asas".

Quando o desligamento foi bem elaborado, como parece ter sido o desta depoente, a ausência ou a presença do analista deixam de desencadear angústias de separação e de desmoronamento, pois o analisando entra num estado de sustentação mais eficiente, torna-se autônomo, pode ficar só, sentindo-se acompanhado, como assinalou Winnicott (1958).

Num certo ponto do depoimento, ela diz que conquistou maior liberdade para fazer suas escolhas pessoais e profissionais e para tomar decisões. Pode-se dizer que ela se tenha dado conta de que seus principais conflitos já tinham sido resolvidos e os obstáculos mais impeditivos também já haviam sido superados; assim, o campo transferencial se acha menos "minado", mais livre de turbulências. Nesse caso, pode-se estabelecer, afinal, uma "conversa analítica".

Voltou a ver seus ex-analistas depois de terminadas as análises e sentiu-se muito bem. Não convive com eles socialmente, mas não ficou aquela situação de idealização ou de não querer nunca mais ver o analista. Quando diz que adquiriu maior liberdade para ser ela mesma, dá para perceber que a culpa está bem diminuída e, sendo assim, há uma maior responsabilidade consigo própria e com suas atitudes perante os fatos de sua vida. Segundo ela, suas dificuldades de desligamento não foram tão traumáticas porque seus términos de análise foram muito elaborados.

Quanto à autoanálise, ela refere como um processo que adquiriu e que a ajuda muito. Quando "brotam angústias", esse processo dispara sozinho. Sente que introjetou uma função analítica que permite que tenha um diálogo consigo mesma e com os outros e, uma vez introjetado, é um processo sem fim, não dá para voltar para trás.

Apesar de ter feito "boas" análises, não descarta a possibilidade de fazer uma reanálise. Acredito que quando fala sobre essa eventualidade, a depoente pode estar referindo-se a ter o que chamo neste livro de "pós-término com consultas analíticas" – Modelo II; não seria uma nova análise, mas uma conversa de vez em quando com alguém com quem o pós-analisando sinta-se à vontade, e que muitas vezes pode ser o próprio ex-analista, para resolver algum "problema" novo ou, simplesmente, para conversar com alguém de sua extrema confiança.

Para essa depoente – e a julgar pelo que diz nesse depoimento –, uma de suas maiores conquistas obtidas mediante a análise foi ter conseguido lidar com suas limitações. Parece ser uma pessoa muito ambiciosa em vários aspectos, mas que aprendeu a contentar-se com o que pode ou consegue fazer. Parece ter se dado conta disso, ao dizer, no depoimento: "Percebo que só posso ser aquilo que posso ser".

Acredita muito na capacidade acolhedora, humana e profissional do analista. E considera muito importante ter sido levada em conta no seu sofrimento a compaixão.

Sua experiência de pós-análise como psicanalista é bem variada: pacientes que tiveram um bom término voltam a procurá-la para uma conversa, pacientes que não tiveram alta voltam a procurá-la para uma reanálise; análise com crianças são as mais frustrantes nesse aspecto, porque elas dependem dos pais para se manifestar no pós-análise.

Termina dizendo sobre a importância do vínculo analítico que estabeleceu com cada paciente. Mas o que penso é que nós analistas pouco sabemos do que acontece com nossos pacientes que foram embora. Pouco sabemos, ainda, sobre como nossos pacientes realmente experienciaram o luto pós-término.

Interessante, nesse comentário, que a depoente, ao responder à pergunta quatro – "Desde o término da análise, você se percebe usando a função autoanalítica?" –, o tenha feito primeiro como psicanalista, ao falar das vantagens *para o seu trabalho profissional* de ela ter adquirido como indivíduo a função autoanalítica. Este, afinal, pode ser o sinal mais evidente de que essa depoente construiu mesmo uma *identidade de psicanalista*, para a qual muito contribuiu a identidade *pessoal* – "existencial", como ela diz –, construída antes ou "arrematada" antes, pode-se dizer, na sua primeira análise.

***

Para essa depoente, o depoimento parece ter sido vivenciado como um momento para refletir sobre suas experiências analíticas. O depoimento a fez parar e pensar sobre as minhas perguntas e as perguntas ajudaram-na a ver com mais clareza a própria experiência psicanalítica. Também ficou de positivo para mim desse depoimento a disposição e a crença que essa depoente tem em relação à psicanálise e ao seu próprio trabalho. A disposição manifesta de sempre recorrer à outra análise, se lhe parecer necessário, confirma essa minha impressão.

Depoimento 4

Homem, 65 anos
Profissão: Psicanalista Didata da Sociedade Brasileira de Psicanálise de São Paulo
Depoimento enviado em 25/06/2004, por *e-mail*

Esse depoente é colega da sociedade, mas não tenho nenhum relacionamento social com ele. Logo no início dessa pesquisa, encontrei-o numa reunião de diretoria da sociedade e perguntei se ele estaria disposto a dar um depoimento sobre pós-término, tema de minha pesquisa; ele concordou. Enviei o questionário por *e-mail* e ele logo respondeu, em mensagem muito curta.

Pensei em duas possibilidades: primeira, que talvez seja uma defesa, por ele não querer expor-se; segunda, que talvez não tenha muito tempo disponível, ou ache desagradável escrever sobre assunto que não o interesse diretamente, nesse momento.

1) **Há quanto tempo você terminou sua análise e no seu ponto de vista atual, o que você pensa sobre ela?**

A primeira análise oficial do instituto terminou em 1975. Foi marcante por me inserir no contexto psicanalítico e por possibilitar que me organizasse nas relações familiares (casamento, filhos), além da elaboração de lutos.

2) **Você percebeu rapidamente os seus ganhos? Eles foram mantidos? Qual é o seu estado atual de disponibilidade afetiva e tolerância com as pessoas e qual a sua produtividade no trabalho?**

Os ganhos foram rapidamente percebidos. Entendo que foram mantidos, mas não suficientes. Para ampliar a assimilação de novas aquisições, tanto no trabalho como nas relações pessoais, recorri a uma reanálise.

3) Descreva o que você aprendeu sobre você mesmo com a análise. Esses *insights* continuaram a ser úteis depois da análise? E como foi sua experiência de pós-análise?

A possibilidade de reflexões cotidianas embasadas no acervo adquirido na análise, supervisões, cursos e trabalhos produzidos, além da reflexão conjunta com pessoas que me cercam, permitiram novas evoluções. Este processo de reanálise, realizado também pela esposa e adicionado às viagens longas a São Paulo, permitiram um processo de reformulações e desenvolvimento pessoal.

5) Desde o término da análise, você se percebe usando a função autoanalítica?

Acreditei muito na função autoanalítica. Mas, passados mais de trinta anos, penso que ela é útil somente quando há interlocutores externos e internos. A convivência com amigos e inimigos possibilita uma importante aprendizagem.

6) Você voltou a ver o seu analista depois do término?

Após a primeira análise, fiquei muito gratificado pela consideração e a aproximação que pudemos desenvolver. Infelizmente, durou pouco, pois poucos anos após ele faleceu.

7) Você teve outras experiências de análise? Foram satisfatórias?

Sim. Foram úteis para prover reformulações e sou grato pela vida atual que me permitiram construir.

8) O que você pensa de seu analista?

Como disse, a primeira análise foi marcante em minha formação e permitiu definir interesses de ampliação emocional, bem como os aspectos de investigação. Ela trouxe contribuições afetivas e teóricas fundamentais.

9) Como analista, qual é a sua experiência com a pós-análise de seus pacientes?

Nestas três décadas de trabalho, tenho acompanhado não só a experiência pós-análise de meus clientes como também de seus descendentes. Sinto-me gratificado pelo desenvolvimento que alcançaram.

Considerações

Este analisando-analista deu um depoimento curto, sem muitos detalhes, o que dificulta a tarefa de fazer considerações mais aprofundadas, por falta de informações.

Como analisando, é grato ao processo analítico por tê-lo feito engajar-se mais na psicanálise, melhorar suas relações familiares e conseguir uma maior elaboração de luto.

Não há informação sobre sua formação acadêmica, mas faço a hipótese de que a análise o ajudou a decidir ser psicanalista.

Pude observar que introjetou uma função analítica desde a primeira análise, o que lhe permitiu refletir sobre sua vida e recorrer a uma reanálise quando percebeu que necessitava, para melhorar seu desempenho profissional. Não sei se concordo com sua observação de que depois de algum tempo (no caso dele, foram trinta anos), a função analítica só funciona se tivermos interlocutores. Acho que é muito importante a interlocução com colegas, amigos, mas, na minha maneira de ver, uma vez adquirida essa função analítica, dificilmente conseguimos deixar de fazer autoanálise. Associo com uma expressão que o Dr. Laertes Ferrão, meu primeiro supervisor, usava para descrever o sonho. Dizia ele: "Nós não sonhamos: nós somos sonhados; nós somos a voz passiva dos sonhos". Acho que é semelhante com a função analítica; poderíamos dizer que, uma vez instalada essa função em nossa mente, ela funciona sem nos darmos conta de que a estamos usando.

Eu diria que o depoimento deste depoente é cerimonioso, não nos permite analisar muito. O seu processo de luto deve ter sido doloroso, não só pelo término, mas pela morte do ex-analista, ainda mais que, como candidato da mesma sociedade, suponho que deviam encontrar-se amiúde.

Como analista, parece ter experiência em reanálises com os seus pacientes e algum tipo de contato com eles (relata que acompanha descendentes de seus pacientes).

Diz que é muito grato ao processo analítico e também grato pelo desenvolvimento de seus pacientes.

Esse depoimento foi muito sucinto, o que impede que se possa observá-lo com mais detalhe. Pode-se ver aí, talvez, o esforço para responder adequadamente ("cerimoniosamente", nesse sentido) a perguntas que não mobilizaram emocionalmente o depoente.

Todos os sentimentos que se podem observar nesse depoimento são "positivos" e permitem que se diga que, assim como o analisando pode "ganhar" muito, também é verdade que o analista pode "ganhar" muito.

Para um analista, essa entrevista e a oportunidade que o depoimento cria podem servir para um balanço do próprio trabalho, como se viu em vários depoimentos. O depoente diz que recorreu à análise e à reanálise, quando sentiu que precisava. De qualquer modo, avaliado só por esse depoimento, nada sugere que, nesse caso, o depoimento tenha servido para algum balanço propriamente psicanalítico da experiência do pós-término, nesse caso.

***

Acredito que para esse depoente seu depoimento teve simplesmente a função de ajudar uma colega. Nada me levou a crer que usou esse relato para um momento de reflexão mais profunda sobre suas experiências analíticas.

Depoimento 5

Mulher, 62 anos

Profissão: Psicanalista Didata da Sociedade Psicanalítica do Rio de Janeiro

Depoimento enviado em 25/06/2004, por *e-mail*

"Quanto aos pacientes retornarem após a análise, é uma coisa bem comum. E mesmo, quando não retornam, dão notícias de outras maneiras, até por cartas, no caso de dois ex-pacientes que moram em outros países, enfim, eles sempre dão notícias. No Rio, eles voltam, de quando em vez, com a diferença de não se manterem nas antigas quatro ou cinco vezes por semana, mas em duas ou três. Raros são os que retornam às antigas numerosas sessões.

Esta é a minha experiência, não sei qual será a do P. (marido, também psicanalista), mas acho que será semelhante".

Considerações

A depoente é também minha amiga, assim como seu marido, também psicanalista. Telefonei a ela contando de minha pesquisa e perguntei se ela gostaria de dar um depoimento. Concordou e disse que teria muito prazer em dar. Mandei por *e-mail* o questionário e ela respondeu pelo mesmo meio, livremente, sem seguir as perguntas, embora não se tenha afastado muito do que eu perguntava. De qualquer modo, a depoente menciona algo muito verdadeiro e que não é muito comentado nem falado no nosso meio analítico. Fala sobre reanálises de uma maneira bem livre e comenta que nessas reanálises não se mantêm mais as quatro sessões de antes.

***

Nesse depoimento, parece que a amiga predominou sobre a psicanalista na resposta, o que se vê pelo tom coloquial, informal, de quem apenas responde a uma rápida mensagem de *e-mail*; e até pela referência ao marido psicanalista. Pode ter acontecido, também, de essa depoente ter pressuposto que se tratasse de pesquisa apenas quantitativa, que visava a obter respostas do tipo "sim" ou "não", ou "quantas vezes por semana", para serem apenas contadas.

Depoimento 6

Homem, 55 anos
Profissão: Psicanalista – Membro Efetivo da Sociedade Brasileira de Psicanálise de São Paulo
Depoimento enviado em 17/08/2004, por *e-mail*

Esse depoente é psicanalista, com o qual tenho muito pouco contato. Encontrei-o numa reunião científica da sociedade e falei da minha pesquisa. Ele já sabia que eu estava fazendo doutorado. Concordou em dar um depoimento quando lhe pedi; acredito que o fez como uma gentileza para uma colega. Mandei o questionário por *e-mail* e ele respondeu pelo mesmo meio.

1) **Como analista, qual é a sua experiência com a pós-análise de seus pacientes?**

Os pacientes que passaram por análise de alguns anos que tiveram o que considero um trabalho satisfatório, ou que se "resolveram", alguns se despedem e não tenho quase notícias, exceto um "alô" no Natal, ou um encaminhamento de alguma pessoa conhecida ou familiar.

Dentre aqueles que são da mesma área, alguns foram para formação na nossa sociedade (são poucos) e temos uma relação de colegas e mesmo amigos.

Vários pacientes que vieram com sintomas como angústia, depressão e psicossomáticos, uma vez atendidos os sintomas, interrompem o trabalho num espaço curto, de seis meses a um ano, e não retornam. Devo esclarecer que como trabalho há muitos anos em psiquiatria, esses pacientes foram encaminhados por colegas médicos de outras especialidades.

Alguns que considero terem introjetado um objeto interno mais consistente e modificaram suas vidas, refazendo vínculos afetivos como novos relacionamentos afetivos, casamento, ou estabilizaram suas relações "originais", em geral, não dão notícias, o que para mim são os que se resolveram. Entre esses, as análises duraram alguns anos, pelo menos quatro, cinco anos.

2) Você tem muitos pacientes que voltaram para uma reanálise com você?

Digamos que uma minoria voltou para uma reanálise. Entre eles estão aqueles que tiveram uma nova exacerbação de suas angústias. Não creio que ultrapassaria um percentual de 20%.

3) Seus pacientes normalmente tentam se comunicar com você, depois de terem terminado a análise?

O mais frequente é quando por fatores como o de pertencer a um meio profissional próximo com colegas mais jovens, este reencontro se acontece e geralmente num clima afetuoso e eu diria até mesmo íntimo, pela natureza de nosso trabalho.

Outros têm uma espécie de reconhecimento ou gratidão e em determinadas circunstâncias, como em períodos festivos (Natal, Ano Novo) telefonam, alguns até mandam presentes, como agenda, vinho, como sinal de apego pela relação de trabalho.

Porém, creio que metade dos analisandos se "esquece", ou melhor, talvez tenha de fato entendido o trabalho como uma relação profissional mais no sentido estrito, e fico praticamente sem contato. Existem também aqueles que usufruíram de trabalho e se afastam até mesmo com uma certa hostilidade.

4) Na sua experiência, as análises mais bem-sucedidas (paciente que tenha introjetado um bom objeto analítico) são menos passíveis de uma reanálise?

Quando este fenômeno ocorre, creio que sim. Na minha fase atual de experiência, 25 anos como psicanalista, posso dizer que sim. Exceto aqueles que querem uma formação e indicamos didatas – ainda sou membro efetivo – e vão dar continuidade às suas análises atuais.

Creio que aqui posso responder com uma certa margem de segurança que uma parcela significativa de analisandos que considero terem assimilado o trabalho desenvolvido pelo nosso método, o que denomino "resolvido", se dá em consequência da introjeção de um objeto bom que foi consequência de suas próprias potencialidades e a análise funcionou como um "catalisador" para este aproveitamento e expansão de suas possibilidades existentes.

5) Como foi a sua experiência de pós-análise?

Fiz duas análises:

Uma que durou dez anos, da qual extraí um aproveitamento pessoal que diria sobretudo de "continência", compreensão e que me foi de muita valia no sentido de me tornar mais consciente e tranquilo, além de ter me ajudado na minha compreensão interna e do meio em que vivi.

A outra análise que fiz durou sete anos e considero uma outra qualidade de análise que possibilitou sentir-me mais perceptivo, sobretudo mais dono de mim mesmo, no sentido de sentir-me mais livre e dono do meu destino.

Creio que essas duas análises foram complementares, a primeira com o N., que preparou o terreno, e a segunda com o M., que permitiu que eu usufruísse mais deste terreno.

Considerações

Esse depoente relata sua experiência de analista contando que teve variadas modalidades de pós-términos, muitas das quais cabem nos modelos que propus neste livro. Há um grupo que cabe no meu Modelo I: pós-término bem-sucedido, mas que o depoente subdivide em:

1 – pacientes que tiveram o que ele considera uma análise bem-sucedida e que mandam notícias de vez em quando;

2 – pacientes que, também segundo ele, tiveram uma análise bem-sucedida, introjetaram um objeto analítico mais consistente, melhoraram sua qualidade de vida emocional, mas nunca mais deram notícias;
3 – e um terceiro grupo de pacientes que também tiveram, pelo que o depoente diz, uma boa análise, mas, por serem da mesma área, foram fazer a formação na Sociedade Brasileira de Psicanálise e mantêm com o depoente uma relação cordial e às vezes até amistosa.

Alguns de seus pacientes que tiveram momentos de crise em que viveram suas angústias voltaram para uma reanálise. Faço a hipótese de que esses pacientes que voltam a procurar a análise quando têm suas angústias exacerbadas pertençam àquela categoria de pessoas que dependem da presença real do analista, enquanto objeto externo, para sustentarem suas maturidades.

O depoente, cujo depoimento estou agora comentando, foi o primeiro a salientar que o êxito de uma análise não depende apenas do desempenho do analista. A análise funcionaria como um catalisador dos recursos pessoais e das potencialidades do analisando que podem ser desenvolvidos e expandidos no processo de análise.

O que faltava a essas pessoas era essa possibilidade que a análise oferece, que é única: ter alguém capacitado à sua disposição, para ouvir e ajudar a expandir seus recursos emocionais e mentais. A análise seria, portanto, um processo cujo sucesso depende também da matéria-prima com a qual o analista esteja lidando, ou seja, a personalidade do paciente.

Como analisando, esse depoente diz que as duas análises que fez foram complementares; a primeira foi uma espécie de apresentação dele para ele mesmo, e com um analista, pelo que ele conta, que lhe deu suporte e por quem se sentia aceito. Quando o depoente menciona ter vivido uma experiência de continência, penso estar se referindo não só a esta experiência de aceitação, mas também a uma vivência em que suas angústias encontravam espaço para se manifestar e não precisavam ser descarregadas em ações impulsivas.

A segunda análise, tendo já a base da primeira, pôde lhe proporcionar uma maior liberdade para ter suas próprias escolhas. É muito difícil que um analisando, que tenha tido experiências de análise com analistas distintos, mesmo sendo analista, possa perceber as duas experiências como complementares, em vez de compará-las valorativamente. É interessante como o depoente vivencia e pontua essas diferenças entre as duas análises. Ele não menciona o fator tempo – tempo real, tempo vivido em experiências da vida de cada um – fundamental para se levar em conta essas mudanças de nível emocional.

O depoente se dá conta de que de não teria podido usufruir tanto da segunda análise sem ter vivenciado a experiência anterior, melhor dizendo, sem ter vivido o que acredito possa confirmar minha hipótese anterior. Ele é capaz de avaliar que as duas experiências se fertilizaram mutuamente, complementando-se.

***

Esse depoente quis escrever sobre suas experiências analíticas e usou esse momento para repensar suas análises. Uma de suas ideias que para mim foi bastante importante é a de mostrar a importância do êxito de uma análise não só no analista, mas na dupla analista-analisando.

Depoimento 7

Nesse depoimento, as perguntas foram mandadas por *e-mail*, como em quase todos os outros, mas as respostas vieram por carta em 20/09/2004. Deduzi que a depoente seja psicanalista da Sociedade Brasileira de Psicanálise de São Paulo, porque só mandei *e-mails* para membros dessa sociedade. Vê-se, pelos artigos e pronomes femininos que usa, que a depoente é mulher, mas foi muito cuidadosa nos procedimentos para ocultar sua identidade e a idade.

1) **Há quanto tempo você terminou sua análise e o que você pensa sobre ela?**

Terminei minha análise há dois anos, foi excelente a experiência. Sinto-me mais forte e segura, pois me conheço melhor, assim como os equipamentos que possuo e dos quais eu não me dava conta.

2) **Você percebeu rapidamente os seus ganhos? Eles foram mantidos? Qual é o seu estado atual de disponibilidade afetiva e tolerância com as pessoas e qual a sua produtividade no trabalho?**

Percebi rapidamente os ganhos e estão não só mantidos, como acentuados. Sinto-me tolerante e respeitosa para com o outro. Meu desenvolvimento profissional tem sido muito grande e penso que não é só em relação à análise, mas também a outros fatores da vida que me impulsionaram a crescer.

3) Descreva o que você aprendeu sobre você mesmo com a análise. Esses *insights* continuaram a ser úteis depois da análise? Como foi sua experiência de pós-análise?

Na pós-análise, sinto que ainda fertilizo sementes lançadas anos atrás e que esses desdobramentos continuam. Com relação aos pacientes, tenho o exemplo recente de uma moça que fez cinco anos de análise comigo, cresceu em vários aspectos da sua personalidade, mas sua obesidade continuou, até um dia, há mais ou menos um ano, em que me ligou para contar que finalmente estava emagrecendo e que achava que eram os efeitos pós-analíticos.

7) Você teve outras experiências de análise? Foram satisfatórias?

Não tive outras experiências com outros analistas e continuo de tempos em tempos (uma vez a cada um ou dois meses) vendo-o.

8) O que você pensa de seu analista?

Meu analista é uma pessoa que ficará sempre em meu coração ocupando um lugar especial, de alguém que soube me ouvir e me acolher e que muito me ajudou e continua ajudando internamente em diálogo constante comigo.

Considerações

Este depoimento foi o único que me foi enviado por carta (no universo pesquisado, corresponde a 2%). Fiz várias hipóteses sobre o porquê, mas, de qualquer modo, mantém-se sempre a ideia de que a depoente escolheu assegurar-se, ela mesma, de que não seria identificada.

A reação da depoente, nesse caso, fez-me pensar sobre o motivo por que as pessoas responderam ao convite que fiz para se exporem a uma estranha, por escrito, sobre uma experiência tão pessoal. Em outras palavras, a reação dessa depoente fez-me pensar sobre a necessidade de falar sobre a própria experiência analítica, mesmo que, como aqui, numa situação de pesquisa.

Essa experiência – falar com um analista sobre a própria experiência analítica –, bastante frequente na situação de análise, é, de fato, raríssima fora da análise, embora se possa dizer que seja praticamente obrigatória, ou necessária (ou, no mínimo, muito frequente), seja nas reanálises seja nas "conversas analíticas" descritas neste livro como o Modelo II – pós-término com consultas analíticas.

É interessante frisar sobre o depoimento dessa depoente em particular, que ela comenta tanto do ponto de vista de analista como de analisanda os desdobramentos e efeitos pós-analíticos. O benefício obtido na análise parece ser algo que perdura e continua a dar novos frutos, mesmo depois de interrompida a situação da análise.

A depoente reconhece o valor que a análise teve para seu desenvolvimento pessoal, mas também atribui seu desenvolvimento a outros fatores de sua vida. Seu depoimento leva-nos a perceber que a análise não é tudo para ela; suas próprias vivências elaboradas, capacidades emocionais e intelectuais também são levadas em conta.

Quando diz que está em constante diálogo interno com seu ex-analista, podemos dizer que essa depoente faz uso da função analítica adquirida durante o processo.

Embora pratique a autoanálise prevista por Freud, de tempos em tempos sente necessidade de encontrar-se com seu analista e de ainda ter nele um interlocutor.

Essa depoente parece que encontrou o "seu analista". Não parece ter dúvidas quanto a isso e nem mostra desejo de procurar outro par analítico.

Ao mesmo tempo, os cuidados para preservar o anonimato e, assim, manter "privada" a sua análise, limitada ao par analítico, pode ser indício de que a análise, nesse caso, está ainda em andamento. Dado que está em andamento, o "discurso sobre a análise" ainda não é possível. Evidência disso parece ser que, no caso desse depoimento, um dos agentes de discurso (nesse caso o "eu-que-fala") teve, ainda, de ser mantido oculto e sem identidade social pública.

Como analista, acentua que, mesmo que alguns objetivos terapêuticos não tenham sido atingidos durante a vigência da análise, tais objetivos podem ser alcançados *a posteriori*. É difícil fazer a classificação de modelos de seus pacientes porque no depoimento ela dá um único exemplo de uma ex-analisanda que a procura por telefone depois de algum tempo para dar notícias de uma melhora.

***

Acredito que essa depoente usou o depoimento para repensar sua experiência analítica que, ao que me parece, ainda está em curso, motivo pelo qual é difícil determinar quais de suas ideias têm a ver propriamente com o pós-término. De mais importante que me ficou de seu depoimento foi perceber que essa depoente não idealiza a análise. Leva em conta a sua própria vida e suas capacidades emocionais e intelectuais.

Depoimento 8

Homem, 55 anos
Profissão: Psicanalista Didata da Sociedade Brasileira de Psicanálise de São Paulo
Depoimento colhido em 17/04/2005, em visita pessoal

Esse depoente é psicanalista, com quem mantenho um bom contato. Foi meu professor durante a minha formação de analista e é uma pessoa sempre disponível quando o procuro. Telefonei e falei sobre a minha pesquisa; e ele concordou em fazer um depoimento sobre questões de pós-término. Marcamos um horário e fiz a entrevista, que foi gravada. A seguir, apresento a transcrição do depoimento, gravado por mim, com texto revisto pelo depoente.

1) Gostaria de saber o que você pensa sobre pós-análise.

Você está interessada em *follow-up* no sentido amplo, geral e irrestrito, e o analista não faz um acompanhamento como um pesquisador; não é o nosso caso. Na minha experiência, as consultas analíticas, como você descreve, acontecem muito. Mas acho importante separarmos um pouco as coisas. Perdoe o meu espírito de professor. Há um tipo de pós-análise que se chama pós-análise, mas não é pós-análise de verdade. Talvez não esteja incluído no seu objeto de pesquisa. É o simples fim da análise, quando a análise de fato termina. Esse momento e esse processo têm certas propriedades, diferentes, especiais, que nós já até discutimos, pelo menos em parte, e estamos rediscutindo.

O problema, nesse caso, é o luto. Ou o paciente faz o seu luto, mantendo o contato com o analista e segue o caminho de uma espécie de desligamento progressivo, ou, se não o faz, a análise prolonga-se, por temor ao desligamento. Estou descrevendo um tipo de pós-término, mas deve-se dizer "pós-término" entre aspas, pois a análise continua não tendo terminado definitivamente. Isso é muito frequente. Pode acontecer que se diminua o número de sessões, para depois se discutir melhor o término. Uma maneira é perguntar ao paciente: "Você quer interromper a análise? Ah! Mas você quer mesmo?". Muitas vezes, o paciente tenta negociar o término propondo: "Talvez uma vez por semana, cada 15 dias, ou só quando eu tiver vontade? Posso?". Nesses casos, é claro que temos de dizer que sim, que ele pode e nem há como dizermos que não pode. No entanto, existe esse fenômeno cinzento, que está entre a análise e o pós-análise, mas que tem como consequência o prolongamento exagerado da análise. Há também o paciente que volta de vez em quando, depois de a análise estar terminada. Ele aparece para conversar sobre certas dificuldades.

Nesses casos, há um traço característico, que já observei várias vezes; embora o paciente volte muitas vezes, só para discutir algum problema específico – quase sempre da vida rotineira, se compra uma casa ou não compra, por exemplo –, repete o comportamento que tinha antes de a análise terminar. Se antes se deitava, chega e se deita; se se sentava, continua a se sentar. É curioso, porque essa volta tem as características de uma entrevista, mas acontece frequentemente. Tudo isso mostra que o paciente mantém algo da análise que fez. Para quase todos, na minha observação, essa primeira entrevista, na volta, é como se fosse uma sessão de análise, apenas um pouco diferente, mas ainda análise. Às vezes, passam-se três anos, o paciente volta e deita-se no divã como se ainda estivesse em análise. Acho também que é, em parte, pelo menos porque é gostoso e ele ainda está acostumado.

Há um outro tipo de pós-análise, que é o que os franceses chamam de *tranche d'analyse*. É também um pós-análise. O paciente mantém uma relação suficiente com o analista para voltar quando sentir que precisa, ou quando estiver querendo, ou ache que está precisando de análise e não quer procurar outro analista. Nesse caso, apenas quer pensar alguma coisa. Ou teve saudades de fazer análise. Nesse caso, volta para uma *tranche d'analyse*. É também o caso de pessoas que passam a viver em outra cidade, outros estados, outro país. Ao mudarem-se de volta, retomam a análise por um período, sem delimitar nada.

Há diferenças entre esses três tipos de pós-análise – a análise que termina, a *visita* ao analista e a *tranche d'analyse*.

E há casos de término completo: o analisando não precisa mais ver o analista. Pode-se dizer que, quando Freud inventou a psicanálise, ele esperava que as coisas ocorressem assim: uma vez analisado, a análise estaria feita. Mas nem sempre é o que ocorre. Os casos de análise completamente terminada são minoria.

Contudo, por outro lado, seria interessante você pensar também em quão raro é não existirem fenômenos de pós-análise, literalmente.

Há também um quarto tipo de pós-análise, que talvez não entre em suas especificações: são os casos de análise da dependência que ficou. Trata-se de casos de pacientes que procuram novamente análise porque não gostaram da anterior, daqueles que voltam de tanto que gostaram, ou dos que fizeram análise, por exemplo, com homem, e querem fazer outra análise com uma analista mulher. Pode-se dizer que o pós-análise é um gênero, com muitas espécies.

Outra das espécies do pós-análise é a das análises didáticas. Sabe-se, por exemplo, que não é raro que muitos analistas acabem sua análise didática numa sociedade e façam outra análise noutra sociedade. Há uma razão, uma explicação óbvia para isso, que tem a ver com a análise didática enquanto exigência para obter a qualificação. Se alguém vive na análise didática uma situação persecutória que se torna impeditiva à sua entrada naquela sociedade, procura outra, em outro grupo. Nesse caso, pode-se dizer que o analisado faz uma segunda análise, para se livrar da primeira. Essa é uma patologia própria da análise didática.

2) Você acredita então que a reanálise é necessária, para você realmente fazer uma análise?

Isso se explica, porque a reanálise envolve um movimento entre muitos. Se é análise regular, o paciente se perde quase que propositalmente de si mesmo, literalmente não sabe o que está falando, só o descobrindo depois. É o que conceituo como expectativa de trânsito – a ausência momentânea de autorrepresentação, antes que nova autorrepresentação se estabeleça, na vigência do processo de ruptura de campo. Mas a própria análise pode dificultar esse trânsito. Comparando com o cavalgar, seria questão de usar sela Santo Antônio, que permite ao cavaleiro agarrar-se nela. Há gente que cavalga agarrado ao Santo Antônio, mas assim não consegue sincronizar com o movimento do cavalo. Só se cavalga direito sem se agarrar ao Santo Antônio. Então, é preciso esperar um outro momento, e em outra análise é possível soltar-se um pouco mais.

Eu não fiz um cálculo estatístico – o que não quer dizer nada – de quantos dos meus pacientes terminam a análise e voltam, por razões diversas. Não sei quantos são, mas são muitos. Acho que o número dos que vão embora para sempre é muito menor do que dos que voltam. Penso que um dos fatores em jogo é que, uma vez despertada essa função autoanalítica, não dá para voltar para trás. Afinal, idealmente, o que tentamos fazer, como analistas, é propiciar a incorporação dessa função na forma de ser do paciente, para que ele sequer precise de um analista. Há pacientes, em análise didática – embora a minoria – que fazem análise atentos ao relógio, praticamente em contagem regressiva. É o caso do analisando que já entra no consultório fazendo as contas de quantas sessões faltam para cumprir o prazo do instituto, e termina esta iniciando outra análise.

A análise didática tem suas especificidades. Eu, por coincidência, fui designado, em três ou quatro congressos internacionais, para dirigir grupos de discussão sobre análise didática. Sempre se concluiu que, embora inadequada, não há nada melhor, e que ela é necessária. Há muita polêmica em relação à análise didática, mas um quase consenso de que seja um mal necessário.

3) Na minha maneira de ver existem duas atitudes para uma pessoa procurar um analista. Uns que procuram um *processo* analítico, porque acreditam que a teoria psicanalítica vai ajudar a resolver o seu problema. Essas pessoas são menos ligadas à pessoa do analista. E outros que procuram e depositam toda sua esperança no analista. Como você vê essa questão?

Para mim, as duas demandas, como todas as demandas, são necessariamente equivocadas. Num dos casos, porque se idealiza a pessoa; no outro, porque se pressupõe que o processo ofereça informações, como se se tratasse de tomar um antibiótico. Muitos analistas exageram, criando situações de relação analítica muito dramáticas. Em muitas análises, a relação com o analista é considerada exagerada. Nesses casos, quando a análise se resume basicamente na relação analítica, o paciente vive um certo conflito amoroso, de ódio, sentimentos intensos, mas sempre na relação de duas pessoas – o polo do campo amoroso. Campo não é teoria. O campo está muito mais perto do que se pode chamar de inconsciente. Se a análise afunila-se na relação, fixa-se no propósito de conseguir um bom parceiro, um bom paciente. A análise pode ser até patológica, interminável não porque não terminou, mas porque não se completou.

Eu falo de campos. O campo é o mesmo que Freud chamava de inconsciente. Mas, em primeiro lugar, eu uso o plural, evitando que os inconscientes todos possam ser reduzidos a uma unidade teórica. Em segundo lugar, a noção de campo é uma noção operacional, não é ontológica. A de inconsciente tem um certo ranço ontológico – ser inconsciente. O campo é operacional – é o inconsciente enquanto suporte das relações que se mostram.

4) Você acredita, então, que o pós-análise também depende muito de como foi feita a análise?

Sim. É lógico que a análise é uma operação emocional a dois. Entre as distinções que apontei para o pós-análise, algumas têm interesse para você, outras não. Penso que o importante para você seja considerar o tipo de transferência estabelecida em cada um dos casos caracterizados.

No primeiro caso, em que a relação absorve todo o trabalho dos dois, a transferência transforma-se em fenômenos transferenciais, de ódio, de amor, de desprezo, sentimentos fortes, paixões, que quando não aparecem, o analista provoca.

No segundo caso, o que nós temos é um campo transferencial que se apresenta como o eixo da escuta do analista, permitindo-lhe operar com o seu paciente. A ideia de transferência como relação emocional intensa em que os dois – analista e paciente – se envolvem não ajuda muito para que a análise possa encontrar um termo adequado. E quando é necessário um período de reanálise, este fenômeno há de ser bem considerado e delimitado.

5) Você se tornou amigo de alguém que tenha sido seu analisando?

Amigo, propriamente, é difícil. Mas há pessoas que mantêm uma espécie de relação amistosa, social. Todos que reaparecem no consultório querem falar de alguma coisa que estejam fazendo. Há pessoas que vêm e contam coisas da vida, numa situação meio terapêutica; e até, às vezes, em situações pouco terapêuticas: um telefonema, uma visita ao consultório.

6) E você, como analisando, sente falta do seu analista?

Fiz análise com o F., você sabe. E ele foi embora. Eu tive um pequeno acidente, no ano passado e ele foi me visitar no hospital. A conversa com ele foi muito gostosa, mas como ele mora no exterior, diminui muito a possibilidade de contato, mas mantemos um certo contato por escrito. Um contato até amistoso. Nossa relação, sim, é amistosa.

7) Você nunca pensou em fazer uma reanálise?

Não.

8) Você não acha que nós, como analistas, trabalhando todo dia, ficamos meio que nos reanalisando o tempo inteiro, por meio do paciente?

Acho que sim. Eu acho que o processo de análise dos meus pacientes é, para mim, um processo não de reanálise, mas um processo de análise, sendo análise do paciente e minha própria análise, dos meus sonhos. Eu trabalho muito com os meus próprios sonhos, mais ou menos como Freud fazia, se bem que eu tenho um jeito um pouquinho diferente, não sigo a receita do Freud 100%. Como eu escrevo muito e dou muita aula, eu uso muito meus próprios sonhos, ou atos falhos, exatamente como Freud fazia. A essência dele era muito boa. Há sempre sentimentos contraditórios, e eu me misturo com os pacientes, pelo menos nas aulas, nos meus escritos. É como se fosse uma tela de bordado: não dá para distinguir facilmente no processo interpretativo – o processo de ruptura de campo – o que é do paciente e o que vem de mim. Nunca fiz uma autoanálise sistemática. O que tenho é uma relação intransferente negativa comigo, como analista. Isso é incessante. Incessante. Praticamente em todas as sessões, com todos os pacientes.

Há um processo de equilíbrio mútuo. É como um mergulho com equipamento de respiração. Você mergulha até uma certa profundidade e se equilibra nela, num limite estreito entre a penetração no estado emocional do paciente e no equivalente de você mesmo. Não há como dizer: "Não, isto é do paciente, eu sou um observador". O analista não é um observador, mas observa a si mesmo no paciente.

O campo está nesse inconsciente recíproco. Porque a análise implica os dois constantemente, não há dois campos separados – o do analista e do paciente. Há um campo só, do analista e do paciente. Então, quando se mergulha, não há saída possível. A menos que haja ruptura desse campo e apareça outro, ou seja, a ruptura desse tecido inconsciente. Sem isso, não faz sentido que apareça outro inconsciente.

Provavelmente por isso, talvez, para alguns analistas não haja tanta necessidade de fazer uma reanálise. É uma coisa que varia de pessoa para pessoa. Há os que se dão muito bem com reanálise, sentem necessidade. Acho perfeito. Nunca faria reanálise por desencargo de consciência, esse meu caminho pareceu-me mais conveniente. Penso que no processo analítico a palavra se desintegra parcialmente, perde ao mesmo tempo sua ordem gramatical e sintática, e vai-se tornando uma coisa tão próxima, tão da raiz da língua, que os sentimentos surgem com pedaços de palavras. Isso me levou até a postular em vários textos – alguns livros, muitos artigos – que a interpretação psicanalítica é um ato falho a dois. Tem seu lado meditado, calculado, teórico, sim, mas quando ocorre, ocorre como ato falho a dois. Um diz uma coisa, o outro entende diferente, responde. É um meio desencontro que libera a interpretação. Eu tento trabalhar dessa forma. É como um estado de mente um pouco alterado, digamos assim... Acho que a maioria, ou muitos dos colegas, trabalha assim.

Depois da sessão, quando relatamos, todos nós ficamos muito sábios e muito lógicos e explicamos direitinho os motivos teóricos pelos quais fizemos o que fizemos. Só que é mentira, e eu até insisto com os alunos que o único ponto é: “Olha, vocês podem mentir à vontade, tudo bem. Não vou ficar bravo. Mas saibam que é mentira. Se você se sente melhor dizendo que estava usando o texto de 1934 da Melanie Klein, ou de Freud, de 1927, tudo bem. Agora saibam que não é verdade”. Comparando, seria como tomar ao pé da letra a descrição que Edgar Allan Poe faz da sua produção de "O corvo", em *The philosophy of composition*, de 1846, ou *A filosofia da produção*, em português. Ele descreve direitinho o seu processo, só que é mentira, porque ele está pensando depois. Não é que seja literalmente mentira. Poe conta que precisava de um corvo, porque precisava de uma ave que falasse, e como o poema "O corvo" é um poema sofisticado, teve que escolher entre um corvo e um papagaio. Preferiu o corvo porque o papagaio não deixaria transparecer a nobreza do sentimento considerado no poema. É o típico raciocínio que se ouve, muitas vezes dos nossos colegas, e de nós mesmos. É impossível descrever fielmente o processo interpretativo, porque tudo ocorre muito rápido. A reanálise e o pós-análise se dão porque se está com saudades do analista, mais provavelmente, os pacientes sentem saudades desse estado psíquico escorregadio. Na Teoria dos campos, os conceitos metodológicos – campo, relação, ruptura de campo, expectativa de trânsito, entre outros – descrevem esse estado de uma forma comunicável, para não ficar só no inefável. Não é inefável, porque dá para falar sobre, embora não seja fácil. Eu tenho notado que os pacientes que voltam – às vezes até colegas – à análise comigo, depois de um tempo, dizem que é por um certo tipo de problema, de uma fase da vida; muitas vezes, as duas coisas estão juntas. A fase da vida é como se fosse um pretexto, uma oportunidade para você voltar à análise. Mas acho que muitos voltam mesmo é em busca do tempo perdido.

Considerações

Esse depoente começa falando de sua experiência como analista. Separa vários tipos de pós-análise e diz com muita propriedade que o pós-análise é um "gênero, com muitas espécies".

1 – continuam os encontros de "consultas analíticas", como chamei em minha dissertação, que na experiência dele é muito comum ocorrer. Concordo com ele quando diz que nesse caso não seria um pós-análise de verdade e, sim, um desligamento progressivo. São os pacientes que voltam para uma "conversa", mas sua postura é como se ainda estivessem em análise;

2 – outro exemplo que dá de pós-análise é o que os franceses chamam de *tranche d'analyse*: pacientes que quando sentem necessidade de análise se sentem confortáveis para voltar a procurar o mesmo analista. Trata-se de um fenômeno cinzento, que está entre a análise e o pós-análise.

3 – análise que realmente termina. Mas esses casos são uma minoria. E aí o problema maior é o luto;

4 – analisandos que voltam para analisar a dependência que não foi analisada; os que querem experimentar fazer análise com analista de outro sexo, os que gostaram tanto que querem voltar e os que não gostaram e por isso voltam etc.;

5 – pós-término das análises didáticas: assim que terminam a formação, interrompem a análise didática

e muitas vezes procuram outra em outra sociedade. Fazer uma segunda análise para livrar-se da primeira, segundo o depoente, é uma patologia da análise didática.

Esse depoente me fez pensar, analisando todos esses casos, como é raro então o pós-término real porque, em sua experiência, na maioria das vezes os analisandos voltam. Concordo, mas acrescentaria que há também os que apenas não voltam para o mesmo analista, mas voltam à análise.

É muito difícil, depois de ter despertado a função autoanalítica, voltar para trás.

Esse depoente fez uma análise única e me pareceu muito satisfeito com ela. Não sente, e acredito que nunca sentiu necessidade e nem vontade de procurar outro analista. É interessante quando diz que seu trabalho clínico e o de dar aulas e escrever o ajudam a se autoanalisar. Foi o caminho que escolheu, diz ele, e não o da reanálise.

Não sei se escolhemos esse ou outro caminho; para mim, é algo mais profundo, é uma característica da pessoa, uma maneira de ser, não sei se por ter feito análise ou por ser alguma predisposição genética, que cada um traz consigo.

***

Esse depoente usou a oportunidade desse depoimento para falar o que sente e como vê o pós-análise. Como é professor, falou bastante à vontade, como que "pensando em voz alta"; e percebi que realmente queria contribuir para essa pesquisa, o que me deixou bem satisfeita. O que de mais importante ele me ensinou sobre pós-análise é que não há esse estado que estamos chamando de "pós-análise", dado que a maioria dos analisandos voltam. De qualquer modo, voltem ou não, e se a psicanálise pode continuar depois de encerrados os encontros analíticos, é possível então que o pós-análise seja um estado bem próximo da "vida normal" para todos os analisandos que tenham tido o que se chama "uma análise bem-sucedida".

Considera o "estado" de fazer a análise um privilégio, e muitas vezes quando as pessoas voltam para a análise é para reencontrar esse estado, essa vivência que eu também acho única, quando se encontra um "par analítico".

Depoimento 9

Homem, 55 anos
Profissão: Psicanalista –
Depoimento colhido em 27/04/2005, em visita pessoal

Esse depoente é psicanalista, com o qual mantenho pouco contato, mas tenho uma grande afinidade com seu modo de pensar pelos artigos e livros que publica. É uma pessoa que prezo muito pelas suas ideias, que considero bastante livres. Telefonei e contei da minha pesquisa, e ele se dispôs a dar um depoimento sobre pós-término.

A seguir, apresento a transcrição do depoimento, gravada por mim, com texto revisto pelo depoente.

1) **Estou pesquisando o pós-análise a partir do meu mestrado e propus quatro modelos. O primeiro modelo seria o pós-análise de uma análise terminada e bem-sucedida. O segundo é uma pós-análise com conversas analíticas, caso das pessoas que procuram o analista a cada seis meses. O terceiro são os casos de reanálise, em que o analisado, com análise já terminada, volta para uma reanálise. E um último, o quarto modelo, que chamo de "pós-análise em situações de crise", tipo "pronto-socorro", a maioria é de pacientes deprimidos, que vêm, pode-se dizer, quando a angústia parece-lhes insuportável. Gostaria de saber qual a sua experiência como analista e como analisando no pós-análise.**

Os seus quatro modelos estão bem definidos. Vou tentar ser o mais claro possível, em relação a isso, considerando a minha experiência, o que aconteceu desde que eu terminei a minha formação em 1984, na Inglaterra, e também durante a formação. Cheguei aqui formado, em julho de 1984. Eu tinha terminado a análise, porque tinha terminado a formação. Como vim embora, não houve, propriamente falando, um fim de análise. Para ter um fim de análise, eu teria de ter ficado em Londres, até ter chegado a um ponto e terminado. Verdade que, para o meu analista, uma série de coisas básicas tinha sido tocada, e ele não fez nenhuma oposição ao fim da análise, naquele momento. Além do mais, eu não poderia ser considerado analista, pelo modelo inglês, se ele não considerasse que, em termos de análise pessoal, eu teria chegado a um patamar mínimo necessário de desenvolvimento psíquico para poder ser analista com a credencial da Britânica. Lá havia a prática de pedir relatórios, mas alguns analistas didatas, como o meu, se negavam a mandar relatórios escritos. Criou-se assim a praxe de os analistas informarem apenas que alguém está em análise, ou que está OK, o suficiente para ser considerado formado. Mas o meu analista deixou claro que ele não comentaria nada a respeito da minha formação com qualquer comitê interno, em nível nenhum, para instância alguma de coisa alguma. Na época, o que ficou mais ou menos explicitado foi que, pelo modelo de lá, e pela avaliação do meu analista, nós havíamos visto o que era indispensável ver. De lá até hoje, eu percebi e fui desenvolvendo uma série de ideias em relação à própria ideia do que é análise.

A palavra análise está ligada ao verbo analisar, que é do âmbito do fazer. Como tudo que seja do âmbito do fazer, também a análise é entendida como processo que tem início, meio e fim.

Depois eu comecei a observar mais, e de modo bem objetivado, o que seria uma análise, como se fosse uma imagem. E percebi que essa metáfora da análise, como derivada de um verbo ativo, de certo modo constrangia ou dificultava que entendêssemos certas coisas sobre análise em sentido estrito. Aquela metáfora criava uma espécie de obstáculo epistemológico metafórico. Eu me lembro de ter pensado isso a propósito de um texto de Gaston Bachelard – filósofo francês, autor de *Le nouvel sprit scientifique*. Para Bachelard, esses obstáculos epistemológicos metafóricos são metáforas com as quais a gente trabalha, sem nos darmos conta de que a metáfora escolhida dificulta o desenvolvimento do pensamento científico. Por exemplo, a ideia de irrigação, que foi usada em irrigação sanguínea, nasceu da metáfora agrícola da irrigação; com isso, ficou difícil para a anatomia clássica entender que a circulação sanguínea é fechada, porque na irrigação da terra a água aparentemente se perde na terra como o sangue se perderia ou se infiltraria na carne. Lembro de ter pensado, então, que algumas ideias sobre análise e analisar funcionam, no fundo, como um obstáculo epistemológico para que se compreendam vários aspectos do processo de análise.

2) Seriam os aspectos emocionais?

Uma série de coisas emocionais ou da própria realidade humana com a qual a análise trata. Aí começaram a aparecer algumas outras ideias. Primeiro, que de modo nenhum a análise pode ter início, nem pode ter fim. Essa exigência talvez seja mais uma exigência da instituição ou de critérios institucionalizados de percepção, porque na verdade quem pode dizer que acabou sua análise aos 35 anos de idade? No meu caso, eu não tinha tido filho. Só tive filho aos quarenta. Minha mãe já tinha morrido, mas meu pai morreu em 1997. Quer dizer, depois da minha análise em Londres, sofri vários estresses, doenças, perdas, felicidades etc., que estressaram a minha estrutura mental. E caberia àquela análise já feita, àquela análise passada me permitir lidar com qualquer coisa que me acontecesse depois dela... Por introjeção de um objeto bom analista? Por eu ter adquirido boa capacidade operacional? Por autoconhecimento? Pelo que mostra a minha observação, isso não funciona assim.

A vida da gente está em aberto, e eventos que ocorram depois da análise tocam em aspectos da estrutura que não poderiam ter sido analisados antes daqueles eventos terem acontecido, por melhor que fosse a análise. Isso, pelo simples fato de que a estrutura psíquica tem uma história e, na época em que a análise foi feita, esta história estava num momento que ainda não permitiria que eu tivesse tido acesso a muitas coisas em mimque só se tornariam accessíveis depois de mobilizadas pela experiência de vida após o fim da análise...

Todos esses questionamentos afloram, desde que se considere e questione a própria onipotência da análise. Temos subestruturas que estão encapsuladas e que não vão aparecer, não importa quanto tempo você faça de análise, porque aquele momento específico de vida, aquele momento de maturidade só disponibiliza o psiquismo até um determinado ponto. Talvez, se você fizer análise, por exemplo, com a Betty Joseph – psicanalista da Sociedade Britânica de Psicanálise –, você e ela cheguem a níveis profundíssimos. Eu acredito, eu mesmo vi, eu apresentei material para a Betty Joseph. Eu vi realmente ela dizer coisas superinteressantes que outros supervisores não tinham dito, mas isso não quer dizer que ela não deixou de dizer outras que outros diriam. Há, me parece, essa relatividade do ponto de vista técnico e teórico no campo, sim. Mas eu estou me reportando mais ao objeto humano; estou querendo dizer que a gente tem uma história de evolução psíquica e sempre haverá áreas inteiras que não estão acessíveis, que não estão frequentáveis, que não são visíveis em uma determinada conjuntura, mas que o serão em outra, mais adiante no tempo biográfico.

3) Talvez porque ainda não tivesse acontecido nada que despertasse alguma área.

Exatamente. No dia que eu tiver um filho, esse evento vai mexer em alguma coisa que não poderia ter sido mexida antes, por melhor que minha análise tenha sido.

Em 1982, na análise em Londres, eu falei sobre a possibilidade ou não de ter um filho, quando estava no meu segundo casamento, casado com uma mulher que não queria ter filhos, e eu também não. Falei, depois que o L. – meu analista – tomou a iniciativa de tocar nesse assunto. O que aconteceu? Eu passei mais de um mês chorando, cinco sessões por semana, ininterruptamente, a maior parte do tempo sem conteúdo imagético e sem afeto configurado... Chorava apenas. Depois este estado evoluiu, sem muitas interpretações, e eu concluí que não iria mesmo ter filhos. O meu tempo interno estava muito pressionado pelas minhas angústias relacionadas ao retorno ao Brasil.

Algo aflorou lá, naquela análise. E mais adiante, no meu terceiro casamento, quando o tema volta, o impacto é de novo monumental. Já não se trata só de ter o filho, mas de algo que ia bem além do que havia aflorado na análise anterior, naquelas sessões em Londres: tratava-se então de me preparar para ter o filho, já em estado de alerta total. E meu filho nasce. Nasce e causa surpresas. Eu estava preparado pelo que havia analisado uma década antes até certo ponto... A realidade foi certamente muito além deste ponto, exigindo muito de mim.

Vê-se, assim, mais claramente, espero, que não haveria como alguma análise ter me preparado para a vida futura nem neste nem em outros aspectos relevantes. Claro que eu tinha um objeto bom, eu tinha uma orientação, eu tinha a minha força de ego, eu tinha tudo isso. Mas o que o nascimento do meu filho trouxe à tona, claramente, é que não haveria meio para alguém antecipar-se, prever.

Por isso tudo, me ocorreu que essa ideia, de que a análise é um fazer, leva-nos a ter uma visão onipotente, técnica, do saber. O psiquismo tem a sua própria história, tem suas próprias facetas. Ele não se oferece do mesmo modo, para estudo, a qualquer hora. Nenhuma verdade está ali para ser descoberta e aparecer: ela não vai aparecer sempre, em todos os casos. São momentos de conjunturas – essa é uma visão também foucaultiana de verdade, a captação estratégica da verdade [o comentário clássico de Foucault é "a verdade tem história"]. A ideia de que alguma verdade eterna vá oferecer-se aos trinta, quarenta, sessenta, setenta não se sustenta. As coisas não se passam bem assim, seja pelo modo como a estrutura mental é, como ela está montada, seja também por outras razões que eu fui descobrindo na minha clínica.

Por exemplo: nas análises de pessoas casadas que têm uma relação estável. Nós temos, como pressuposto na análise, que, se você fez uma boa análise, tudo passará pelo filtro da transferência em algum momento ou vai se oferecer como material. Não vai. A relação de casamento, de conjugalidade, é uma relação na qual se internalizam e se imobilizam vários aspectos de psiquismo que nunca passarão pela transferência ou pelo grau de visibilidade mais direto. A relação entre casamento e transferência é complexa. Na análise, essas relações podem ser complementares e muitas vezes podem ser mutuamente excludentes. Você até pode enxergar o que está acontecendo em alguns casos; você pode tentar. Mas há casos em que essas relações nem estão em conflito, nem estão criando problemas. O caso é que ali há muita coisa imobilizada da ordem da sobrevivência mental, do desamparo, de formas de intercâmbio em que você está apoiado.

Por tudo isso e por outras experiências, a onipotência do analisar, do fazer análise, foram ficando muito claras. Já eram claras antes da minha formação. Já tinha artigo publicado, na década de 1970, de antes de viajar para Londres.

As relações entre psicanálise e casamento são interessantes. Num casamento estável, muito da estrutura psicológica do sujeito está articulado a outro objeto, cria-se um determinado tipo de unidade, de equilibração mútua com seus conflitos.

4) À qual a análise não tem acesso?

Isso. À qual a análise não tem acesso. Logo que cheguei ao Brasil, uma das minhas pacientes disse: "Olha, eu sou muito mais louca do que você imagina. Eu brigo com meu marido, o negócio é muito mais sério do que você consegue perceber". E eu via, interessante, que ela, sem se aperceber, estava me dando uma supervisão. Ela me dizia, sem dizer diretamente: "O que você me diz, o que você percebe, o que você concebe sobre mim, não leva em conta tudo o que eu sinto, sou e faço lá fora, mas jamais serei, sentirei ou farei nas sessões de análise, com você-analista". Porque o analista é uma pessoa boa na vida dela. Por mais que eu-analista diga coisas para ela – e digo coisas que são bem salgadas –, ela sabe que eu não sou contra ela, que de certa maneira eu gosto dela, que eu estou mesmo trabalhando com a máxima neutralidade – no fundo torcendo por ela; e ela está vendo que sou uma pessoa séria, dedicada, que, em última instância, eu desejo que ela fique o melhor possível. Então, ela não vai jogar aquela coisa *punk* em cima de mim, mas ela joga em cima do marido.

O que se pode ver nisso tudo que eu generalizei é que o campo da análise se oferece limitado para o analisado, por razões de maturidade da estrutura psíquica e por razões históricas, e que têm a ver com onde essa estrutura psíquica está ancorada. O que se chama de análise só é exercido sobre um campo muito restrito.

A partir daí, generalizando, pode-se associar essa ideia à própria relação com a psicanálise.

Sou fascinado pelo tema do papel da psicanálise para o psicanalista: a psicanálise para o psicanalista, como visão de mundo e como objeto com o qual ele se relaciona, como conhecimento, técnica, formação, estrutura, identidade.

Por exemplo, um psicanalista passa pelas experiências pelas quais eu passei: tive um filho e assumi um cargo de direção, vice-presidente, diretor científico da Sociedade Psicanalítica. Aos poucos, comecei a perceber que não se consegue entender, propriamente, a instituição analítica sem usar o conceito de crise da meia idade. Porque, lá, as pessoas que estão na gestão, em sua maioria, são pessoas que já tiveram filhos que já cresceram, e estão ali ocupando seu tempo noturno com uma atividade que lhes parece interessante. Isso faz com que a instituição não possa ser um instrumento para resolver os problemas da psicanálise. Eu via três, quatro comitês para discutir a mesma coisa, ficava claro que muita coisa era discutida para não ser resolvida.

5) É como um passatempo.

Como um passatempo. Aquela discussão é redundante, não vai chegar a lugar nenhum. Voltando agora ao nosso exemplo, o que temos ali são pessoas analisadas – umas bem, outras mal – que, de repente, por circunstâncias da vida, chegam a posições de poder. Eu, para só falar de mim mesmo, quando fui vice-presidente, assumi voluntariamente às vezes o papel de braço de ferro do presidente, enfrentando toda uma parte da sociedade que era aguerridamente a favor de certas posições e orientada por ideologias que para mim eram inaceitáveis e lesivas ao desenvolvimento institucional. Tínhamos relação direta com a Internatioanal Psychoanalitical Association (IPA), para tentar resolver certos problemas e foi uma briga feia e desagradável com este grupo, mas briga naquele contexto inevitável. E lembro-me de ter pensado que, quando você assume um cargo deste tipo, você fica, tecnicamente, psicótico. Nessas circunstâncias, por exemplo, é muito fácil dizer que eu sou um ser humano são se eu não tive poder nas mãos. Enquanto não tenho poder, posso ter a ilusão de ser saudável... É a velha história: todos são muito honestos, desde que nunca tenham a ocasião para assaltar um banco ou praticar peculato. Mas dê a alguém uma chance de pôr uma fortuna no bolso, sem fazer nada e correndo pouco risco, e os desonestos aparecerão. Enquanto não houver a oportunidade para não ser, eu não posso realmente dizer que sou honesto. Não atiro pedra nas pessoas que fazem coisas, porque eu não sei o que faria no lugar delas. Naquela época, conheci uns psicanalistas suecos, didatas na Suécia. Ficamos amigos. E ouvi o relato deles, de uma espécie de síndrome do poder em instituição psicanalítica semelhante à que eu estava vivendo: acordar no meio da noite, o ranger de dentes, os impulsos vingativos...

Eu passei vinte anos na instituição. Sou mais antigo que muita gente, pois tive um desenvolvimento muito precoce. Eu vi lá e bem de perto e de modos diferentes, durante muito tempo, a amargura, a amargura do poder. Claro que isso tudo é como eu vejo as coisas. Eu não quero isso para mim.

O que nos interessa agora é que aquelas especiais circunstâncias da minha vida me ajudaram a ver que nada daquilo me interessava. Foi quando eu abri mão de tudo aquilo. Não fiquei na sociedade de São Paulo ou no Rio. Eu sou o único analista formado no Meadle Group (Grupo do Meio da Sociedade Psicanalítica) em Londres, e depois de tanto investimento, fui forçado a concluir que a instituição psicanalítica tal como ela existe não me atrai, na verdade me faz mal...

6) Você acha que foi a análise de formação que deu a você todo esse entendimento?

A experiência de análise foi sem dúvida muito importante, mas também foi muito importante por eu ter podido perceber como meu analista era como pessoa. Eu aprendi muita coisa com ele, e não só no âmbito das coisas que ele quisesse me mostrar. Aprendi muito com o jeito dele, meio pela própria trajetória dele inclusive no campo da política psicanalítica. Estive por perto, e participei da primeira eleição da IPA em que houve uma disputa entre candidatos, próximo da candidata da França (candidata à presidência da IPA). Vivi o processo político de modo intenso no ano de 1989, conversei com dezenas de pessoas na Europa e em Londres, fiquei íntimo de muita coisa. Vi muito e cheguei à seguinte questão: O que eu poderia tirar daquilo, mas não queria ter? Qual o papel real daquilo tudo na minha vida?

Foi assim que eu comecei a perceber de modo bem "encarnado" as ilusões do poder, a perenidade, a imortalidade, a importância de participar daquilo. E comecei a ver que eu não desejava participar; eu não queria ter grupos, eu não queria liderar grupos, eu não queria abrir espaço, nada daquilo era importante para mim pessoalmente.

O importante para mim era pensar, praticar, raciocinar na psicanálise; aí estava o meu tesão, a minha vinculação. Respeito quem tomou outros caminhos, mas sei que nada disso me interessava pessoalmente.

Também fui diretor de pós-graduação, mestrado e doutorado em psicologia, na Pontifícia Universidade Católica do Rio de Janeiro (PUC-RJ). Quero dizer, eu ainda tive a experiência pesada dentro da instituição universitária. No meu caso, então, foi bem maciço. E vi que não é minha opção.

Seriam atividades que, sim, teriam um papel muito importante de estabilização, mas eu não queria estabilizar; não precisava e não podia estabilizar ali, para não sufocar. Eu sentia que ter de fazer política iria me sufocar. Eu sou muito bom de política se quiser, tanto é que estive nas posições em que estive. Mas sou bom se sentir que o que está envolvido é a produção de conhecimento, a definição das estruturas que produzem os diferentes tipos de conhecimento. Mas não me interessa essa política intersocietária, de saber se o nosso representante no Congresso será um ou outro, se fulano está ou não está comigo.

A ingenuidade de você imaginar que você mandará, apenas porque votou na chapa vencedora. Há contradições inevitáveis entre os candidatos e eu admiro quem saiba lidar bem com essas contradições. Mas, no meu caso, eu percebi claramente que eu não podia lidar, que eu não queria lidar.

7) Você acredita que descobriu tudo sozinho sem a ajuda de uma análise?

Num certo sentido esses desenvolvimentos profissionais foram no pós-análise, quando eu estava sozinho, apanhando, batendo, quebrando a cara, cometendo erros com pacientes, aprendendo com paciente... Percebendo que eu estava machucando paciente.

8) Sempre trabalhando?

O tempo todo trabalhando, o que eu mais fazia era trabalhar em consultório. Na verdade, meu interesse é o consultório, sempre foi. Aos poucos, eu fui até parando de escrever, parando de falar, parando de participar institucionalmente da psicanálise em todos os níveis, e me desliguei inteiramente de todo campo analítico, no que diz respeito à divulgação de minhas ideias. Há quatro anos, comecei a escrever um livro e também parei. Resolvi parar. Eu precisava muito redefinir a minha relação com isso tudo.

Naquele momento, eu percebi que tudo aquilo estava acontecendo porque eu estava tendo um filho. Para mim, era uma grande realização. Eu queria poder me dedicar a ser pai. Eu não podia ficar filtrando a minha relação com a psicanálise, naquele momento, por uma exigência de fazer arreglos políticos, que não me interessavam. Eu não consigo fazer isso, não caibo nisso. Eu vou ter "um troço" se eu fizer isso. Vou me matar, eu vou matar em mim alguma coisa que é o que me mantém vivo. Esse foi o meu caso. Como pode ver, dentro de uma lógica claustrofóbica.

Além do mais, eu comecei a perceber tudo isso também porque eu estudava a difusão desde a década de 19; eu estudava o modo como a psicanálise se difundia, o que a psicanálise falava sobre esse processo e como ele ocorria. Escrevi uma dissertação de mestrado sobre isso.

Então, eu estava bem posicionado para perceber a perda de espaço público da psicanálise e fui analisando os porquês e o que estava acontecendo. E comecei gradualmente a perceber claramente que o que estava acontecendo era que a psicanálise não estava respondendo a certas demandas, que são as demandas do dia a dia de uma sociedade complexa e cronicamente em crise. Percebi também que, na sociedade em que a gente está vivendo, não apenas o futuro está em aberto, mas o futuro tem uma aceleração monumental, e somos atingidos por todos os lados pelo futuro, por todos os meios, formas, tamanhos e cores. Isto é, quando você tem consciência de estar sendo atingido.

Na verdade, você também está atingindo você e você nem sabe que está sendo atingido. Eu cheguei a estudar economia na PUC do Rio, por um ano e meio; fui aluno de vários economistas que há anos se destacam no Brasil. Eu os conheci na PUC e era amigo de vários, e cheguei a estudar tanto economia neoliberal como materialismo histórico. De repente, eu, filho de empresário, com várias empresas que iria herdar etc., fui juntando tudo: a minha vocação para estudar economia e a percepção que eu tinha da clientela que eu atendia; observava tudo e ia vendo claramente o que explodia. O que explodia na vida real das pessoas, e via o que o recorte que eu aprendi na Inglaterra me levaria a fazer. Fui percebendo, então, que o que eu seria levado a fazer seria muito importante, mas lento... E as pessoas estão pegando fogo!

O meu recorte social de clientela é mais para pessoas que têm responsabilidades grandes nas mãos, poder, cargos ou papéis sociais de impacto. Há diferenças importantes entre uma neurose num bancário e uma neurose num banqueiro. No bancário, a neurose tem o tamanho dele, pode até prejudicá-lo muito, mas, no banqueiro, a neurose pode explodir o banco. Já se viram várias histórias dessas no Brasil.

Se você prestar atenção, começará a perceber que o problema psicológico com o qual você está trabalhando tem também um impacto potencial muito grande na estrutura de vida do sujeito, um custo muito grande. Você pode perceber que o poder social permite que o sujeito traduza fantasia em realidade. Quem tem poder pode externalizar a fantasia com mais facilidade, de uma maneira que quem não tenha o mesmo poder não consegue fazer.

Então começaram a ocorrer-me várias ideias sobre a psicanálise e o modo como ela é praticada. A psicanálise tem como referencial as camadas médias da sociedade. Quer dizer, o sujeito que tem de trabalhar, tem de se organizar e está inserido ali em determinado nicho social, sem poder se mexer muito e ser muito concretamente criativo. Quando trabalhamos com grupos que estão ou abaixo disso ou acima, a coisa muda de figura. Os pontos extremos juntam-se, porque os dois têm, com a realidade, relações diferentes, específicas.

Como eu já tinha trabalhado muito com classe "baixa", em hospital, em Londres e no Rio de Janeiro, atendendo muito operário, gente pobre, empregada doméstica, e trabalhava também com classe muito alta, eu percebia uma certa homologia entre as duas, nesse aspecto de os dois grupos terem diferentes modos de se relacionar com a realidade. Nos dois segmentos, o superego é pouco estruturado. Um não tem poder nenhum diante da realidade; o outro tem poder total. Então, o efeito da complicação era muito maior.

Com base nisso, eu fui percebendo que eu não conseguia parar no lugar técnico que eu deveria parar, de neutralidade e abstinência, por exemplo. Quero dizer, sim, eu parei várias vezes. Mas o recorte que eu aprendi na Inglaterra mostrou-me que eu trabalhava de um modo meio estranho.

Comecei a perceber que as pessoas olhavam para mim como se dissessem: "Eu sei que você sabe muito mais sobre o que estou falando. Por que você não fala mais?". Uma vez, um dos meus clientes disse quando terminou: "Você é ótimo, maravilhoso, mas a psicanálise é uma merda". Aí eu pensei: "Meu Deus, ele manteve cristalizada aquela dissociação que a gente discutia tanto em Londres, entre psicanalista e psicanálise. Eu não consegui trabalhar esta defesa...".

Mas foram experiências assim que me fizeram pensar. Pouco a pouco percebi que, ao seguir certos protocolos, eu retinha, prendia e sonegava dos meus clientes certas ideias e percepções que tinha como pessoa real, como X (disse seu próprio nome). Não se tratava de orientar ninguém, mas certamente eu tinha muito mais o que falar sobre as situações que me eram apresentadas.

Nessa linha, até reapareceu, recentemente, uma moça que eu atendi durante cinco anos, cinco vezes por semana, e que reorganizou a vida durante o processo. Ela voltou a me procurar por uma outra situação. Conversando com ela eu disse que teria feito muita coisa diferente se soubesse na época o que sabia agora. E fiz uma espécie de *recall* ao preço que ela podia pagar agora e para tocar numa série de estruturas que estão tão mais claras agora, para as quais, agora, eu tenho uma técnica para trabalhar que é diferente da que aprendi em Londres. Quero usar meu novo estilo técnico, para trabalhar o que ela me apresentou noutra época e para as questões novas. Antes, ela dizia que o que ela mais queria era, depois de ter acabado a análise, poder sentar comigo num bar, tomar um chope e conversar. E eu fazia uma festa interpretativa com isso... Interpretações múltiplas... Fazia tudo, menos perceber que o que ela dizia era mais ou menos o seguinte: "Olha, o que eu queria era ter acesso ao você real, que eu só posso ver quando aparece escondido atrás dessa parafernália toda. Eu acho que se você conseguisse juntar melhor essas coisas, seria bom para nós dois". O bar seria o *setting* em que isto poderia vir a acontecer depois do fim da análise.

Aquele meu modo de trabalhar anterior em parte contribuiu iatrogenicamente[3], em pelo menos dois casos, para que se instalassem transferências de tipo psicótica. Claro, eram pessoas que tinham a estrutura psíquica com este potencial. Mas eu ser duas coisas, uma no plano pessoal e outra diferente, no plano técnico, provavelmente contribuiu para complicar o quadro transferencial.

Eu não era hipócrita. Apenas aqueles pacientes, pela natureza das suas dificuldades, perceberam que eu poderia fazer uma outra coisa, que não estava fazendo; e isso contribuiu para desestabilizá-los.

Um homem estrangeiro chegou a desenvolver uma capacidade curiosa. Ele não me conhecia, senão das sessões, não sabia nada da minha vida. Mas apontava o dedo para a minha cabeça e dizia tudo e acertava tudo. "Você é assim,

[3] Segundo o dicionário Houaiss, iatrogênico designa doenças derivadas de prática médica equivocada.

assim, aconteceu isso ontem, está brigando com a sua mulher, com a sua mãe etc.". Ele apontava o dedo para mim e lia em mim o que estava oculto nele, mas acessível. O paciente consegue entrar no objeto via identificação projetiva com função cognitiva e ler, conhecer o objeto por dentro. Diga-se de passagem, essa é uma capacidade que não se estuda na psicanálise oficial. Estuda-se identificação projetiva por milhões de razões, menos a cognitiva, que Melanie Klein menciona num artigo em que fala da dimensão deste mecanismo; no fundo, trata-se do mecanismo da telepatia.

No auge, aquele paciente desenvolveu essas capacidades de modo espetacular. Por que fez? Porque eu precisava, provavelmente. Ele tentava me tratar. Como se me dissesse: "Como é que eu posso melhorar, se você é tão neurótico?". Ou, então, me dizia: "Você é um homem boníssimo, você é a melhor pessoa que eu conheci na minha vida. Você não sabia disso? Mas por que insiste em ser psicanalista?". E ele ficava abalado, porque parecia que só ele via as coisas que eu não sabia; mas é claro que eu estava aberto; e ele entrava na minha mente, havia um portal. E eu provavelmente precisava que ele entrasse.

Depois, lendo inclusive sobre isso – telepatia –, os artigos reprimidos no campo psicanalítico, vi que essa é uma das hipóteses em psicanálise para dar conta dessas ocorrências. O analista permite que algumas coisas aconteçam; até induz esse tipo de acontecimento. Esse foi um dos casos que mais me ajudou. Eu aprendi muito com todos e fiz muita crítica da minha própria técnica em relação a eles. Claro que estou lhe dando dados distorcidos sobre esses ex-pacientes para impedir identificação.

9) Você acha que estava preso à teoria?

Não, eu não acho. Eu nunca fui muito preso à teoria. Mas eu tinha um modo de trabalhar, quando eu cheguei de Londres, que pressupunha um paciente britânico. E o que é um paciente britânico? É completamente diferente em certos aspectos fundamentais de um "paciente brasileiro". No Rio, logo que cheguei, apareceu uma moça de tanga mal coberta por um pareô, tocou meu paletó e disse: "Nossa! Que paletó chique! Que gato que você é!". Na Inglaterra, só alguém muito perturbado se comportaria assim numa primeira entrevista...

A contratransferência, como ela é geralmente pensada na Inglaterra, supõe que o paciente seja inglês, que ele, por uma certa contenção cultural básica, lhe dê tempo para elaboração. Não pressupõe certamente que o analisando aja com a velocidade e aparente desinibição de um carioca. Uma vez, uma paciente me disse: "Você namorou a minha irmã e o ex-namorado dela queria te matar na época... E ela me contou muita coisa sobre você". O que é que você faz? O namoro havia acontecido 15 anos antes...

Londres é uma cidade monumental, em que, com frequência, ninguém conhece ninguém. Agora aqui, todo mundo conhece ou pode facilmente se localizar; a cunhada da prima da sua vizinha, todo mundo chega a algum caminho que leva diretamente à sua intimidade. E você passa a perceber que aquela colocação técnica que você aprendeu, o *timing* da contratransferência, o tipo de trabalho que pretendia realizar, o controle de certas formas de contato físico, tudo era diferente do que tinha agora pela frente, tendo retornado ao Rio de Janeiro. A própria interpretação e seu funcionamento, tudo apresentava diferenças significativas; a relação profissional-cliente tinha no Brasil uma configuração diferente da que eu havia conhecido em Londres. O pior é que eu não acho nem que eu estivesse trabalhando de modo estereotipado. Eu nunca havia deixado de ser brasileiro e carioca, nunca havia me convertido a inglês, apesar de falar muito mais inglês no meu dia a dia do que português.

Quando voltei, o carioca me desafiou e me forçou a pensar e a alterar parâmetros: o que era psicanálise no Brasil, como ela era praticada, como a psicanálise brasileira me parecia dissociada, como os ideais que são aqui apresentados não têm muitas correspondências com as opções efetivamente colocadas em prática. As pessoas dizem uma coisa e fazem outra sem nem notar na maioria das vezes... Na verdade, *toda* a psicanálise é assim. Você nunca diz publicamente o que realmente faz. Elizabeth Spillius, que foi minha segunda supervisora e era também antropóloga social, uma vez escreveu algo como o que é importante na psicanálise é que ela é uma prática em que o que você diz pode não ter nada a ver com o que você faz e nunca ninguém vai saber".

No Brasil fica uma coisa mais complicada porque as pessoas abraçam modelos kleinianos, da década de 1950/1960, como modelos de posicionamento do analista que no fundo são autoritários e assim permanecem apesar das variantes de escola etc. Os modelos contrastam com a situação cultural brasileira. Tudo isso eu fui vendo. Tudo foi se juntando, muito disso tudo era autoanálise e uso da capacidade de aprender com a experiência.

10) De repensar o seu modo de trabalhar?

Sim, repensar. Então, você poderia pensar, veja que interessante, por que eu não voltei para a análise? A resposta é simples: porque eu estava na rota pessoal de revisão do que era análise. Se voltasse e começasse a discutir isso com um analista, ou eu transformaria isso num debate de supervisão mais amplo, ou, então, haveria um rebatimento, uma redução que até já imagino qual teria sido, mas que iria dar conta do recado.

Porque eu estou em ruptura no meu desenvolvimento pessoal. Eu tenho que ceder algo ao meu desenvolvimento pessoal, porque no fim do dia eu só tenho eu mesmo com quem contar. Quer dizer, eu tenho que contar comigo mesmo. Então, por razões assim, fui desenvolvendo um caminho novo para mim, ampliando e pensando várias coisas que, para mim, eram muito importantes em relação à análise.

Tenho pensando que a análise é uma codificação muito inteligente, muito bem feita e controlada de uma coisa muito mais ampla que é a vida. A vida contém uma função terapêutica. Muitos autores – por exemplo, o próprio Bion – falam de função psicanalítica da personalidade; Freud, que escreveu sobre a capacidade do ego para observar-se a si próprio e para relacionar-se com si próprio de várias formas; Winnicott, que teorizou sobre a parte do *self* que tem por função tomar conta de si próprio.

Em quase todas as psicanálises, encontramos referências ao fato de que a personalidade normal contém funções de autocontinência, autointerpretação etc. Todas essas são funções ditas terapêuticas.

11) Sem análise nenhuma?

Sem análise nenhuma, *in natura*. A técnica analítica é na verdade uma *técnica*: ela é uma navegação/desmonte da transferência que, por sua vez, também é uma técnica. Assim, a psicanálise é uma técnica que é/foi desenvolvida para lidar com uma outra técnica. Mas no fundo são todas técnicas relacionais...

O que aconteceu é que eu relativizei muito a própria ideia da análise, e comecei a ler vários autores que estão discutindo não tanto se algo é análise ou não, mas como é que se dá a mudança psíquica.

Por exemplo, li uma discussão sobre *Os miseráveis*, livro de Victor Hugo. Aquela experiência do ladrão que é perdoado pelo padre é uma experiência de mutação. Tanto é que o ladrão muda, em função da experiência. Então você começa a observar que, na vida, acontecem muitas coisas para mudar alguém. Muitas vezes essas experiências que mudam o sujeito nascem de recursos que ele próprio já tem; às vezes, resultam aparentemente do acaso, são acidentes; ou então, às vezes, são coisas que a própria pessoa sem saber contribui para induzir nela própria – doenças, crises, falências –, como recursos extremos para estabelecer contato consigo própria.

Não há nenhuma dúvida de que muitas doenças contêm mensagens cifradas; não são apenas expressões de conflito, são também oportunidades, isto é, possibilidades de mudança.

Então, comecei a pensar que a análise é uma determinada codificação muito rica e muito importante para tentar organizar o processo de mudança. Mas que a análise, nas mãos onipotentes dos analistas, exclui, primeiro, o modo como a mudança se dá em condições naturais, como se deu para os seres humanos desde sempre, antes da análise surgir. Neste antes, o que mudava? Como mudava?

Segundo problema: a análise tende a excluir todas as outras formas concorrentes de terapia, sejam elas psicológicas, sejam elas medicamentosas, sejam elas culturais, como umbanda, espiritismo, tudo que o sistema social criou no campo das terapêuticas.

Meu primeiro artigo foi "Notas introdutórias ao estudo das terapêuticas", um estudo comparativo das terapêuticas que as sociedades indígenas e complexas oferecem para seus integrantes. E a psicanálise, neste contexto intelectual bem anterior à minha formação em Londres, era por mim vista como um sistema terapêutico.

12) Você mudou sua maneira de trabalhar?

Mudei muito. Comecei a perceber também que havia na técnica uma série de pressupostos que haviam sido transformados em mitos ou verdades eternas para a maioria dos analistas... E que na verdade não se sustentavam porque algumas coisas simplesmente não funcionavam como eles tendiam a prever. Por exemplo, a ideia de que, se eu removo um sintoma, o conflito vai necessariamente reaparecer mais adiante em outro sintoma... Isso não é verdade sempre: depende da gênese e da estrutura do sintoma. Outro exemplo: se eu estabeleci uma relação com o cliente em que eu apareço mais como real, o investimento pela fantasia transferencial diminui. Também não é verdade deste modo simplista como é mantido. O que a psicanálise faz é colocar uma lente sobre o campo do imaginário, o campo do transferencial, mas as condições de sua emergência dependem da estrutura psíquica do analisando e não onipotentemente da neutralidade-abstinência apenas...

Então, eu acabei por estender muito o meu campo técnico, e passei a usar também instrumentos e recursos muito diferentes do que trouxe de Londres na mala para o Brasil. Vejamos se me explico. Por exemplo, quando você compra um computador você compra com o *modem*, mas este não está instalado, e por isso não funciona. Você liga para o vendedor e reclama, porque você pagou o *modem*, mas, diz você, "O meu computador está sem *modem*". "Calma", diz o vendedor. "O *modem* está na máquina; só que não está instalado. Sem instalar, é claro que o *modem* não pode funcionar". Quando tive esta experiência com um "PC", percebi imediatamente seu valor metafórico. Eu pensei: "Vejam só! A gente é cheio desse tipo de problema. O recurso já está em nós... Só que não está instalado".

A análise para mim tornou-se, muitas vezes, basicamente um processo de "instalar", ativar um mecanismo ou um sistema que o paciente já tem com ele.

O que é um diagnóstico, uma avaliação diagnóstica neste contexto, por exemplo? É você examinar para ver quais são os problemas e, também, ver quais são os recursos que a pessoa já tem e onde faltam recursos que a pessoa ainda não conhece, mas já tem, e quais os que não conhece e não tem e que terão de vir de fora... Em muitos casos, os recursos existem e já foram usados, mas naquelas circunstâncias específicas, a pessoa pode não saber o que precisa usar e, portanto, ela não consegue comandá-los e usá-los deliberadamente, de modo mais criativo, mais integrado, mais confiável.

13) Esse seu novo modo de trabalhar é diferente do modo "antigo", de como você trabalhava antes?

É bastante, para não dizer totalmente diferente. Tanto que, para evitar problemas, o divã saiu daqui. Parei de dizer que sou psicanalista. Digo que sou consultor, cuja formação básica é em psicanálise; digo, às vezes, jocosamente, que sou um "especialista em encrenca". As pessoas me procuram quando estão encrencadas e necessitam de equacionamentos rápidos.

Por isso tudo, até a noção com a qual você está trabalhando na sua pesquisa de ex-paciente foi para mim relativizada, tornando-se bastante variável.

Alguns clientes terminam por um certo período, por alguma razão, ou porque esgotaram o que lhes motivava, ou porque de certo modo cansaram, ou porque realmente mudaram. Mas a porta continua aberta para qualquer modalidade. Você falou do Fédida. São usos da psicanálise. Permito *usos* os mais diversos, absolutamente "customizados" no sentido estrito do termo: feito sob medida, como se fosse alta-costura. Não é *prêt-à-porter*. É para você usar e sentir-se bem.

Dado que as necessidades e respostas das pessoas são sempre altamente individualizadas, as variações nas condições concretas de trabalho são as mais surpreendentes. Por exemplo, nessa madrugada, o telefone tocou às quatro da manhã, porque alguém estava passando por uma crise muito delicada que envolve muita coisa ao seu redor e a crise explodiu em hora incômoda. Em situações assim, o combinado era o seguinte: você telefona a qualquer hora do dia ou da noite quando a situação explodir, como há tanta coisa envolvida é preciso ver como ela vai explodir e discutir consequências e definir passos muito rapidamente. Então, meu paciente telefonou às quatro da manhã e falamos por 25 minutos, eu contribuindo ativamente para pensar as alternativas de manejo que ele apresentava.

Então você vê: é um trabalho de consultoria. Em nenhum caso, é claro, vou mandar alguém fazer alguma coisa, nem vou dizer: não faça nada, que você está nervoso. Nesse caso, trata-se de uma crise de família, empresa, casamento, um pacote desses, com consequências muito complicadas para todos os envolvidos. O campo dos resultados é diferente.

O acesso pelo telefone é franqueado a todos e pouquíssimo utilizado, apenas em situações extremas, quando eu próprio prefiro participar *on-line* da constituição da realidade, do que interpretá-la *ex post facto*.

O que mais interessa, no trabalho que faço agora, é manter-se ligado, absolutamente ligado, à vida real do sujeito.

Pode-se dizer, talvez, que isso não seja psicanálise, que eu não sou psicanalista. Talvez não mesmo pelos parâmetros dominantes. Mas há muitos exemplos de intervenções deste tipo na história e na atualidade da psicanálise e há muitos analistas em importantes funções que recorrem a recursos que são pouco revelados e que, quando o são, aparecem como exceções, recursos extremos que não se recomenda.

Eu também não recomendo o que faço para ninguém. Mas não há como negar que a minha linha básica de raciocínio é inteiramente psicanalítica; mas eu agrego muito mesmo de outras formas de compreender o humano e tratá-lo, e altero o que entendo que tenha de ser alterado. Eu não digo a ninguém que apareça com um problema de bolsa, por exemplo, que "venda essa bolsa e compre outra!". Mas eu também não vou dizer a ninguém que me procure "que seu problema de bolsa não me interessa" e, menos ainda, como é comum acontecer, que um tal problema é fútil e está abaixo do nível de desenvolvimento mental em que exerço minhas sofisticadas capacidades... Então, vamos discutir, eu vou participar de qualquer problema sem preconceito ou julgamento moral, desde que para fazê-lo eu não esteja ferindo minha moral privada que, ao ser violentada, iria colocar em risco o próprio tratamento.

Os ritmos são inteiramente variáveis: há pessoas com quem converso toda semana, uma sessão, duas ou três; outras que eu posso ver quinzenalmente; algumas, só mensalmente; e, ainda, outras com quem tenho contato dez sessões numa só semana. Já atendi por telefone, por razão de urgência, pessoas no Brasil ou em outro país.

Repare que essas variações para mim foram muito importantes, porque, até pelo meu temperamento, eu não conseguiria ficar na regularidade do *setting*. Então, construí um modo muito pessoal de atender que se ajusta a certas necessidades do cliente e ao mesmo tempo expressa algo absolutamente pessoal.

14) Você está contente com você mesmo?

Estou muito contente. Mas é preciso prestar atenção. Eu tenho uma taxa de sucesso altíssima, mas eu não esqueço uma lição do Winnicot, que quase ninguém lembra quando deve e que é a seguinte: o paciente que permaneça conosco já sofreu uma seleção, você também já o selecionou. Nesse caso, falar do seu sucesso, na sua clínica, é covardia. Quem ficou, ficou porque gostou, isto é, temos nesta situação mais do que meio caminho andado na direção do sucesso.

Uma das comparações que eu fiz foi que não há forma de resistência mais elaborada do que a pessoa fazer análise de um certo tipo, pelo simples fato de que há análises consideradas absolutamente boas e aprovadas pela instituição que parecem ter sido desenvolvidas para não permitir risco de mudança real, seja do lado do cliente, seja do lado do analista. Simplesmente são experiências que não vão mesmo mexer na estrutura dos envolvidos, apenas nos conteúdos mentais. Quem me procura sente que, se eu puder, vou entrar em contato, percebe logo que, apesar da minha cordialidade e bom humor, não estou lá para brincar ou me entreter com o fato de ser analista. É claro que eu não estou livre de ser selecionado pelos que não querem que eu chegue perto, faça contato. Eu não vou forçar e ser intrusivo, mas vou tentar.

Não estou livre desse problema, porque aquilo que estou fazendo, que teoricamente é para entrar mais e ajudar mais meu cliente, na verdade tem vários pontos cegos que tenho de estar sempre acompanhando em cada caso. Aprendendo o tempo todo, a bordo de cada caso. O que eu não quero, o que eu não posso fazer é trocar uma onipotência pela outra.

Depois de ter achado que a verdadeira psicanálise é uma maravilha, achar agora que o que faço é outra... O básico é não perder contato com a precariedade do humano. Você tenta fazer o melhor possível.

A minha visão do pós-análise, portanto, é inteiramente variante porque, num certo sentido, acho que a análise é igual a Deus: não tem início, meio ou fim; a gente está sempre em análise. Trabalho sobre a ideia de haver em nós uma função analítica que, quando se encontra alguém que é o analista, num tipo de relação especializada, e se tivermos sorte, será ativada e ele terá um impacto sobre você, que poderá ser um impacto mutativo. Na verdade, você terá sempre relações diferentes que podem ter muito impacto mutativo. Mas podem acontecer numa viagem de avião que você faça com alguém, às vezes é um professor; todas essas são relações mutativas, só que não têm a metodicidade da psicanálise. Isso também é Freud, a estrutura psíquica é como um cristal, dependendo da relação que você tenha, de repente basta uma martelada, e a estrutura está mudada. Ela quebra. Quando bate no veio, o efeito é monumental.

O que acontece em análise? Você imagina fazer vinte anos de análise muito detalhada, com frequência muito alta, objetivando chegar à profundidade.

Agora repare, trabalhando com um método mais direto, você pega um *iceberg* e pode quebrá-lo pelo meio, você pode ter uma mudança psíquica radical. Aquilo que era profundo na estrutura original, que estava no meio do *iceberg*, aquilo ali é atravessado por uma linha vertical que racha e reconfigura o sujeito. Então é um outro modo de mudança que – aí novamente – algumas estruturas são capazes de ter e outras não. Quer dizer, as organizações mais obsessivas militam contra esses riscos. Então, se elas entram numa análise com rituais e protocolos, pode acontecer de se passarem vinte anos sem mudança. Eu descobri que por meio de algumas mudanças de técnica, você tem mais chance de fazer a situação mudar.

Agora se você achar o ponto perfeito, o veio, e a ocasião histórica pessoal for adequada, propícia, você dá uma batida e muita coisa se reconfigura; e o profundo se torna externo. O que era profundo aqui apareceu na superfície ali... Então, essa ideia de profundo e de trabalho depende da estrutura, outra coisa sobre a qual eu pensei muito. A análise é praticada independentemente de avaliação de estrutura psíquica da pessoa.

Mas tudo depende da estrutura! Em alguns casos, eu tenho que ficar calado, calmo, quietinho, e aquilo vai ter um impacto mutacional muito maior do que com outra situação, na qual não vou ficar calado e eu vou falar duas horas sem parar. Então, na verdade, a técnica tinha de sofrer variações em função da estrutura. Mas a formação é exatamente o congelamento no campo da técnica, a sua "fetichização" e moralização.

Por isso, na verdade, eu acho que a psicanálise perde espaço no mercado. Nós realmente vivemos num mundo de grande aceleração, grandes problemas, grande "customização", tudo voltado mais e mais para você em todos os níveis. As pessoas estão acostumadas a isso, elas estão acostumadas a ter respostas rápidas para certas demandas pessoais.

Agora repare: quem mais precisa de respostas rápidas são exatamente as pessoas que não são nem um pouco tontas, nem superficiais, são as que têm de obter respostas rápidas, pela natureza da sua responsabilidade social. Há no meio analítico um preconceito que reputo ridículo e suicida contra a demanda por respostas rápidas, um verdadeiro desprezo por este tipo de demanda.

Se eu fosse cliente, eu iria querer respostas para ontem. O que não significa que eu não vou continuar curioso para querer saber mais a meu respeito. Agora eu sei que eu quero, eu vi isso quando virei pai. Eu quero dar um encaminhamento o mais sólido, o melhor possível, bons profissionais na formação dos meus filhos, não quero apenas compreender as minhas dificuldades emocionais.

Considerações

Esse depoimento é importante porque parece ser o único que não se incomoda com o que a psicanálise oficial é, quer, ensina ou faz. Mas esse depoente é também o único que não fez formação no Brasil. Então, esse depoimento fala de um pós-término "diferente" dos demais.

Esse depoimento é de um pós-término bem específico – que se explica, em boa parte, porque tudo nesse depoente é específico. O depoente fez formação fora do Brasil e, além da mudança geográfica, em certo sentido, mudou até de profissão, porque afinal a psicanálise que ele faz hoje é totalmente diferente da que ele aprendeu a fazer e fez, ele mesmo, como psicanalisando, em Londres.

Não precisei fazer muitas perguntas para esse depoente. Ele se pôs a falar de uma maneira fluente sobre sua experiência de vida. A uma certa altura do depoimento eu me perguntei: mas o que será que tudo isso que ele está falando tem a ver com a minha questão inicial: sua experiência de pós-análise? Mas, optei por deixá-lo falar livremente. Acho que o leitor, lendo esse depoimento tão rico, também poderá tirar suas próprias conclusões.

Esse depoente fez sua formação em Londres e uma análise única. Formou-se em julho de 1984; e terminou a análise porque tinha interesse em voltar ao Brasil, dado que havia terminado a formação. Segundo ele, seu analista não fez nenhuma oposição ao fim da análise, naquele momento. Pela avaliação do analista, eles haviam visto o que era indispensável ver. Mas, na minha maneira de ver, se não tivesse voltado ao Brasil, teriam continuado a análise. Não houve, portanto, propriamente falando, um fim de análise.

De lá até hoje, o depoente foi desenvolvendo uma série de ideias muito pessoais também em relação ao conceito de psicanálise, seus métodos, suas instituições, suas práticas.

Acredita que de modo nenhum a análise pode ter início, nem pode ter fim. Relata que interrompeu sua análise aos

35 anos, quando ainda não tivera experiências que só teria mais tarde, como a perda da mãe e depois a do pai. Relata também que só depois do fim da análise passou pela experiência de ter um filho, o que só ocorreria bem mais tarde, aos quarenta anos. Todos esses fatos abalaram sua estrutura mental, e evidentemente não poderiam ser analisados antes de terem ocorrido.

Para o depoente, na época em que a análise foi feita, ainda não havia a possibilidade de ele ter tido acesso àquelas estruturas específicas que só foram mobilizadas depois de a análise ter terminado. A análise que tinha feito não deu conta para ele lidar com todos esses acontecimentos de sua vida, nem por introjeção, capacidade operacional ou autoconhecimento.

Para ele, "a análise não tem esse poder". Acredita que temos subestruturas que estão encapsuladas e que "não vão aparecer, não importa quanto tempo você faça de análise, porque o momento de vida, o momento de maturidade só disponibiliza o psiquismo até um determinado ponto".

Na história da evolução psíquica sempre haverá áreas inteiras, diz ele, "que não estão acessíveis, não estão frequentáveis e não são visíveis".

Para mim, a história desse depoente teve um ponto de viragem no dia em que seu tão esperado filho nasceu. É uma situação nova, imprevisível. Talvez a análise que ele já tinha feito não pudesse ter tocado nessa nova experiência de ser pai, situação nova para ele.

Mas me parece que, se esse depoente já tivesse introjetado uma função analítica mais estável, teria mais condições de enfrentar esse novo fato de sua vida. A situação de "ser pai" parecia estar ainda muito idealizada no momento em que aconteceu a paternidade.

Não se pode saber – porque o depoente não comenta isso – se ele ainda teme a paternidade. Evidentemente, nenhuma análise prepara ninguém para "prever" o futuro; a análise pode, apenas, fortalecer o analisando a ponto de o futuro (necessariamente e sempre imprevisível) nunca o apanhar completamente desarmado para sobreviver, aconteça o que acontecer.

Pelo que diz o depoente, seu trabalho clínico o ajudou muito na sua vida desde sua volta ao Brasil, e que foi por meio desse trabalho que ele fazia sua autoanálise. Em sua clínica, foi-se descobrindo e construindo sua crítica à psicanálise, até chegar ao ponto em que está hoje.

Concordo com ele quando diz que: "A ideia de que alguma 'verdade eterna' vá 'oferecer-se' aos trinta, quarenta, sessenta, setenta não se sustenta". Mas me parece que a psicanálise não visa encontrar qualquer "verdade eterna" mas, apenas, um bem-estar interno, um equilíbrio mais estável, que não se desmonte de vez com os acontecimentos inevitáveis da vida: perdas, mortes, frustrações.

Sua ideia de transferência é diferente da que nós analistas estamos habituados a ouvir. Diz ele: "Nós temos, como pressuposto na análise, que, se você fez uma boa análise, tudo passará pelo filtro da transferência em algum momento ou vai-se oferecer como material. Não vai".

Não podemos esquecer que sua formação foi feita em Londres, e que ele voltou em 1984. De fato, já há autores que não acreditam que tudo na psicanálise dependa da transferência (essa é uma posição característica dos analistas do *Meadle Group* – Grupo do Meio da Sociedade Psicanalítica Britânica – e que levam em conta um quarto elemento dentro de uma análise, que é a *realidade*. Mas nenhum desses autores "desautorizam" tão completamente a psicanálise, seus fundamentos teóricos e seus fundamentos técnicos).

Também parece que falta, aqui, "o outro lado" da reflexão, no que diz o depoente sobre a relação de cofidelidade dos casamentos, e que ficaria "fora da análise": não parece difícil ver que, em muitos casos, cria-se também uma relação muito especial de cofidelidade entre analista e analisando que, em muitos casos, também pode ficar "fora do casamento". Tudo dependerá sempre, parece, do tipo de relação de casamento e do tipo de relação de análise.

Chama a atenção, nesse depoimento, a facilidade com que o depoente fala de seus analisandos, e do quanto diz ter aprendido com eles.

O argumento para interpretar aqui é mais ou menos o seguinte: a técnica rigorosa na psicanálise é o meio do qual se valem os psicanalistas para atender os analisandos e ajudá-los. A técnica é que explica, no plano teórico, as melhoras que se observam. A técnica é uma espécie de âncora teórica, demonstrável no plano lógico argumental; a técnica é a parte logicamente articulada da psicanálise. Pode-se discutir a técnica, e, portanto, a técnica é a única parte da psicanálise que se pode corrigir, nos casos em que seja necessário corrigir alguma coisa, considerados os resultados que se espere obter.

A técnica, portanto, é uma espécie de âncora "de realidade", que mantém a psicanálise passível de ser discutida intersubjetivamente, e é o que permite aprimorá-la. Só pela técnica é que se pode demonstrar que a psicanálise é um procedimento racional organizado, que faz sentido, e pelo qual é razoável esperar que aconteça o que Freud chamou de "cura pela palavra".

Esse depoente nunca mais procurou análise. Pode-se conjecturar que não tenha encontrado nenhum analista com quem gostaria de ser analisado. Essa "alta exigência" pode estar sendo facilitada, hoje, pela versão (que me parece fantasiada) de que aprendeu tudo "sozinho, apanhando, quebrando a cara, fazendo besteira com pacientes, aprendendo com paciente, percebendo que eu estava machucando paciente".

Essa ideia – de que, nesse caso, pode estar havendo alguma resistência complexa e muito elaborada – pode estar sendo "evidenciada" também em outros movimentos de "silenciamento" que se registram nesse depoimento: "Parei de escrever, de falar. [...] "Parei até de escrever um livro que tinha começado". E o depoente desistiu também de uma carreira acadêmica muito bem-sucedida; e desistiu de toda e qualquer atividade na Sociedade de Psicanálise. Foi uma mudança de vida total.

Para esse depoente, a noção de ex-paciente é variável; e variou também, no caso dele. Seus pacientes terminam por um certo período, por alguma razão, ou porque esgotam, ou porque cansam, ou porque se mudam. Mas a porta continua aberta para qualquer modalidade.

Compara sua maneira de trabalhar com a de Fédida; diz ele que são usos da psicanálise e que oferece ao paciente diversos usos absolutamente "customizados" no sentido estrito do termo: "Feito sob medida, como se fosse alta-costura. Não é *prêt-à-porter*. É para você usar e sentir-se bem". O que mais o interessa é manter-se absolutamente ligado à vida real do sujeito. Diz ele: "É um trabalho de consultoria".

Está muito contente com essa maneira nova de trabalhar, acredita que não conseguiria mais ficar na regularidade do *setting*, principalmente pelo seu temperamento.

Como fundamentação, no plano teórico, de sua atividade atual, o depoente lembra o que disse uma antropóloga, sua supervisora, Elizabeth Spillius: "O que é importante na psicanálise é que ela é uma prática em que o que você diz pode não ter nada a ver com o que você faz e nunca ninguém vai saber".

Sua visão do pós-análise corresponde a essa sua visão da análise tão caracteristicamente personalizada: "Análise não tem início, meio e fim; a gente está sempre em análise". Há diferentes tipos de análises intermináveis: algumas delas (as que Freud descreveu) são impossíveis; outras têm de ser terminadas por exigências da técnica; outras podem ser apenas artifício e resistência não analisada.

No que diga respeito à psicanálise, tudo o que se pode fazer até hoje – mediante a aplicação da técnica – nasceu das descobertas de Freud sobre a existência e o "comportamento" do inconsciente humano. Essa é a hipótese teórica inicial de toda a psicanálise: que todos os seres humanos são comandados pelo inconsciente.

Em outras palavras, a psicanálise só se tornou possível porque Freud descobriu que todos os seres humanos são iguais (na parte que interessa à psicanálise): aqui não se trata, de modo algum, de "reconhecer" que todos os seres humanos são "diferentes" e que, portanto, exigiriam algum "tratamento customizado".

O depoente entende que a formação psicanalítica "é exatamente o congelamento no campo da técnica" – mais um aspecto de um mesmo movimento geral, em todo esse depoimento, de "desautorização" da psicanálise. O depoente acredita que a psicanálise perde espaço porque estamos vivendo num mundo de grande aceleração, grandes problemas, grande customização, tudo voltado mais e mais para nós, em todos os níveis. E acha que os pacientes de hoje querem respostas mais rápidas.

Só há duas generalizações claras – duas "verdades" que se aplicariam a todos os casos –, nesse oceano de "customizações", de "personalizações", de tratamentos "individualizados" e de ideias e teorias psicanalíticas subestimadas que se encontram nesse depoimento: primeiro, a "certeza" de que haja coisas que escapam, sempre, a todas as transferências, como a cofidelidade dos casamentos.

Dado que toda a interpretação é necessariamente um diálogo, para cuja eficácia como comunicação é melhor quanto menos se esconderem as regras e as etapas, é preciso dizer que essa interpretação de texto que se fez aqui só foi possível afinal porque aqui se aplicaram todos os fundamentos teóricos da psicanálise, aqui pressupostos conhecidos e partilhados entre todos, e que aqui não se contestam.

***

Esse depoente usou desse depoimento para contar toda sua experiência de vida, não só de análise, mas de sua trajetória de vida. Acredito que foi muito importante para ele dar esse depoimento e poder falar comigo sobre tudo que disse. O depoente parece ter usado o depoimento para fazer um desabafo, tendo como ouvinte uma interlocutora psicanalista e interessada no que falava.

De importante, nesse depoimento, foi que o depoente usou a discussão que eu propus sobre o pós-análise, para "articular" no depoimento tanto a liberdade que ele reivindica, em relação à psicanálise institucionalizada, quanto à sua vida pessoal.

De certo modo, ao mesmo tempo em que esse ex--analisando parece ter "desertado" do campo analítico institucional, ele também sofre, parece, por ter sido "abandonado" por uma psicanálise talvez idealizada que – talvez lhe pareça – não foi suficientemente "potente" para "preservá-lo" de sofrer tanto quanto sofreu e sofre. O pós-término parece ser mesmo um espaço infinito.

Segundo grupo – não psicanalistas

Esses depoentes foram escolhidos porque eu sabia que haviam feito análise e me pareceram pessoas disponíveis para a pesquisa. Fiz contato por telefone com vinte não psicanalistas (amigos e conhecidos), para informá-los sobre minha pesquisa e para saber se teriam interesse em responder a um questionário; recebi oito respostas afirmativas. Enviei, então, por *e-mail* os questionários para os que concordaram em participar da pesquisa. As respostas-depoimento vieram também via *e-mail*. Uma dessas respostas foi entregue em meu consultório, em carta assinada, escrita à mão. Um depoimento foi colhido por mim em encontro pessoal não gravado, e depois transcrito. Trata-se de uma amiga, com quem mantenho contato pessoal; marcamos um encontro e fui à casa dela para colher seu depoimento-resposta. Esses ex-analisandos que se dispuseram por razões particulares a contribuir para essa pesquisa poderiam estar, de alguma forma, tentando retomar sua experiência de análise? Talvez sim. É possível que, ao aceitarem o meu convite, tenham mobilizado outros desejos, além do desejo de colaborar para a pesquisa de uma amiga. Conjecturo que é possível que se tenham sentido "convidados" (ou, nesse sentido, "provocados" pela pesquisa). E que é possível que tenham aceitado o meu convite (ou, nesse sentido, a minha "provocação") para refletirem retrospectivamente sobre suas análises e o benefício que obtiveram delas.

Depoimento 1

Mulher, 55 anos
Profissão: Linguista
Depoimento enviado em 15/04/04, por *e-mail*

Esse depoimento foi dado por uma socióloga com quem mantenho contato profissional há alguns anos e que ao longo desse tempo tornou-se uma amiga. Acredito que se dispôs a dar esse depoimento para colaborar com a minha pesquisa, mas, após ler o que escreveu, deu-me a impressão que o fez com prazer porque também foi uma oportunidade para contar um pouco de sua experiência analítica.

1) **Há quanto tempo você terminou sua análise e no seu ponto de vista atual o que você pensa sobre ela e quais foram seus ganhos?**

Eu fiz três *rounds* de psicanálise. O primeiro durou pouco mais de dois anos, com interrupções, e acho que foi só um aquecimento. Mas me ajudou muito, muito, muito.

De fato, tudo começou lá, num tempo de desatino brabo e profundo sofrimento pessoal.

O segundo foi mais longo, de análise mais profunda e mais consistente; durou sete anos.

O terceiro foi uma espécie de "arranjo final" dos resultados das análises anteriores; durou três anos. Na minha cabeça, até hoje, isso tudo é UMA única psicanálise. Por isso, sempre digo que fiz "vinte anos" de psicanálise. Tudo terminou há quinze anos.

2) Considerando o seu ponto de vista de hoje, o que você pensa sobre sua análise? Qual é o seu estado atual de disponibilidade afetiva e tolerância com as pessoas e qual a sua produtividade no trabalho?

Eu hoje só tenho "o meu ponto de vista de hoje", quer dizer, o meu ponto de vista de depois da psicanálise. Eu hoje tenho certeza de que sem a minha psicanálise eu nunca teria chegado a ser uma pessoa. Não estou falando de ser ou não ser uma pessoa importante, boa ou má, ou melhor ou pior: estou falando de ser (qualquer coisa). Sem análise, eu continuaria "um nada", como eu dizia.

Lembro perfeitamente do dia – há quase quarenta anos – em que eu tive uma vertigem e quase desmaiei de emoção, num dos meus primeiros dias de faculdade, quando descobri, numa aula de espanhol, que a palavra "nada", em espanhol, é substantivo feminino: em espanhol se diz *una nada*. Eu estava ainda antes do primeiro *round* da psicanálise, antes do "esquentamento".

Quando contei isso pro O. C. (psicanalista), ele disse: "Pode ser um começo". Muito tempo depois eu entendi que sim, foi um começo. Quero dizer: sem análise, eu teria ficado em estado de "una nada", até morrer, ou até desaparecer no ar, ou até sumir, ou até ser apagada, como um rabisco errado, de uma folha de papel.

3) Como tratamento, em termos de resultado, o que você sente que ganhou com o seu tratamento?

Primeiro, eu nasci na análise. Segundo, eu não morri durante a análise. Terceiro, virei uma pessoa. Tive dois filhos. Me formei em linguística. E agora, com 56 anos, estou escrevendo um romance e consegui, afinal, assumir o "meu lado" político. Nada disso teria sido possível sem a análise. Quero dizer: eu ganhei tudo com a minha análise. Não estou dizendo que seja *muito*. Só estou dizendo que foi e é *tudo*.

4) Você percebeu rapidamente os seus ganhos? Quando os percebeu?

Nos primeiros tempos eu não percebia nada. Comecei a perceber que alguma coisa estava acontecendo um dia em que, desde a véspera, eu percebi que estava preocupada com não esquecer "de ir". Antes, eu nem percebia que ia. No começo, eu nem sei como é que eu ia à sessão: era quase como se fosse "por acaso". Como se eu, sem mais nem menos, "chegasse lá...". E eu nem entendia direito como era que eu, às vezes, "me via" lá.

Depois, quando comecei a perceber, percebi tudo, de antes e de depois e do minuto presente. As coisas vinham em ondas gigantescas. No começo, cada vez que eu percebia que alguma coisa havia "melhorado", eu quase morria de susto. Tinha recaídas ridículas. Depois, aprendi a conhecer os sintomas e eu mesma já "interpretava" que "não é importante: é recaída. Logo passa". Hoje, que já estou velha, acho que, às vezes, ainda tem uma ou outra coisa que "entra no lugar certo".

5) Os seus ganhos se conservaram? Foram mantidos? Descreva mudanças que tenham acontecido nos ganhos.

Não sei se a palavra "ganhos" é adequada. Não é muito simples explicar que quando "una nada" vira "alguma coisa" houve algum ganho. "Ganho" pra quem? Se antes não havia ninguém? Mas, sim, talvez haja algum ganho para o mundo: onde antes havia "nada", passa a haver um ser humano.

De qualquer modo, a verdade é que eu já nem sei dizer como eram as coisas antes, naquele tempo de "una nada". A impressão que eu tenho é que eu sempre fui... O que só passei a ser depois da psicanálise. Não morri nem pirei: são ganhos, se se olha de hoje. Sobre o tempo de "una nada", não sei dizer.

Esse processo ainda está andando. Começou lá e ainda está andando, isso é garantido. Estou hoje, me parece, no que talvez seja a última etapa de "aperfeiçoamento", eu acho, do que começou na minha análise, no começo, há quase trinta anos.

Parece maluquice, mas não é: o fato de eu, afinal, ter conseguido "engajar-me" num partido político – o que fiz há algumas semanas – é, ainda, resultado daquela minha análise, "oficialmente" terminada há tanto tempo. Não se pode garantir que isso seja um "ganho", mas é resultado.

De qualquer modo, não bastaria eu ter andado nessa direção: como é que eu poderia me engajar num partido político, se não houvesse partidos políticos no Brasil?

6) Descreva o que você aprendeu sobre você mesmo com a análise. Esses *insights* continuaram a ser úteis depois da análise?

Eu aprendi muito com a análise. Eu acho que tudo o que eu aprendi, de tudo, eu aprendi na, com, pela e para a psicanálise.

Eu só estudei linguística porque essa ciência é o mais perto que se pode chegar dos saberes necessários para entender a psicanálise.

Acho, hoje, que os psicanalistas entendem apenas da técnica de obter resultados com um método – um instrumento – que Freud descobriu que funciona e consegue "consertar" as pessoas, no sentido de que as ensina a "domar" os sofrimentos mais totalmente insuportáveis e a não se assustar demais com todos os outros.

Todo esse "saber", que em mim sempre se confundirá com o "ser" – por motivos muito compridos pra contar aqui e que são o "xis-da-minha-questão", que a psicanálise me fez ver – é puro "ganho" que eu obtive da psicanálise. Mas nada disso acontece sempre assim com todo mundo. Outros podem ter outros ganhos diferentes. Não sei.

O meu problema é que ninguém nunca pergunta pelo ganho COGNITIVO que a psicanálise implica; todo mundo só pensa no ganho "afetivo" ou "psicológico", ou de compreensão do mundo. E todo mundo esquece que cada análise bem-sucedida "salva" uma pessoa inteira, com emoções e saberes. E que, portanto, cada análise bem-sucedida faz aumentar, também, o que toda a humanidade sabe SOBRE a psicanálise. Um dia chegaremos lá.

Isso tudo é para dizer que eu aprendi tudo com a psicanálise. Quer dizer: aprendi mais – muito mais – do que apenas a ser mais tolerante e a não ser governada pela minha doença.

Hoje, eu praticamente não tenho mais medo de nada. Não é mentira: é pura verdade.

7) Você voltou a ver o seu analista depois do término? A segunda experiência foi satisfatória? Desde o término da análise, você descobriu coisas novas sobre você mesmo?

Eu voltei a ver meus dois primeiros analistas depois do término. A terceira, não, nunca mais a vi.

O primeiro eu procurei depois de vários meses de interrupção não programada (simplesmente desapareci do consultório). Voltei a procurar o O. C. (O. C., psiquiatra e psicanalista) porque achei que "a coisa" estava começando outra vez, igualzinha a antes.

Telefonei pro O. C., e ele me disse, na lata, que já não estava trabalhando no consultório, porque estava com um grave problema no coração e praticamente não saía de casa. Mas ele me disse que, se eu quisesse, eu fosse visitá-lo em casa. E eu fui.

O O. C. me disse que nascera com um problema congênito no coração e que sempre soubera que um dia aconteceria o que estava acontecendo: que ele começaria a ter dificuldade para respirar.

Hoje eu sei que a lembrança desse encontro "melhorou", em mim, à medida que minha análise avançou.

O O. C. morreu alguns meses depois, e eu "apaguei" a lembrança dessa visita, por muito tempo.

Até que um dia... "Lembrei". Nos primeiros tempos, depois de lembrar, eu mal conseguia PENSAR nesse encontro, porque me sentia fisicamente mal, só de lembrar que eu... Praticamente nem liguei (mal prestei atenção, ouvi aos pedaços!) pro que o O. C. me disse! E que lá fiquei, uma tarde inteirinha, falando sem parar das MINHAS "doenças"... Para um homem (a única pessoa, em toda a minha vida, até então, que me ouvira com "afeto & orelha", como eu dizia, e o O. C. sempre ria) que estava morrendo, ali, na minha frente.

Acho que, naquelas circunstâncias, o O. C. já se sentia livre para fazer qualquer coisa. Se quisesse, nem precisaria falar comigo.

Mas o O. C., maravilhoso, deixou-me falar o quanto eu quis. No fim, ele me deu o telefone do J. C., psiquiatra-psicanalista amigo dele, que ele me disse que me atenderia.

Hoje eu penso que aquela foi a mais impressionante sessão de psicanálise que já houve no universo. Foi uma conversa psicanalítica entre dois moribundos: um saindo da morte (mas sem saber que estava saindo), o outro entrando nela (e sabendo perfeitamente de onde saía e que estava saindo; ele só não sabia para onde estava indo. E isso, talvez – essa ignorância diferenciada, mas partilhada –, nos tornou parceiros e cúmplices reais, durante algumas horas, absolutamente entregues e rendidos a nós mesmos e às nossas misérias).

Mas isso eu só entendi muuuuuuuuito depois! Naquela tarde eu falei sem parar; o O. C. ouviu muito atento, mas falou muito pouco. E, no fim, tomamos um copo de vinho, cada um, e chá.

Eu acho, sinceramente, que hoje faço o que bem entendo das lembranças daquela tarde, a última vez que vi o O. C. (mas aqui, neste depoimento, estou sinceramente empenhada em não inventar nada, como uma espécie de homenagem a ele, que batalhou ao meu lado, na parte pior da minha luta e da minha vida. O. C., querido, meu primeiro amigo querido).

Na semana seguinte, iniciei o tratamento com o J. C. e, no começo, acho que mal me dei conta de que o analista era outro. Aos poucos, sim, o negócio começou a andar de verdade. Foram sete anos. Essa análise terminou, por decisão minha e (muito) contra a vontade do J. C., quando eu engravidei e decidi que teria o meu filho, o Z. M., que hoje tem 24 anos.

Depois, quando o Z. M. tinha uns cinco anos e eu já tinha o P., com quatro, o mundo, outra vez, veio abaixo.

No desespero, achando que tuuuudo havia sumido e que a loucura ia recomeçar, procurei uma psicóloga, cuja placa vi na rua, ao passar pela avenida Brasil. Desci do ônibus, bati na porta e marquei hora.

Essa moça ajudou-me muito, sim, mas o grosso do serviço já estava feito, quando cheguei a ela; o que ela fez foi uma espécie de dar nomes aos bois; um arremate. Sobrou-lhe a tarefa, digamos, de formalizar a "alta".

8) Sobre a etapa final.

Pode-se ver, nesse relato, que nenhum dos *rounds* da minha análise teve final "normal": meu primeiro analista foi, dos três, o que me deixou marcas mais fundamente afetivas; este morreu. Se o O. C. não tivesse morrido, minha análise prosseguiria com ele, sem dúvida alguma.

Passei do O. C. para o J. C., quase que sem perceber. O J. C. me ajudou muito, numa segunda viagem, totalmente diferente da primeira; o que o *round* O. C. teve de viagem emocional e afetiva, de vida ganha todos os dias, quase de hora em hora, sempre sob o risco constante de enlouquecer ou de me matar, o *round* J. C. teve de viagem cerebral, de muito estudo, de reconstruir memórias pessoais e histórias familiares, genealogias e hierarquias. Esse *round* foi interrompido, digamos assim, por um "movimento uterino". E, depois, o "movimento uterino", tão poderosamente invencível antes, foi derrotado pela ameaça que me vinha, sempre, do fundo negro do meu mundo afetivo.

Mas o caso é que, depois de tudo isso, quando, pela segunda vez, o fundo negro do meu mundo afetivo agitou-se e armou-se o que eu cheguei a temer que fosse a minha última batalha... Eu já não era "una nada". Eu já existia: já tinha vida própria, já tinha passado, lembranças e, até, já tinha dois filhos. Eu já era uma pessoa. E já era uma pessoa-mulher-mãe-e-linguista. Para essa pessoa, afinal, bastava, sim, um arremate. O último *round* da minha análise foi esse arremate.

O final da minha análise, se se fazem as contas, começou a ser costurado lá no começo, muitos anos antes. E, embora a análise tenha acontecido em três momentos aparentemente muito diferentes, ela foi sempre um só processo e contínuo. Porque foi longo, difícil e cheio de "peripécias", eu fui obrigada, também, a analisar minha própria análise.

Nesse processo de ir e voltar, eu vi que, no meu caso, houve alguns recomeços, sim, mas em nenhum desses recomeços eu recomecei exatamente do mesmo lugar.

Por exemplo: eu não recontei, ao meu segundo analista, o que já contara ao O. C. Quero dizer: o passado que eu tinha para contar ao J. C. já era totalmente diferente do passado que eu tivera para contar ao O. C.

No último *round*, eu praticamente já não tinha nenhuma lembrança daquelas primeiras horas, durante as quais o O. C. pôde conhecer a "una nada" original. E só o O. C. a conheceu. Porque a "una nada" já não existia mais, quando eu cheguei ao J.C. E já era quase que só uma abreviatura, uma sigla, ou uma piadinha, quando eu cheguei à psicóloga (cujo nome esqueci e que por isso – não por acaso! – nem ficará registrado aqui), à qual coube arrematar um longo processo.

Aprendi, com isso, que a análise tem, em alguns casos, vários términos intermediários, espécie de "semitérminos"; como se o negócio todo fossem vários capítulos em que, no final de cada um, encerra-se para sempre alguma coisa. Algumas coisas "desaparecem" no passado, lá atrás, um desaparecimento – e o correspondente término – para cada capítulo. E cada um desses términos fica perdido, para trás, um em cada uma das páginas de fim de cada capítulo.

Na última página do último capítulo, que se pode talvez chamar de "o término da análise", só falta encerrar o último capítulo. E, com isso, se pode dar por encerrado aquele romance, o livro propriamente dito. Aí, então, é hora de fechar o livro e mudar de assunto.

Essa é a visão que posso oferecer do término da minha análise, como eu a experimentei. Por algum tipo de destino ou acaso, passei por várias peripécias, internas e externas, ao longo desses anos. E a cada uma dessas peripécias a minha análise modificou-se um pouco.

E escrevi tudo isso apenas para dizer que não me parece que se deva dar tanta solenidade teórica ao término "oficial" da análise, entendido esse término "oficial" como a simples interrupção dos encontros analíticos.

Ao mesmo tempo, me parece também que a teoria não deve passar tão rapidamente sobre os vários términos intermediários pelos quais – acho eu! – sempre passam todas as análises bem-sucedidas.

O O. C., esteja onde estiver, deve estar sossegado.

Já faz muito tempo que rio muito, sempre que lembro do dia em que, no auge do desespero, eu perguntei a ele: "O. C., que chance eu tenho de não me matar?".

E ele respondeu, muito sério, absolutamente ciente da quantidade indescritível de sofrimento que me engasgava: "*Fifty to fifty*: estamos no olho do furacão".

Naquela tarde, eu só ouvi o "estamos". Eu, portanto, não estava sozinha.

Hoje, o melhor de tudo é o *fifty to fifty*: ele, com o tal mal congênito, que o mataria pouco depois, eu... Ainda sem ter conseguido respirar.

Eu se tivesse dinheiro faria análise eterna; iria ao analista regularmente, como a gente vai ao dentista e ao ginecologista, mesmo que não esteja propriamente doente e não sinta nenhuma "dor" incapacitante.

Muito obrigada, Yeda, por você me ter dado a chance de rememorar tudo isso.

Considerações

O que me chamou a atenção nesse depoimento de início foi o termo de que ela se vale para referir-se a suas três experiências de análise: três *rounds*, que se complementam, mas de toda forma três *rounds*. Não penso que tenha sido por acaso que uma linguista usou tal expressão. Análise sempre envolve conflito e dor e é preciso fôlego e coragem para não se sentir nocauteada a cada momento de dificuldade para prosseguir a luta. O que é mais bonito nesse depoimento é o que a depoente chama de processo de sentir-se "una nada" e vir a tornar-se uma pessoa. Perceber que no seu caso esse parto laborioso envolvendo três *rounds* deu à luz uma pessoa. A busca da análise tendo partido de uma vivência de morte, de vazio, desembocou no surgimento de uma pessoa única e singular. Foi um processo de nascimento psíquico, de individuação, e o fato de sentir-se acompanhada em sua luta pela vida, o "estamos" proferido por O. C. (ex-analista) que reverberou dentro dela, capacitou-a a tolerar os momentos de recaída e a lidar com os *ups and downs*. Além de mencionar os efeitos pós-analíticos do processo e enfatizá-los, a depoente usa uma expressão muito feliz para aludir à interrupção dos encontros analíticos: o término "oficial" da análise.

Como disse Freud, transformar o conflito neurótico numa infelicidade vulgar.

Concomitantemente ao seu processo de nascimento psíquico, o depoimento da depoente leva a perceber que existe um outro e que esse outro ser humano sofre, adoece e tem as suas próprias limitações. Ela nasce e se confronta com a alteridade.

A depoente tem a exata dimensão de que a análise é um processo sem fim e um caminho sem volta, uma vez iniciado seu percurso, nunca mais se é a mesma pessoa. É por isso que fica difícil lançar esse olhar retrospectivo e comparar o que se era antes com o que se é agora. Não há como ter senão uma remota ideia, um reflexo muito pálido do que se era antes. A depoente fala de términos intermediários ou "semitérminos", e com isso nos transmite a noção daquilo a que André Green (2000) se refere como *des tranches* de um processo analítico, que na verdade não têm fim. A cada retomada de análise, se reescreve de forma diferente a própria biografia afetiva, uma vez que vivências passadas já foram ressignificadas.

A ex-analisanda enfatiza de quão inestimável valor foi o seu processo de análise e ainda hoje colhe frutos de sementes que foram lançadas durante suas análises.

Ela passou por três análises: a primeira parece-me que foi como uma iniciação à psicanálise, ou uma apresentação ao seu mundo mental. Muito sofrimento, mas é o que dá o *start*, se for para valer; não dá para voltar mais para o que era, e nem para continuar fingindo que não se sabe o que realmente se passa nesse mundo mental. É como se ela tivesse podido vivenciar as emoções e os desamparos de um bebê, com toda a turbulência emocional de um começo de vida, com muito medo de que uma catástrofe pudesse ocorrer. Como ela mesmo disse, o *round* O. C. foi emocional e afetivo, "de vida ganha todos os dias, quase de hora em hora, sempre sob o risco constante de enlouquecer ou de me matar". A segunda análise, o *round* J. C., segundo ela, foi mais cerebral, na minha maneira de ver, também foi uma apresentação, mas desta vez a novela familiar que, sem estar bem elaborada e resolvida, não daria para ela continuar vivendo, ao menos da maneira como vivia até então. Acredito que tenha saído da segunda análise por se sentir um pouco melhor; resolvida a novela familiar, pôde até ter um filho seu e se tornar mãe. Como ela mesmo disse: "Esse *round* foi interrompido, digamos assim, por um "movimento uterino". Mas quando sentiu a ameaça de uma outra depressão, procurou uma outra análise, a terceira. Nessa terceira, já se sentia muito diferente; mesmo estando ameaçada por outra depressão, já era uma pessoa com identidade própria, e não mais "una nada". Esta última, segundo ela, foi uma espécie de finalização das duas primeiras. Mas concordo com o que ela diz que ao todo foi uma análise só, parece ser um só processo contínuo, uma única psicanálise.

Acredito que o luto pela separação de seus três analistas foi doído, mas, parece-me, consciente dos términos, porque percebia que tinha condições psíquicas de parar e talvez entrar em um outro processo mental melhor para ela, do qual pudesse tirar mais proveitos, e ter mais desenvolvimento. No meu ponto de vista, essa depoente já deveria ter alguma consciência do que seria um processo analítico antes de começá-lo, daí a imensa valorização desse processo, durante suas três análises. Chega a dizer que sem a psicanálise não teria se tornado uma pessoa de verdade. Sua autoestima era tão baixa que antes da primeira análise se achava "um nada", sem identidade e sem gênero. No decorrer dessa primeira análise, já começou a se perceber "una nada"; já tinha adquirido a condição de gênero feminino.

É interessante perceber como essa depoente passou do primeiro analista para o segundo quase sem perceber, como se tivesse continuado a primeira análise e não tivesse se dado conta que estava com outro analista.

Seu primeiro analista morreu, e ela confessa que, se não tivesse morrido, teria continuado com ele. Quando ela se encontrava desesperada e pensava que chance teria de não se matar, só o que escutou do seu analista foi "estamos", na primeira pessoa do plural; percebeu, portanto, que não mais estava sozinha. Acredito que foi essa percepção que a ajudou a sair do túnel escuro que ela fala.

Na segunda análise a depoente já se percebia como pessoa mulher, com sua história de vida, seus filhos, sua profissão; então, como consigo analisar, já tinha adquirido uma capacidade interna de rever e resolver sua "novela familiar".

A terceira análise foi uma finalização do processo, não que eu ache que um dia esse processo de autoconhecimento termine, que todos os problemas sejam resolvidos, mas que o processo analítico a deixou mais apta a "viver", ter consciência de si mesma como pessoa, com um lugar mais definido dentro desse nosso mundo, com uma boa autoestima.

Depois de um certo tempo, aprendeu a se autoanalisar, mesmo ainda em análise, processo que dura há quase trinta anos, segundo ela, e é interminável. Concordo com o que ela diz; o que termina são os encontros analista-paciente, o processo não acaba nunca.

O destino do analista na mente do paciente, ou, melhor dizendo, o destino da transferência precisa de algum tempo pós-analítico para ser definido. O destino de um bom analista na mente do paciente seria um luto nostálgico e a ausência do analista a longo prazo se transformaria numa recordação. Parece-me que foi o que aconteceu com essa depoente e seus três analistas; se transformaram numa boa recordação.

Na minha observação, e acredito que na da depoente também, a análise foi o que de mais importante fez em sua vida, sem a qual talvez não tivesse sobrevivido, do que ela tem consciência.

***

Essa depoente, com certeza, aproveitou muito esta oportunidade: deu seu depoimento para contar não só suas experiências analíticas, mas sua vida! Esse depoimento teve um lugar fundamental para poder expor suas vivências, suas ideias sobre psicanálise e pós-análise, para "rememorar", como ela mesmo disse. Foi um momento não só para repensar, mas, como tinha um interlocutor, pôr para fora tudo que já estava pronto na sua cabeça. Acredito mesmo que foi muito importante para ela poder compartilhar comigo muitas coisas que queria dizer, parece-me, fazia tempo, mas não tinha como nem com quem. Como ela mesma disse: "Foi uma baita felicidade".

Depoimento 2

Mulher, 59 anos
Profissão: Profissional liberal
Depoimento colhido em entrevista pessoal, feita por mim, em 05/01/04

Essa depoente é uma amiga pessoal, e seu depoimento foi colhido de um modo completamente diferente de todos os outros depoimentos deste livro. Esse depoimento é o resultado de uma conversa que eu tive com a depoente; e depois passei para o papel o que me foi possível lembrar.

Os maiores ganhos dessa depoente, por ter feito análise, foram, de início, a percepção do mundo inconsciente e dos seus mecanismos de defesa. Anos mais tarde, ela fala da certeza de que aqueles mecanismos de defesa continuavam a funcionar com a mesma intensidade e com um pouco mais de consciência. A depoente fala de "uma maior verdade" para ela mesma, "dura, não dividida com outros" – e isso a depoente vê como progresso, pois não conseguia ser continente de si mesma.

Sua primeira análise durou quase quatro anos. Procurou análise, então, porque era terapeuta e sentiu necessidade de fazer uma terapia para melhor atender seus pacientes. Parou porque, além de sentir que não estava mais se desenvolvendo, queria entrar na Sociedade Brasileira de Psicanálise de São Paulo (SBPSP).

A segunda análise durou pouco menos de sete anos e com este analista didata fez sua formação de analista (análise didática; faz parte do *curriculum* da formação da SBPSP). Essa segunda análise pareceu mais profunda à depoente. Diz que "entendeu o processo", mas que tinha muita dificuldade de comunicação com o analista, que "lhe transmitia muito pouco". Apesar disso, o analista "tinha algo interessante, pois suportava bem agressões", o que a deixava "meio perdida" e tendo que encontrar outros meios de comunicação. Quando as atuações aumentaram, sentiu que tinha de mudar de analista, pois ele "não chegava a coisa alguma que tirasse a depoente daquela condição de enorme insatisfação".

Interrompeu essa segunda análise – já tinha completado a sua formação – porque achou que não estava se desenvolvendo; o analista não continha suas atuações, muito fortes na época. Resolveu mudar de analista, pois sentia que suas atuações continuavam e parecia não haver mais progresso. Sentia-se muito frustrada, angustiada e sem perspectivas de melhora. Depois de muito se informar com colegas começou nova análise cheia de esperança.

Procurou a terceira análise pois, segundo ela, já tinha adquirido uma percepção do que era análise e quanto a análise poderia ajudá-la, mas ficou somente por um ano. Hoje, a depoente aprecia a capacidade que teve de sair novamente desta terceira análise e buscar outro analista.

A terceira análise foi difícil porque foi como que uma última tentativa para enfrentar as atuações que muito a desagradavam. Não se deu bem com o analista; não houve empatia – "ele vivia outro mundo". A depoente abandonou a análise, depois de dizer ao analista que o sentia "invejoso de sua energia, pique, curiosidade e vontade de viver". Não se arrependeu nem um minuto de tê-lo deixado.

Para a depoente, foi uma época "muito difícil" – procurou outro analista depois de seis meses (a sua quarta análise), quando percebeu que precisava de ajuda, de alguém "com quem pudesse conversar", que a entendesse e que ela respeitasse como profissional. Fez várias entrevistas com analistas mulheres (porque queria "tentar análise com uma mulher") antes de decidir-se pela quarta analista.

Essa análise durou "uns quatro anos, umas três, quatro vezes semanais". Depois, continuou com consultas analíticas por mais dois anos, uma vez por semana. Para a depoente, "foi bom e mudou o rumo da minha vida".

No entender da depoente, essa analista "tinha uma capacidade analítica muito mais ampla" do que os analistas anteriores. Com essa analista, houve "uma empatia total" no plano da formação teórica – que chegavam a discutir – e no plano das situações cotidianas de sua vida pessoal. A analista "também entendia o mundo" no qual a depoente estava vivendo, com "uma vivência pessoal que os outros (analistas homens) não tinham". Essa quarta análise foi com quem a depoente sentiu-se mais acolhida e com mais empatia. Sentia que a escuta feminina era diferente e a experiência de vida da analista a fazia compreender muito melhor as situações trazidas.

A depoente acha que, desde a segunda análise (didática), já tinha introjetado uma função analítica, mas sem condições de integrar suas partes, principalmente as de *acting*.

A vivência do pós-término foi muito intensa, pois houve muitas situações novas que ela soube perceber, apesar das dificuldades e inúmeros limites dos quais hoje tem consciência. A sua atuação diminuiu depois do primeiro ano da última análise. E hoje não mais se percebe atuando, e se sente mais feliz e realizada.

Considerações

Apesar de a depoente dizer que procurou análise para melhor atender seus pacientes, parece-me que ela já sentia falta de análise por motivos pessoais seus. Nessa interpretação, estaria usando a "desculpa" de que precisaria de mais análise para atender melhor os seus pacientes. A interrupção da primeira análise, segundo a depoente, aconteceu porque queria entrar na Sociedade Brasileira de Psicanálise de São Paulo (SBPSP), mas, outra vez, também pode ter acontecido de o real motivo ter sido a sensação de que não estivesse mais se desenvolvendo.

Parece ter aproveitado mais essa segunda análise. Mas, depois de seis anos, a depoente voltou a sentir vontade de sair, porque, segundo ela, suas atuações aumentaram, e o analista não as continha. A insatisfação, nesse momento, pode ser resultado de a depoente não ter encontrado um verdadeiro "par" analítico.

Essa segunda análise pode ter durado seis anos, não por algum movimento interno da depoente, mas apenas porque esse é o tempo (quatro anos de formação e dois anos da primeira supervisão) que a SBPSP exige para a formação do candidato, com analista didata.

Na terceira análise – "muito difícil", na expressão da depoente, – parece-me que não havia nenhuma empatia com o analista. Para a depoente, ela conseguiu sair dessa análise, para procurar outro analista, porque já tinha adquirido uma função analítica.

Na quarta análise, na qual a depoente "encontrou-se mais", disse no seu depoimento: "Ela também entendia – com uma vivência pessoal que os outros não tinham – o mundo no qual eu estava vivendo".

Na minha maneira de ver, o que a depoente quis dizer foi: "Eu [a depoente] estava vivendo 'uma vivência pessoal'... E a psicanalista vivia uma vivência pessoal 'idêntica' à minha... Razão pela qual ela 'também entendia [a minha-dela] vivência pessoal'. E os outros, que não tinham a minha vivência pessoal, não entendiam".

Acredito que nenhum psicanalista jamais terá a "vivência pessoal" dos seus analisandos. Por mais que analistas e analisandos sejam do mesmo sexo, nem por isso os analistas passam a ter a mesma "vivência pessoal" dos analisandos – que é sempre pessoal dos analisandos, e assim continua, sempre pessoal de cada um. Mesmo assim, mesmo não tendo uma vivência pessoal "idêntica" à do analisando, existem analistas que são muito distantes e frios, e aplicam a sua teoria, não importa quem seja o paciente, o que, muitas vezes, causa muita dor e sofrimento ao analisando. Muitos pacientes não suportam a falta de empatia e abandonam o tratamento, como foi o caso dessa depoente.

Nessa quarta análise, a depoente comenta também que houve empatia no plano da formação teórica; pelo que pude depreender de seu depoimento, a analista tinha formação diversa dos seus outros ex-analistas.

***

Essa depoente, por ser minha amiga pessoal, deu seu depoimento durante uma conversa que eu não gravei. Passei para o papel o que me ficou na memória. Mandei para ela por *e-mail* e ela me respondeu. Acredito que tenha feito o depoimento para me ajudar, mas sua leitura desencadeou uma reflexão sobre sua vida e suas análises. O rememorar situações antigas a fez pensar, talvez falar e escrever sobre o que já tivesse pensado sozinha sobre eles (analistas), mas sem se deter sobre o assunto. É interessante observar que quando mandei para ela ler as minhas considerações é que começou toda a reação. Talvez no dia em que conversamos não tenha ficado claro o que ia ser publicado (e ela estava certa). Há uma grande diferença entre o que você fala e o que o outro ouve, interpreta e escreve. É uma escuta muito subjetiva. Ela ficou insatisfeita por eu não a ter compreendido como ela achava que eu "deveria" compreendê-la e, para ela, era muito importante que eu a compreendesse perfeitamente, uma vez que, "além de ser amiga", também sou psicanalista.

O que me ficou de mais importante do que ela me disse nesse depoimento foi como é fundamental para o analisando perceber que, se a análise não está mais se desenvolvendo, dando os frutos que poderia dar, ele pode parar, interromper. Mesmo que não seja para procurar outro analista. "Antes só que mal acompanhada". Decidir que podia ficar só, afinal de contas, foi o que essa depoente fez, quando sentiu que a análise já não estava contribuindo para o seu crescimento.

Depoimento 3

Mulher, 65 anos
Profissão: Escritora
Depoimento enviado em 15/07/04, por *e-mail*

Essa depoente é uma amiga pessoal com a qual não tenho tido muito contato. É uma pessoa que admiro muito por suas qualidades literárias. Gosta muito de escrever, mas nunca publicou nada. Quando pedi para colaborar dando esse depoimento, logo concordou. Enviei o questionário por *e-mail* e ela respondeu pelo mesmo meio, mas livremente, sem seguir as perguntas.

Qual das análises? Aos 24 anos (1963), comecei com J. P. (acho que junguiana ou papoterapia). Foi logo depois que perdi minha menina recém-nascida, e pensei que meu único problema fosse esse. Não era. Frequentei a terapia semanalmente durante dezoito anos. Descobri coisas grandes e pequenas também. Tive a grata surpresa de saber que masturbação era normal. Além disso, eu soube o porquê das minhas angústias: desde os três anos de idade, eu assistia duas ou três vezes por semana aos horríveis ataques epiléticos de meu irmão excepcional. Daí meus sobressaltos diante de um grito qualquer. Minha governante alemã (dos três aos dez anos) me botava de castigo (por quê?!) na casa dos cachorros em fins de tarde. Trancada. Ou então ela me fechava no banheiro dos empregados, um fedor insuportável, e sem luz. Entendi meu medo de elevadores parados e de ficar sem janela e sem ar. Superei essas coisas todas. Meu comportamento social sempre foi tipo "rainha da sala e do papo". Fui melhorando aos poucos, mas não totalmente. Venci também inibições causadas pela educação rígida que tive. Valeu. Depois de uma trégua, passei por duas psicólogas insignificantes e inócuas. Por pouco tempo.

Há alguns anos (1996?), comecei a fazer análise de divã com T. O. (segundo analista). Estando deitada, as lembranças vinham com mais facilidade, e eu vi que ainda tinha mais coisas a despejar. Mas o silêncio do terapeuta me incomodava, e muitas vezes me virei para ver se ele dormia. Acho que fiquei lá durante uns dois anos, não tenho certeza. Devo ter saído e retornado para mais um ano. Nunca tive alta. Quando ele me apertou para que eu me lembrasse se tinha sido molestada quando criança, eu não consegui continuar a análise. Fui embora.

Posso chamar de experiência pós-analítica esses quatro anos sem análise? Não sei dizer, pois interrompi o tratamento. E a pergunta feita pelo T. (segundo analista) continua me assaltando periodicamente, sem que eu consiga (ou queira) obter uma resposta. No entanto, me autoanaliso em outras situações. Adquiri esse saudável hábito.

Eu gosto do T. (segundo analista) socialmente. Mas naquela sala, no divã, ele sempre me incomodou. Eu me tornava impaciente. Ele tem a cor do meu pai, alguns gestos, não sei. Meu pai nunca me deu muita atenção (isso eu descobri no J. P., primeiro analista), deve haver uma relação. Admiro o T. (segundo analista) pela inteligência e pela cultura, mas detesto os seus monólogos quando discorre sobre um livro ou um autor. Tenho sempre a impressão que ele estaria roubando um tempo que é meu. Na "minha" hora de análise. Voltei a vê-lo no balé da P. B., e foi para mim um prazer e um desconforto. Ele sabe demais de mim.

Considerações

Acredito que esse depoimento confirma meu ponto de vista de que ainda que não se tenha "completado";

a análise, uma vez deflagrada, desencadeia um processo transferencial que não é facilmente resolvido. No caso em particular, embora pudéssemos até levantar a hipótese de que o processo não chegou de fato a se consolidar, o analista ainda permanece um objeto de forte investimento libidinal. A depoente ainda não respondeu à pergunta que o analista propôs em relação a experiências sexuais da infância (segundo ela, "quando ele me apertou para que eu me lembrasse se tinha sido molestada quando criança"); ante essa pergunta, foi embora e não conseguiu continuar a análise. Mas essa pergunta continua viva: é o que ela deixa transparecer nesse depoimento e a "continua assaltando periodicamente, sem que eu consiga (ou queira) obter uma resposta". Parece bem claro que, nesse caso, os conflitos internalizados da transferência permanecem atuantes mesmo nesse pós-análise; e podem vir a tornar-se elementos centrais em mudanças estruturais que parecem possíveis e em conflitos que, se porventura ela retornar à análise, poderão ser elaborados.

Nesse depoimento, a representação psíquica do ex-analista e suas interpretações continuam a desempenhar um papel vital na manutenção das resoluções passadas e em futuras resoluções, que parecem previsíveis, no caso de a análise ser retomada. Essa seria uma paciente que ainda teme seu passado, mas que, tendo vivenciado o processo analítico, já adquiriu alguma capacidade de perceber suas repetições. Pode-se dizer que a paciente ainda pode escolher não prosseguir a análise, mas não tem como voltar ao ponto em que estava antes; o processo já foi deflagrado.

Nessa depoente, o ex-analista ainda é experienciado como uma figura bastante persecutória que pode estar no lugar de um pai ou de uma mãe autoritários; parece desempenhar funções psíquicas que a paciente ainda não conseguiu adquirir (neurose de transferência), apesar de já ter passado por várias experiências terapêuticas. Pode ser o caso de nos perguntarmos se, de fato, na prática real, alcança-se em algum momento algo que se possa considerar uma completa resolução da neurose de transferência. Nesse caso, pode-se conjecturar que, talvez por ter abandonado a análise, a neurose de transferência efetivamente não tenha se desenvolvido, e a depoente ainda não abandonou o analista, ainda o carrega na sua mente com muita emoção. Pode-se conjecturar também se a separação se consumaria se a análise tivesse prosseguido até a fase terminal, quando a realidade da separação do analista se impõe e se espera que as fantasias mais profundamente reprimidas, características da onipotência infantil, cheguem à transferência, pelos sintomas de regressão. Esses sintomas, no caso dessa depoente, ainda representam uma tentativa de preservar essas fantasias infantis onipotentes. Ela ainda não pôde elaborar esse aspecto da neurose de transferência, relativo à mais antiga fase do desenvolvimento libidinal – ansiedade de separação. Acredito que seu excessivo narcisismo e sua própria profissão a levaram a competir e a rivalizar com esse analista, impedindo-a de estabelecer uma parceria de colaboração que talvez a ajudasse a elaborar e resolver a sua neurose de transferência. A sua própria alusão à vivência de sentir-se roubada em seu horário de análise por um analista que descorria com desenvoltura sobre obras literárias leva-nos a levantar essa hipótese.

O depoimento começa no primeiro contato: "Aos 24 anos, comecei com J. P. (primeiro analista). Foi logo depois que perdi minha menina recém-nascida, e pensei que meu único problema fosse esse". O que levou essa paciente a procurar análise foi uma experiência muito dolorosa de luto. O que se pode observar é que essa paciente sempre saiu antes do término, nas várias experiências terapêuticas que teve. Pensei na dificuldade de ela elaborar o luto, dado que sempre vai embora antes que isso possa acontecer; talvez na sua fantasia não aguentasse ter de novo a experiência de passar por um luto. Uma história pessoal de perda e privação precoces para essa depoente parece ser o fator mais importante associado ao luto patológico, depois de a análise ser terminada ou interrompida. O término de uma análise equivale a um estado de luto. Alguns psicanalistas discutem se o luto pelo analista no término é feito primordialmente por um objeto de transferência ou por um objeto real. Observa-se frequentemente que o término de uma análise reativa no paciente situações mais arcaicas de separação, e tem a natureza de uma experiência de desmame. Outros psicanalistas estipulam, como um critério para demarcar o término das análises, que as angústias persecutórias e depressivas surgidas no curso da análise estejam já reduzidas; e a relação do paciente com o mundo externo esteja satisfatoriamente reforçada, de modo que o paciente consiga enfrentar o processo de luto inerente à separação. Essa paciente sequer chega a esse estágio, pois "pula fora" antes, pelos mais variados motivos. O assunto é fonte de dúvida até para ela mesma: "Posso chamar de experiência pós-analítica esses quatro anos sem análise? Não sei dizer, pois interrompi o tratamento".

A paciente parece viver uma negação do pós-término. É como se ela estivesse ainda em análise; na realidade não está, mas acredita que esteja. Acredito que essa depoente ainda continue em análise na sua fantasia, e creio que se instalou nela um diálogo interno com o ex-analista, cuja imagem ela mantém viva dentro de si mesma. Ela rompeu a situação de análise mas desenvolveu essa função psíquica de interlocução consigo própria. Segundo seu depoimento: "E a pergunta feita pelo T. (analista) continua me assaltando periodicamente, sem que eu consiga (ou queira) obter uma resposta. No entanto, me autoanaliso em outras situações. Adquiri esse saudável hábito".

Vê-se que a depoente reconhece que usa dessa função adquirida graças ao processo de análise pelo qual passou, não importando que tenha sido bem-sucedido ou não. Creio que ela está alcançando *insights* significativos, por intermédio de sua autoanálise, mesmo não estando, como confessa, em uma situação de pós-análise.

No final do depoimento, diz: "Detesto os seus monólogos [do analista] quando discorre sobre um livro ou um autor. Tenho sempre a impressão que ele estaria roubando um tempo que é meu".

A ideia de ela ser hoje "uma escritora que não publica" reforça a possibilidade de que ela tenha optado por um diálogo consigo mesma, que não aspira alcançar nenhum outro "ouvido", nem mesmo aspira alcançar, hoje, a escuta psicanalítica. Isso pode estar contido também na ideia de que o analista "lhe rouba um tempo que é dela", além da leitura simples de que o analista estaria roubando tempo da análise: ela pode estar dizendo que o analista lhe "rouba" o tempo (interno) de escritora.

Da situação de psicanálise, essa pós-analisanda diz que "estando deitada, as lembranças vinham com mais facilidade"; e diz, de si mesma, naquela situação que "no divã, ele sempre me incomodou. Eu me tornava impaciente. Ele tem a cor do meu pai, alguns gestos, não sei. Meu pai nunca me deu muita atenção". Talvez essa analogia que a depoente estabeleceu com o pai tenha sido um fator de incremento da resistência, já percebido como resultado da função analítica durante as experiências de análise. Até a palavra impaciente é interessante. *Tornar-se impaciente*: pode ser um modo de dizer, até sem perceber, que ela *deixava de ser paciente*; isto é também um modo de ela dizer que deixava de ser... analisanda.

E, adiante: "O silêncio [...] me incomodava, e muitas vezes me virei para ver se ele dormia" – fala que cabe, perfeitamente realista e adequada, num sofá de analista, numa cama de criança e numa cama conjugal, propriamente sexual.

***

O depoimento, para essa depoente, foi uma oportunidade importante para poder escrever sobre suas experiências analíticas e, afinal, sobre sua vida. Foram mais de vinte anos de análises. Pude perceber como escrever para um interlocutor é realmente importante para conseguir pôr para fora muitos pensamentos que antes guardava para si. Assim, à medida que ela foi se "livrando" dessas memórias, as situações foram adquirindo outros significados. Esse depoimento foi um lugar no qual a depoente pôde escrever, sabendo que eu ia ler. De importante também esse depoimento ensinou-me que há ex-analisandos que jamais terão qualquer vivência de pós-análise; isso é exatamente o que pode acontecer – e aconteceu, nesse caso – quando o analisando decide interromper. O analista, nesse caso, ainda está vivo e atuante, apesar da separação. A depoente diz que "ainda se pega conversando" com seu ex-analista.

***

Essa depoente, como já disse anteriormente, continua em análise na sua fantasia, portanto não estaria vivenciando um período pós-analítico, como ela mesma diz. Na realidade, não está em análise, e já adquiriu uma certa função analítica.

Observação

Enviei as considerações acima por *e-mail* para a depoente a fim de obter sua autorização para a publicação nesta pesquisa. Ela me respondeu também por *e-mail* com o comentário a seguir:

"Querida Yeda, o seu orientador acertou quando disse que você analisou o meu depoimento considerando como verdade tudo o que eu falei. Acho que ele pretendia mais objetividade da sua parte e não essa subjetividade de amiga de longos anos. No entanto, esteja certa de que eu disse a você a verdade. Posso até ter omitido algumas coisas, mas, como você mesma disse , eu "pulo fora" quando a coisa aperta.

E não é agora, depois de ter completado os execráveis 66 anos, que vou voltar à análise. Me considero mais perto do túmulo que do útero materno. Análise, nunca mais! (Tortura, nunca mais!)".

Considerações (depois de a pós-analisanda ter lido as primeiras observações sobre seu depoimento)

Alguns detalhes chamam a atenção nesse depoimento, sobretudo porque, aqui, *houve quase um segundo depoimento, escrito depois de a pós-analisanda ter lido as primeiras considerações.*

Se resumirmos, em sinopse, a história que está contada nesse depoimento escrito em duas etapas, temos:

Em 1963, aos 24 anos, uma mulher procura terapia semanal, depois de ter perdido sua menina recém-nascida. Faz análise durante dezoito anos até os 42 anos, por tempo que lhe parece suficiente para livrar-se dos efeitos dos muitos tormentos pelos quais passou na infância, inclusive de uma governanta alemã que a prendia na casa dos cachorros, "dos três aos dez anos", entre 1942 e 1949. Livra-se daqueles tormentos, até o ponto de poder suportar elevadores fechados. Abandona essa primeira análise, aos 42 anos, em 1981. Passa depois por duas "psicólogas insignificantes e inócuas". Procura análise em 1996, aos 57 anos; e abandona essa análise depois de dois anos, quando se sente "apertada" pelo psicanalista, que investiga algum possível abuso sexual na infância, e que discorre longamente sobre literatura. Depois, quando encontra esse psicanalista, na plateia de um balé, ela se sente incomodada porque aquele analista "sabe demais" dela. E, na conclusão dessa história, que só aparece no segundo depoimento, a pós-analisanda parece confortável na posição de, hoje, aos 66 anos, estar "mais perto do túmulo do que do útero". Todos esses "cálculos" só foram possíveis porque nos dois depoimentos há várias datas bem precisas.

Esse excelente diagnóstico, realista e adequado, da posição em que, em 2005, estão todos os humanos que já tenham vivido 66 anos só aparece no segundo depoimento, quando a ex-analisanda já leu as minhas primeiras considerações. Quando, portanto, ela já está num interessante momento de pós-depoimento sobre o seu pós-término de análise.

Todos esses "impasses" podem ter raízes num inconsciente infantil absolutamente ainda não analisado, dado que essa reação de "ele não me dava atenção" pode descrever, perfeitamente, uma situação de desejo infantil normal e previsível, e não satisfeito; do mesmo modo como a reação de "prazer e desconforto" no reencontro no balé pode descrever, perfeitamente, uma situação de criança sujeita a abuso sexual.

Não surpreende, portanto – de fato, não surpreende até hoje, no período que aqui se define como "pós-término" –, que o analista "abandonado" estivesse sondando a hipótese de sua analisanda ter sido vítima de abuso sexual na infância. Digamos que essa hipótese interpretativa aparece ainda, muito visível à interpretação, até mesmo nesse depoimento, *sobre uma análise iniciada há 42 anos,* se se considera todo o percurso do depoimento, ou sobre uma análise interrompida há oito anos. Essa é uma linha interpretativa que está aí, muito visível até hoje.

Mas não há como saber se esse "sintoma" é sintoma mesmo, e se sempre existiu, ou se esse tipo de discurso que se ouve hoje, nesse depoimento, foi construído ao longo das análises... Porque a análise parece ter-se concentrado sempre no "risco" do abuso sexual.

Nesse sentido, nada autoriza a dizer, hoje, que essa pós-analisanda estivesse resistindo a abordar o "problema" do possível abuso sexual: é perfeitamente possível que ela estivesse resistindo à abordagem de algum outro "segredo", do qual nenhuma análise aproximou-se... *Como pode também ter acontecido de ela estar sempre procurando uma análise que nunca encontrou*. Até que, passados os cinquenta anos, a ex-analisanda cansou-se de mostrar e mostrar para analistas que nada viam. Ou que viam sempre a mesma coisa (a possibilidade do abuso sexual) e paravam por aí.

Chama a atenção, também, que o pai não aparece descrito nem como agressor nem como ameaça de agressão, no relato-depoimento de 2005. Apesar disso, ainda é, hoje, interpretado como "provável molestador sexual".

Contudo, se se avalia pelo depoimento do pós-análise, muito mais "perigosas" parecem ser ainda, *no relato de 2005*, a governanta alemã; as "duas psicólogas insignificantes e inócuas"; e uma muito clara ausência de mãe, provavelmente ao longo de toda a vida – o que se pode supor, pela quantidade e pela qualidade dos maus-tratos relatados, e, também, pela sempre recorrente "ameaça" de "risco" de abuso sexual.

De interessante, também, para anotar, nesse depoimento, o encontro com o ex-analista, "no balé", que foi, para a pós-analisanda, "um prazer e um desconforto", porque "[o analista] sabe demais de mim". O que interessa destacar no depoimento é que o reencontro (social) entre a pós-analisanda e seu analista dá-se num espetáculo de balé, arte da qual a palavra está banida, e todas as emoções transmitem-se por gestos. Os "gestos" do analista lhe parecem os "gestos" do pai, como ela diz no depoimento, por olhares e movimentos.

Viver e experimentar emoções "sem palavras" é a situação típica da infância humana. A "cura" psicanalítica consiste, precisamente, em "dar palavras" àquelas emoções, trazê-las para o consciente e, assim, como que "domar" as emoções infantis, *pela palavra*.

Numa relação em que um ex-analisando possa sentir-se ameaçado por algum analista, seu analista ou não, um espetáculo de balé não estaria entre as situações mais ameaçadoras, dado que "nada se fala" em balés. Não há dúvida de que um balé pode ser muito ameaçador, sim, para um inconsciente infantil, o que reforça a hipótese do abuso sexual, por um lado. A pós-analisanda conta, nesse depoimento, que sentiu "um prazer e um desconforto", também ali. Nessa cena desse relato pós-analítico, em 2005, de modo algum há qualquer possibilidade de interpretar algum "risco" de "provável" abuso sexual de qualquer criança.

No caso dessa pós-analisanda, todas essas reflexões foram trazidas à tona, para mim, porque me parece que, sim, ela parece estar interessada em saber mais de si mesma... E que talvez só esteja encontrando analistas que insistem em interpretar o "risco" do abuso sexual, como se o abuso sexual fosse, para todos os analistas, uma espécie de continuação "óbvia", "natural", "infalível" de todos os casos de violência psíquica e de abandono na infância.

Pode ter acontecido de todos os analistas, nesse caso, terem sido arrastados, nas análises pelas quais essa ex-analisanda passou, não pelos sinais emitidos pela analisanda, mas pelas teorias psicanalíticas que todos os analistas têm, sempre, na ponta da língua.

A ideia de uma eterna procura por análise, que jamais encontra resposta satisfatória, porque só encontra, da psicanálise, uma "resposta-padrão" – e que pode ser interpretada também como fuga, é claro, porque, de fato, é uma procura-fuga ainda não analisada – ocorreu-me ao ler o segundo depoimento, quando vi que a pós-analisanda estava solidária... *Até com o orientador da pesquisa*, mais do que comigo-analista!

Ao escrever que meu orientador "pretendia mais objetividade" de mim, e não "essa subjetividade de amiga de longos anos", parece claramente que essa pós-analisanda está "corrigindo" a análise que eu lhe mostrava, e que é a que ela já conhecera e, ao mesmo tempo, ainda "pedindo" mais e melhor análise.

Mas ela não "pede" mais análise à Yeda-analista, porque provavelmente já sente que sabe praticamente tanto de análises quanto todos os analistas. Em vez disso, *ela sugere à Yeda-analista que faça o que o orientador está mandando fazer.*

Essa pós-analisanda não pode ser incluída no modelo de pós-término com consultas analíticas. Pode-se dizer, até, que ela expressamente já declarou que *não quer nem análise nem conversa analítica com ninguém, nem com a Yeda-amiga.*

Por um lado, o término aqui parece ainda estar determinado pelo inconsciente não analisado. Pode-se dizer também que nem a função autoanalítica está ainda satisfatoriamente introjetada, embora seja suficiente para facilitar a sobrevivência pós-traumática – não depois do "trauma" do "abuso sexual" que provavelmente jamais houve; falo do trauma da morte da filha.

Mas, nesse caso, deve-se considerar a possibilidade de a função autoanalítica estar convertida em mecanismo de resistência contra a análise. Não por "vício" do pós-analisando, mas, nesse caso, por alguma característica "geral" de todas as análises que podem ter "viciado" todas as interpretações que essa pós-analisanda encontrou. Aqui, pode ter acontecido de essa ex-analisanda ter apenas "se conformado" em viver, para sempre, nesse limbo jamais analisado, onde ela estava, aos 24 anos, quando procurou a primeira terapia... *Entre o túmulo e o útero*. E onde está ainda, aos 66 anos. De diferente, que esse "lugar impossível", afinal, virou "lugar adequado", porque essa pós-analisanda envelheceu. Mas o lugar onde ela está é ainda o mesmo, onde ela sempre esteve, está e ficará: entre o túmulo e o útero, cada vez mais perto do túmulo e, portanto, da filha morta.

Nenhum psicanalista deixará de ver muita semelhança entre a imagem final do segundo depoimento: "Me considero mais perto do túmulo que do útero", em 2005, e a situação inicial dessa pequena história de pós-análise, antes de a pós-analisanda ter procurado a primeira análise, depois da morte da filha: "Depois que perdi minha menina recém-nascida", em 1963; aquela filha estava também mais perto do túmulo do que do útero, como, hoje, a mãe dela. A filha não escolheu esse lugar. Mas a mãe, sim, pode tê-lo escolhido. Nenhuma análise "descobriu" isso, e a mãe, então, "desistiu" de todas as análises.

Quando escreveu de novo sobre as minhas considerações, parece-me que teve um *insight* quando disse: "E não é agora, depois de ter completado os execráveis 66 anos, não é agora que vou voltar à análise. Me considero mais perto do túmulo que do útero materno. Análise, nunca mais! (Tortura, nunca mais!)". Até eu me assustei, ao ler, porque para mim ela é uma mulher muito bonita, cheia de vida; ler a idade dela assustou-me. Talvez se possa dizer que, assim como a filha permaneceu para sempre sem idade definida (entre o túmulo e o útero "cabem" todas as idades, de todos nós), assim também a mãe permaneceu para sempre sem idade, como que "solidária" à filha. A tal ponto que descobrir a idade da mãe, porque a mãe resolve "confessar", por escrito, chega a assustar até quem a conhece pessoalmente muito bem, como eu.

Depoimento 4

Mulher, 61 anos
Profissão: Química
Depoimento colhido em entrevista pessoal feita por mim em 18/08/04

Esse depoimento foi dado por uma amiga com a qual mantenho um contato profissional há alguns anos. Ela está a par da pesquisa que estou fazendo e quando lhe pedi para dar seu depoimento, se prontificou a fazê-lo com prazer.

1) Fale um pouco sobre a sua experiência de análise e o quanto ajudou você na vida.

Eu fiz uma análise que não foi muito longa há nove anos. Procurei a análise por um motivo específico. Eu e minha família sofremos um assalto em casa. Durante seis horas minha família ficou trancada em um quarto, enquanto que eu tive que ficar junto com eles como refém. Eu e minhas filhas ficamos tão traumatizadas que saímos da casa no mesmo dia às onze horas da noite e nunca mais voltamos para lá. Na realidade, foram dois assaltos: no primeiro estávamos todos, menos a minha filha mais velha. E foi o mais agressivo, porque levaram tudo que eu tinha e a minha filha mais nova estava no chuveiro. No segundo, dez dias depois, só estavam as duas meninas e a babá. A babá me ligou, voltei para casa e nessa mesma noite saímos todos de casa e nunca mais voltamos.

Durante a análise, fui me dando conta que eu tinha outros problemas para resolver, além da minha queixa inicial. Atualmente, penso que foi a melhor coisa que eu fiz, apesar de ter sido uma análise curta, me abriu diversas portas e me ofereceu armas para levar uma vida mais confortável comigo mesma, pois permitiu me conhecer melhor. Um outro aspecto que considero muito positivo foi a melhora do meu relacionamento com a minha família.

2) Descreva o que você aprendeu sobre você mesma com a análise. Esses *insights* (percepções) continuaram a ser úteis depois da análise?

Uma das coisas que eu aprendi foi a respeitar e entender as pessoas como elas são e não como um prolongamento do meu desejo. Deixei de impor tanto a minha vontade.

Sim, essas percepções passaram a ser bastante úteis e não só continuaram como foram melhorando com o tempo.

3) Como foi a sua vida depois da análise? Mudou muito?

Primeiro preciso explicar que antes de fazer análise eu era uma pessoa contra a análise, e achava que eu podia resolver sozinha os meus problemas. Esta entrevista me faz pensar que, como o meu pai era psiquiatra e conversava muito comigo, talvez eu não sentisse necessidade de procurar ajuda fora, porque já tinha uma ajuda dentro da minha própria casa. Mas nunca tinha percebido, foi somente agora, conversando com você, que me dei conta do quanto ele me ajudou. Por exemplo, me vem na memória como era ruim o relacionamento que eu tinha com a minha mãe e que, de repente, sem eu perceber, lá pelos dezesseis anos mudou completamente a maneira de eu enxergar minha mãe. Fiquei muito menos exigente e passei a entender por que ela era daquela maneira. Ela teve uma história de vida complicada; brigou com toda sua família para se casar com meu pai e devia se sentir muito sozinha. Perdeu um filho com quatro anos; nessa ocasião eu tinha cinco anos e me lembro perfeitamente desse dia. Meu tio foi me buscar na escola com um carro conversível, que eu achava lindo; eu não entendi muito porque e fui jantar na casa dele. Só voltei para minha casa no dia seguinte e fiquei muito brava porque não encontrei mais meu irmão. Não lembro o que me falaram que aconteceu com ele. A imagem que me vem da minha mãe é ela chorando muito. Eu tinha uma irmã de seis meses, e por todos esses acontecimentos acredito que devo ter ficado meio relegada. Estou pensando isso agora que estou escrevendo, na época não me lembro de ter me dado conta de nada. O que me lembro é que eu não gostava quando ela ia me buscar no colégio, pois eu não queria ir para a minha casa, preferia ir para o consultório do meu pai e ficar lá fazendo lição com ele. Ele morreu quando eu estava grávida de minha primeira filha, minha mãe morreu dois meses antes, e nem assim eu tive vontade de procurar ajuda.

4) **Como você conseguiu lidar com essa situação de duplo luto grávida? Acredito que deve ter sido um período muito difícil.**

Como sou espírita, essa crença me deu um grande suporte. A minha gravidez me deu uma força para ir em frente e acreditar num mundo melhor. Minha cunhada me deu um grande alento nessa época e foi responsável por uma parte da minha força, acho que sem ela eu não teria conseguido passar pelo que passei sozinha. Talvez sem ela eu tivesse necessidade de uma ajuda profissional. Ela foi uma pessoa muito especial para mim a vida toda. Fiquei muito abalada quando ela morreu há seis anos. Bom, continuando o que estava dizendo, foi só com o assalto (minha filha já tinha catorze anos) que percebi que não tinha capacidade de resolver os problemas que surgiram decorrentes desse trauma.

5) Você acredita que o assalto foi mais traumático do que a morte dos seus pais?

Para mim foi, porque acho que a morte faz parte da vida, e os pais morrerem antes da gente também. Agora, um assalto não faz parte da vida, principalmente com sua filha dentro de um chuveiro. Para mim, trauma com filho é muito mais forte do que com pai e mãe. Percebi que minha cunhada não teria condições de me ajudar, pois além de tia, era a confidente de minha filha mais velha.

Como já citei anteriormente, com a análise eu mudei muito minha maneira de ser, e, portanto, passei a ser mais feliz comigo mesma. Foi a única coisa positiva que aconteceu em decorrência do assalto, foi eu fazer análise, pois nunca teria feito e nunca teria aprendido a viver melhor, aliás eu não percebia que poderia viver melhor.

6) Desde o término da análise, você se percebe usando a função autoanalítica (você mesma se analisar)?

Sim, muitas vezes me vejo usando a função analítica e às vezes também sinto falta de fazer uma análise. Porém, como trabalho com uma analista, tenho muitas conversas com ela, que me ajudam muito e quase substituem uma outra análise.

7) Você voltou a ver o seu analista depois do término? Sentiu falta dele?

Não. Aliás, achei ótimo não ter que ir mais lá, pois me era um sacrifício cada dia que eu ia. Ele quase não falava, eu falava, falava e nada de resposta. Mas quando falava suas observações me foram muito úteis e me fizeram descobrir as vantagens de uma análise.

8) Você teve outras experiências de análise? O que te levou a procurar uma análise de novo?

Não.

9) O que você pensa de seu analista?

Na realidade, não gostei muito do meu analista, não como analista, mas como pessoa, às vezes tinha muita dificuldade de falar. Porém, tenho que reconhecer que foi um ótimo analista, pois no curto espaço de tempo de análise eu vi e aprendi muitas coisas sobre minha pessoa, que resultou na minha melhora de vida e de relacionamento, trazendo com isso uma maior capacidade de suportar os problemas existenciais.

Considerações

Essa depoente nunca sentiu vontade de procurar análise; pelo contrário, achava que tinha uma grande rejeição contra qualquer tipo de tratamento "psi". Talvez por ter pai psiquiatra, o qual, várias vezes, ao longo da vida, quando percebia que ela tinha algum problema, conversava com ela, sem que ela se desse conta na época do quanto o pai a estava ajudando. Por causa dessa experiência, sempre acreditou que tivesse capacidade para resolver seus problemas sem ajuda profissional. Nunca percebeu que tinha um profissional em casa, que talvez exercesse essa função. Por exemplo, tinha um relacionamento difícil com sua mãe, e aos dezesseis anos, descobriu que a mãe não seria nunca uma projeção de seu desejo, mas que, nem por isso, precisava dar-se mal com ela. Pôde entendê-la, aceitá-la e passou a ter um convívio mais harmonioso em casa. Segundo seu depoimento, foram as conversas com o pai durante sua adolescência que a fizeram mudar sua percepção em relação à mãe. Na minha percepção, não é que ela rejeitasse a análise, apenas que, como tinha um pai acolhedor, que sempre conversou muito com ela, pode ter acontecido de ela ter passado a acreditar que uma pessoa estranha jamais poderia ajudá-la a resolver algum problema.

Quanto à morte do irmão, apesar de não achar que tenha sido um acontecimento tão traumático, só o fato de lembrar tão claramente é indício do quanto essa experiência a marcou. Deve ter se sentido muito rejeitada pela mãe que, além da tristeza pela qual passava, tinha outra filha de seis meses – momento em que os bebês exigem muita atenção. Pode ter acontecido de a depoente ter se voltado para a figura paterna, que era a que estava mais disponível e capaz de ser generoso para com uma criança que sofria muito. Seus pais morreram quando ela estava grávida de sua primeira filha;

catorze anos depois, a família foi assaltada. Nesse intervalo, não sentiu nenhuma necessidade de procurar um analista.

Parece-me que essa depoente teve a sorte de ter encontrado dois bons interlocutores na sua vida; primeiro, o pai, e depois, a cunhada. De qualquer modo, esses interlocutores "bastaram", até o assalto. Depois, se tornaram insuficientes. Não há dúvida de que um assalto pode ser experiência fortemente traumática, em que se experimenta a vivência extrema de não se ter qualquer defesa. Nessas circunstâncias, é possível que tenham aflorado sentimentos que a depoente nem sabia que tinha (pavor, ódio, desejo de vingança). A agressão aconteceu dentro da sua casa, mas o sentimento de invasão foi sentido também no plano interno, sentir-se invadida por fora e por dentro, ao mesmo tempo. Acho que, nessas circunstâncias, ela percebeu que a interlocutora com a qual contara até então estava envolvida emocionalmente, na mesma situação e, portanto, não poderia ajudá-la.

Ela diz que "a única coisa positiva que aconteceu em decorrência do assalto foi eu fazer análise" , o que parece indicar alguma intuição de que "precisava" procurar outro tipo de interlocução, profissional, externa às suas relações familiares. A análise ajudou-a na convivência com a família. Fazendo análise, ela percebeu, pela primeira vez, que poderia ter uma qualidade emocional de vida muito melhor, tanto ela quanto os seus familiares.

Percebe-se hoje usando a função analítica. Desde que parou a análise, trabalha com uma psicanalista e com isso está sempre em contato com a psicanálise o que, segundo ela, preenche um pouco a vontade que tem às vezes de fazer uma reanálise. O que eu pude perceber é que o que mais valorizou e valoriza é o processo analítico e não o analista-pessoa. Apesar de não ter gostado muito de seu analista, diz que ele era muito bom, pois com sua teoria e habilidade em trabalhar, ajudou-a a se conhecer melhor e lidar de uma outra forma com seus problemas existenciais.

Como sentiu-se aliviada de não ter que ir mais à análise, acredito que não passou pelo processo de luto. Mas isso não significa que a depoente não aproveitou ou não sentiu falta da análise, como ela mesmo conta.

O que percebi de mais importante nesse depoimento foi que, por meio dessa análise, essa depoente pôde conhecer e mudar sua opinião sobre o que é um processo analítico.

Na minha maneira de ver, valeu a pena o "sacrifício", porque mesmo que não tenha estabelecido um contato afetivo com o analista, foi por meio do trabalho do analista que a depoente pôde perceber a utilidade de uma análise e se beneficiou dela.

É claro que é muito mais agradável quando se estabelece um bom contato entre analisando e analista. Mas também é raro, ao menos na minha experiência, que os analisandos consigam fazer a diferenciação que essa depoente fez: não misturar a análise, como um processo, com o analista-pessoa. Quando a separação não ocorre, os pacientes, em vez de aproveitarem a análise, só criticam, análise e analista. Na maioria das vezes, não aguentam e interrompem a análise.

Também pode acontecer, quando o paciente mistura tudo (processo e analista), de o paciente, em vez de achar tudo ruim, achar tudo ótimo (qualquer coisa serve). É como o verso da mesma moeda: o paciente faz "qualquer negócio" para não fazer análise. No caso dessa depoente, parece que ela faria "qualquer negócio" (até uma semianálise) para não ser obrigada a desmontar a figura do pai.

***

Acredito que esse depoimento teve um lugar muito importante para essa depoente. Mesmo que sua análise tenha sido curta, rápida, relembrou toda uma parte de sua vida e a rememoração deve ter mexido com suas emoções. Acho que teve um *insight* quando estava me contando sobre seu pai. Antes desse depoimento, não tinha ideia da importância que tem, para ela, a ligação com o pai. Acho que o depoimento colaborou para dar uma clareada na sua novela familiar. O que me ficou desse depoimento é que a depoente, apesar de não ter feito muita análise, trabalha com textos analíticos e esse contato talvez a estimule a pensar sobre seu mundo emocional, sua vida psíquica; nesse caso, pode-se conjecturar que ela sinta falta de ter com quem falar sobre sua vida.

Depoimento 5

Mulher, 65 anos
Profissão: Socióloga
Depoimento enviado em 25/08/04, por *e-mail*

Esse depoimento foi dado por uma socióloga, amiga de uma amiga com quem comentei que estava procurando pessoas que se dispusessem a dar um depoimento sobre pós-análise. Essa socióloga foi contatada e concordou em fazê-lo.

É uma pessoa que gosta muito de escrever, segundo minha amiga, e escreveu o depoimento com prazer.

1) Há quanto tempo você terminou sua análise (ou ainda continua em análise) e, no seu ponto de vista atual, o que você pensa sobre ela? Quais foram as consequências (boas ou más)?

Fiz terapia em várias etapas. A mais distante, há uns 25 anos, com uma junguiana que me transformou. Até hoje penso em meus sonhos, tento olhá-los através do que ela dizia. Depois tive outras duas experiências, também interessantes, mas menos especiais. Acho terapia um privilégio.

2) Você hoje é uma pessoa diferente de quando começou a análise?

Sou diferente, sim, mas não posso ter certeza que a análise é o fator determinante disso. Um quarto de século, no ritmo contemporâneo, é muito tempo para que tudo permaneça igual.

3) Descreva o que você aprendeu sobre você mesma com a análise. Esses *insights* (percepções) continuaram a ser úteis depois da análise?

Claro que sim, quando se faz terapia e se está consciente da necessidade de mudança e quando ela ocorre penso que vem para ficar. Muitas vezes faço coisas que sei serem contrárias ao que realmente quero, mas tenho consciência disso.

4) Como foi a sua vida depois da análise? Mudou muito?

Eu mudei e a vida seguiu o caminho do possível, mas lido melhor com ela com certeza.

5) Desde o término da análise, você se percebe usando a função autoanalítica (você mesmo se analisar)?

Sim, a mim e aos outros, o que é interessante, mas pode também ser desagradável.

6) Você voltou a ver o seu analista depois do término?

Sim, mas ela já morreu, o que me deixou muito triste.

7) Você teve outras experiências de análise? O que te levou a procurar uma análise de novo?

Voltei duas vezes, em momentos de crise, fora da minha capacidade de lidar direito. Voltei procurando ajuda, porque acredito na eficiência da terapia.

8) Você voltou para o mesmo analista ou procurou outro? Por quê?

Já respondi na pergunta seis e sete.

9) O que você pensa de seu analista?

Posso responder apenas pela experiência realmente transformadora. Achava a I. uma maga, uma pessoa muito sensível e dedicada, discreta e direta, carinhosa e pertinente. Uma amiga maravilhosa!

Considerações

Essa depoente, como diz, fez terapias em várias etapas ou, como dizem os franceses, *tranches* (períodos) e considera fazer análise um privilégio. A primeira foi a mais importante, de linha junguiana e, segundo ela, a transformou. Até hoje, quando sonha, o que lhe vem à mente são lembranças de como seria a interpretação de sua analista se ainda estivesse com ela, mesmo tendo passado 25 anos. Na minha maneira de ver, são fantasias que ela faz de sua primeira analista, não tendo lidado com a perda e não tendo elaborado de uma forma mais completa o luto. Acho que quando diz que as duas outras experiências de análise não foram tão especiais, corrobora essa minha interpretação. Acho interessante observar que a depoente também leva em conta o tempo vivido, as experiências com que a vida a confrontou ao longo do tempo. Isso mostra, na minha observação, que é uma pessoa que não idealiza tanto a função da análise, mas também considera a sua pessoa parte do processo analítico. Além da análise ter tido uma função transformadora, as próprias vivências também foram fatores determinantes na mudança dessa pessoa, principalmente depois de ter feito análise. A ótica de uma pessoa que fez análise diante dos desafios que a vida impõe passa a ser diferente, inevitavelmente. É difícil dissociar, como a depoente faz, o poder transformador da própria vida do poder transformador da análise.

No caso da depoente, ela se dá conta de que a realidade impõe certos limites. Existem situações que não nos agradam, mas que não depende de nós modificar; temos de lidar com elas da melhor maneira possível. Parece que tem uma visão bem realista do poder da análise, como já disse acima. Não é de nenhuma forma uma visão idealizada.

Mesmo quando se dá conta de estar agindo contra a sua vontade, por ter feito terapia, tem consciência do que está fazendo. É uma situação muito mais sofrida, porque apesar de não conseguir fazer o que acha que deve, não se engana e tem consciência das suas atitudes, quaisquer que sejam.

Não sei como essa pessoa era antes, mas me parece que se tornou bastante realista, e não tem muitas expectativas fantasiosas em relação aos acontecimentos da vida.

Quanto à função analítica, faz uso em seu benefício, mas também, como diz, em relação aos outros. A depoente, além de usar a função analítica adquirida durante suas análises para se autoanalisar, diz que também o faz com os outros, e que às vezes é desagradável. Talvez, quando diz que usa essa função analítica em relação aos demais, não se dê conta de que não é analista deles, e que as pessoas em geral não gostam de ser analisadas por outro que não seja seu próprio analista. Acho que quando fala de função analítica em relação aos outros, esteja se referindo a uma capacidade de observação e sensibilidade aumentadas devido ao seu próprio processo de análise.

Esse depoimento não é muito revelador das peculiaridades da personalidade da depoente. O próprio fato de ter buscado ajuda em outros momentos sugere que a experiência inicial tenha sido proveitosa. O aspecto que mais me chamou a atenção, tendo em vista a discussão que tenho em mente, diz respeito às circunstâncias em que voltou a procurar ajuda terapêutica: sempre momentos de crise.

***

Essa depoente tinha muito claro o que escreveu. Deu o depoimento para ser gentil comigo (é uma conhecida), mas não por obrigação. Como gosta de escrever, aproveitou essa oportunidade. Acho que foi esse o lugar que o depoimento teve para ela: um lugar de escrever sobre um tema, mas sem se envolver e sem se abrir muito. Foi mais uma dissertação.

Depoimento 6

Homem, 40 anos
Profissão: Administrador de empresa
Entrevista feita em 23/08/04, por *e-mail*

Esse depoimento foi dado por um amigo com o qual tenho bastante contato. As perguntas foram enviadas por *e-mail* e ele me respondeu pelo mesmo meio.

1) Há quanto tempo você terminou sua análise (ou ainda continua em análise) e, no seu ponto de vista atual, o que você pensa sobre ela? Quais foram as consequências (boas ou más)?

Fiz análise duas vezes, uma há vinte anos, individual, e outra vez já casado, aos 39 anos, junto com a minha mulher. Acredito que na primeira vez que fiz análise não tinha maturidade suficiente para fazer, pois senti muita dificuldade em me relacionar com o analista e sozinho para descrever meus problemas. Acabava ficando quieto, e de vez em quando, dormia no divã. Na segunda oportunidade, fiz para tentar esclarecer alguns problemas de relacionamento que acredito terem ficado mais claros para mim. Não senti tanta dificuldade, pois em conjunto com a minha mulher e com um terapeuta mais interativo, consegui melhores resultados.

2) Você hoje é uma pessoa diferente de quando começou a análise?

Sim, hoje eu tenho mais consciência dos meus problemas e dos problemas da minha mulher, tento aceitá-los de maneira a não criar muitos motivos para discussões. Como pessoas diferentes, temos atitudes diferentes com relação a certas coisas. Isso traz certa frustração pessoal para ambos e um sentimento de solidão quando o outro não compreende a sua maneira de ver as coisas. Entendo o *background* da minha esposa e como ela se relaciona com os assuntos que criavam desentendimento entre nós, acredito que posso conviver melhor com ela e comigo mesmo. Sem me culpar por ter atitudes diferentes, sem me sentir sozinho quando ela não compartilha meus problemas.

3) Descreva o que você aprendeu sobre você mesmo com a análise. Esses *insights* (percepções) continuaram a ser úteis depois da análise?

Aprendi que, como todo mundo, sou uma pessoa difícil de se lidar. Tenho medos e frustrações que me levam a certas atitudes, problemas de relacionamento que me criam certos bloqueios e isso é normal entre todos nós. Temos que ter consciência de nossos problemas e tentar entender os dos outros. Parece fácil, mas é muito difícil exercitar a sua mente dessa maneira toda hora até que esse procedimento seja o normal. A nossa tendência é examinar os outros pela nossa ótica e assim fica difícil de entender as atitudes de cada um.

4) Como foi a sua vida depois da análise? Mudou muito?

A minha vida não mudou muito, porque não tinha por que mudar. Apenas a minha atitude perante os mesmos problemas ficou diferente. Hoje, eu me conheço um pouco mais e conheço a minha mulher um pouco melhor, assim, as nossas brigas não acabaram, mas o nosso entendimento um do outro melhorou. Hoje é mais fácil se relacionar.

5) Desde o término da análise, você se percebe usando a função autoanalítica (você mesmo se analisar)?

Acredito nesta função plenamente. Acho que fazemos autoanálise o tempo todo. Mas acho que não faço de uma maneira profunda. Sou mais objetivo e prático nas minhas análises do que meus terapeutas foram no passado. Mesmo correndo o risco de estar errado, chego a uma conclusão sobre um problema mais rapidamente.

6) Você voltou a ver o seu analista depois do término?

Ainda não.

7) Você teve outras experiências de análise? O que levou você a procurar uma análise de novo?

Sim, tive uma experiência que me deixou meio frustrado, conforme relatei na pergunta acima.

8) Você voltou para o mesmo analista ou procurou outro? Por quê?

Procurei outro com estilo diferente, que aliás não acredito ser analista tradicional. Ele deve ser psicoterapeuta.

9) O que você pensa de seu analista?

Acho que ele é muito legal, direto no assunto em questão, e passível de responder a perguntas de maneira direta.

Considerações

O que pude depreender desse depoimento é que talvez esse rapaz não tivesse ainda maturidade para fazer uma análise tradicional, pois, pelo que diz o analista, não falava muito e ele acabava dormindo. Qual seria o motivo pelo qual esse analisando teria necessidade de ser estimulado ou sensibilizado por um outro? Não temos a razão pela qual procurou a análise pela primeira vez. Teria sido pressionado pela família? Na minha observação, talvez esse depoente, quando procurou pela primeira vez análise, ainda não tivesse noção do que fosse o mundo interno e não conseguia fazer um movimento de introspecção, nem conseguia facilmente expressar suas emoções. Quem sabe tenha procurado análise muito angustiado com questões objetivas, em busca de definições, sem saber muito bem que rumo dar à própria vida, ou quem ele era exatamente. Teria o primeiro analista tido a necessária flexibilidade para lidar com um rapaz tão jovem e com essas características?

Na sua segunda experiência, além de estar mais velho, fez uma terapia de casal, o que, parece, facilitou a comunicação pela própria postura mais ativa do terapeuta de casal. Por outro lado, estava com sua mulher, e tinha questões pontuais para tratar.

Seu maior problema, segundo diz, se manifestava no relacionamento com pessoas. Nesse caso, para ele parece ter sido interessante fazer uma terapia de casal; foi mais produtivo. Não podemos deixar de considerar a possibilidade de que a análise não é a melhor alternativa para todas as pessoas. Dependendo de suas expectativas ou do momento que estejam vivendo, outra alternativa pode atendê-las melhor, o que parece ser o caso desse depoente.

Também acredito que não são todas as pessoas que se dispõem a fazer uma terapia de casal, ou mesmo uma terapia de grupo. Há quem se sinta invadido em sua intimidade ou tolhido em relação a se expor diante do outro, o que, parece, não foi o caso desse depoente.

Para ele, só entre iguais parece possível a proximidade. Nesse sentido, a terapia de casal ajudou-o a não se sentir tão só, e também o ajudou a perceber, a lidar e a aceitar as diferenças entre as pessoas, sem se sentir tão rejeitado. Pelo que diz, antes da terapia via o mundo sob sua ótica pessoal. A terapia o ajudou a ter uma consciência maior da realidade, a considerar o mundo a partir de outras óticas, que não somente a sua.

É interessante quando fala de mudanças pós-análise, porque percebe que o que muda é a nossa percepção do mundo, das pessoas a nossa volta; nós continuamos os mesmos, mas com outra percepção. E dessa maneira os relacionamentos se tornam mais fáceis. A partir do momento que começou a enxergar a vida por um outro prisma, tudo ficou diferente; não foi a vida e nem ele que mudaram, o que mudou foi a maneira como ele passou a se ver e a ver os outros.

Quanto à autoanálise, se percebe usando-a diariamente, mas de uma maneira mais prática, sem muitos aprofundamentos.

Acredito que o que esse depoente está dizendo é que no pós-término usamos a função analítica de uma outra maneira; não tendo o interlocutor, o analista, podemos nos enganar e agir de uma maneira que talvez se tivéssemos em análise seria diferente.

Confirma a hipótese que fiz acima no final do depoimento, quando diz se sentir melhor se o analista-terapeuta responde às suas perguntas mais diretamente, e não faz interpretações clássicas como ocorreria numa análise tradicional.

***

Esse depoente se expressou de uma maneira muito singela em seu depoimento. Acredito que foi realmente um relato em que usou mais a consciência do que a emoção. Escreveu o histórico, os fatos como os lembra que tenham realmente acontecido. Mesmo quando enviei as minhas considerações para ele ler, sua resposta foi de que "tudo bem", estava "de acordo". Pareceu-me uma pessoa que realmente não queria envolver-se com esse depoimento. Ou, então, não viu nenhuma importância especial em "reviver" a própria análise.

***

Não dispomos de dados que nos permitam afirmar que essa pessoa tenha passado por um processo analítico no sentido que entendemos. Pode ter feito uma terapia de casal, ainda que com um terapeuta de formação psicanalítica, mas na primeira experiência praticamente não viveu o processo analítico como entendemos. A hipótese que faço é de que se trate de uma pessoa voltada para problemas relacionais. Talvez, com o tempo, e tendo um analista habilidoso, pudesse vir a se beneficiar de uma análise e "aprender", afinal, a voltar seu interesse para seu mundo interno. O que mais me chamou a atenção nesse depoente foi o que ele falou sobre mudança: "A minha vida não mudou muito, porque não tinha porque mudar. Apenas a minha atitude perante os mesmos problemas ficou diferente". O que ele quis dizer é que o que muda quando se faz uma análise é a percepção que se tem do mundo externo e não a própria pessoa, que continua a mesma. Essa observação é muito pertinente e verdadeira, e poucos se dão conta disso.

Depoimento 7

Mulher, 62 anos
Profissão: Decoradora
Depoimento enviado em 31/08/04, por *e-mail*

Essa depoente é uma pessoa que conheço desde criança, mas com a qual não mantenho muito contato. É uma pessoa muito criativa, meio poeta, e pelo que conheço dela, gosta muito de escrever. Sabia também que ela já havia feito análise. Por isso pensei nela quando estava procurando pessoas para essa pesquisa. Telefonei-lhe contando da pesquisa e ela logo se prontificou a dar-me seu depoimento. Mandei o questionário por *e-mail* e ela me respondeu pelo mesmo meio.

"Yeda: tentarei de maneira breve colocar suas perguntas dentro do que será talvez um resumo de sensações e ideias representadas para mim nesse processo de análise que iniciei nos anos 1980 e que terminei (?) em 2003.

A primeira vez que consultei um psicólogo/psiquiatra foi nos anos 1980. Perguntei a uma amiga se ela conhecia alguém que pudesse me ajudar... Fui ao F. G. (psicanalista; não sei mais escrever certo o nome dele). Saí de sua consulta com alguns livros, que lidos, me fizeram perceber muitas coisas e resolvi me separar. Portanto, se você me perguntar se houve mudança em minha vida, digo que sim, e muita. Depois de ter conversado por mais de uma hora, lido livros e deixar um casamento de vinte anos, digo que foi um divisor de águas para mim. Nunca me arrependi, ao contrário, pensei muitas vezes por que não ter feito antes. Mas o tempo de cada um é desigual, só pertence a ele ir desvendando seus passos vagarosos ou rápidos, e mudanças de caminhos, quando e onde...

Ao me deparar em minha vida sozinha, sem fronteiras nem limites, fiquei meio perdida. Então podia tudo? Resolvi, por intermédio de um amigo, ir a uma terapeuta junguiana. Achei mais ou menos, muito mole e larguei. Precisava de margens. Depois fiquei um tempo com uma argentina freudiana que achei muito dura, e então fui a um que uma amiga indicou que parecia Papai Noel, dr. M. Revendo hoje, talvez devesse ter continuado com ele, pois me lembro de dizer que havia conhecido um italiano que dizia gostar muito de mim e ele falar: "Sim, te ama pero no mucho porque afinal tinha uma mulher que não ia largar pelo jeito". Mais uma pergunta sua respondida.

Guardamos frases inteiras, mas em vez de empregá-las, como fiz da primeira vez, aguardo um não sei o que de misterioso que pode acontecer para ir de encontro com o que sonho... Depois desse Papai Noel bem relembrado agora, fui à dra. L., muito capaz, argentina também, mas muito cara. Há três anos resolvi ir a uma analista, S., com quem me dou muito bem (achei que ela não fosse me atender porque é contraparente de um sobrinho meu), me fortaleci, revi em minha vida questões financeiras, administrativas, mudei de casa para mudar de vida, quase acabei meu romance, mas não consegui. Consegui unir mais minha família, resgatei um elo perdido entre eu e eu mesma, ainda que todos os dias leia muita coisa espiritual que me ajuda bastante, assim como a parte analítica ajuda a detectar fenômenos e saídas onde antes me achava sempre num círculo vicioso. Conheço agora as facetas do ser humano que é por vezes maravilhosa na forma de autodefesa e bobagens de egos, caracóis inimagináveis que colocamos e desenrolamos como queremos... Entendi mais os outros, fiquei mais humana e compassiva. Falta tanto ainda, mas nem com um milhão de analistas não nos acharíamos ainda depurados o quanto desejássemos. Essa é a história. Inventaram uma fórmula, mas ela anda para frente como a humanidade. Não é estática, paralítica.

Tem que estar à frente de nós. É por isso que mudamos, eu acho, de profissionais, pois corremos não atrás do que nos diz o presente, mas atrás do que vai ser o futuro.

Quando você se adapta, mudam os lugares, as pessoas, as circunstâncias... E aí mudamos de profissional até para que, em nos relatando de novo, nos vejamos como passado, e aí nossa esperança em melhorar no futuro.

É quando faço análise que costumo enxergar nos outros os aspectos que estou trabalhando comigo. Tudo parece tão claro... Tenho vontade de voltar a ter esse apoio, é um conhecimento indispensável a quem já utilizou... A figura de um analista para mim é de alguém que parece perfeito, pois conhecendo todos os seus aspectos, pode ajudar os outros mostrando o caminho a sua frente. A angústia do analista é ver o que não vemos e não poder fazer o que devemos, e também nessa hora se ver em nós e se perceber humano.

Considerações

Essa depoente não seguiu o questionário e respondeu de uma maneira muito livre, quase que contando a história de sua vida, o que não me surpreendeu, porque já esperava que tivesse esse comportamento.

A impressão que tive, à primeira leitura desse depoimento, foi que aí está descrita uma trajetória de experiências de terapias, de uma maneira, digamos, "simples". Depois, lendo mais atentamente, percebi que suas experiências foram e continuam sendo sofridas, nada fáceis. De modo geral, essa depoente fez terapias mas ainda não se submeteu a um verdadeiro processo analítico, não teve a experiência de análise. O primeiro contato que relata foi uma sessão da qual saiu com muitos livros para ler em casa. Parece-me que ela já estava pronta para se separar do marido, pois bastou ouvir algum comentário de bom senso para ela, afinal, tomar a tão adiada decisão. Parece-me que seu maior problema está nas relações afetivas. Não se pode falar aqui nem de transferência nem de luto, pois seus contatos terapêuticos não foram, pelo que ela conta, muito longos.

Poderia ter ficado com a representação psíquica do terapeuta e fantasiar a respeito dele, mas não foi o que aconteceu. Pelo que pude avaliar a partir desse depoimento, ela trocou várias vezes de terapeuta; e não acredito que se tenha envolvido realmente com qualquer um deles a ponto de ter feito alguma transferência, no sentido psicanalítico, nem qualquer luto pela separação. As primeiras experiências parecem ter sido muito curtas.

Pela minha experiência profissional, percebo que há algumas pessoas que não estão dispostas a aprofundar-se num processo de análise; talvez não sintam necessidade ou não vejam por que fazê-lo, como parece ser o caso dessa depoente. Na minha observação ela só procurou ajuda quando não conseguiu mais tocar sua vida sozinha.

O depoimento não mostra uma pessoa deprimida nem muito angustiada. Depois de três rápidas tentativas – a primeira terapia teve uma sessão só e muitos livros –, ao sentir-se perdida por ter-se separado do marido, procurou a segunda que era junguiana e, parece não ter gostado muito do método dela, mudou para uma "argentina" que também não a agradou, tentativas que não parecem ter deixado "lembranças". Chegou ao analista "Papai Noel" que, a julgar-se pelo seu depoimento, lhe provoca alguma saudade, mas provavelmente por ele se ter manifestado diretamente sobre as relações afetivas da paciente.

Depois dele, outra analista argentina, capaz, mas lembrada mais por ser muito cara. A depoente está agora em sua sexta tentativa – com uma mulher que, pelo que conta, a ajudou bastante no seu cotidiano. Vê-se pelo depoimento que a paciente é muito grata ao processo terapêutico-analítico, mais do que à pessoa do terapeuta ou do analista, apesar de declarar que a figura do analista é, para ela, de alguém quase perfeito. Digo isso porque se pode depreender desse depoimento, de quem mudou tantas vezes de terapeuta ou analista, que a figura do analista não é idealizada.

A depoente não parece esperar "tudo" de cada profissional que consultou; de fato, ela parece ter "aprendido" a valorizar muito mais o processo de fazer uma terapia ou uma análise, não se importando muito com quem. Se o paciente tem uma disposição interna para fazer o trabalho analítico, mesmo que não chegue a ser muito profundo, como parece ser o caso dessa depoente, creio que sempre conseguirá tirar algum proveito desses encontros.

Essa depoente não menciona em seu depoimento nenhum desejo de reencontrar seus ex-terapeutas, nem qualquer vontade de revê-los. A única menção que fez a esse respeito foi a referência ao "Papai Noel" (diz que talvez pudesse ter continuado com ele). Observei também que a depoente diz que precisava de margens, que não encontrou nem em Jung nem em Freud, mas encontrou num... Papai Noel! Esse Papai Noel, contudo, disse-lhe uma verdade muito forte: "Seu namorado não ama você, ele nunca vai largar a mulher dele" – que é um comentário de experiência de vida real, que qualquer amiga dela poderia fazer, quero dizer, não foi uma interpretação. Acho que o comentário ficou tão importante para ela porque foi feito na situação de análise. Parece-me que, nesse depoimento, vê-se um pouco sobre o destino de sua transferência com este ex-analista específico e a representação interna que parece ainda ter dele.

Um dos maiores benefícios obtidos na sexta análise, segundo esse depoimento, foi ter desenvolvido uma função autoanalítica e ter ampliado a capacidade de *insight*. Diz que quando está em análise consegue ver nos outros aspectos que está trabalhando consigo mesma. O maior proveito, alcançado nesse último contato analítico, foram as revisões que pôde fazer de sua vida, e a coragem para mudar o que percebeu, pela análise, que já não fazia sentido para ela.

Há uma diferença entre a análise concebida como um procedimento terapêutico que vise à cura, ao alívio de sintomas e à diminuição da ansiedade, e a análise pensada como um processo de desenvolvimento pessoal. Vista como processo, a análise continua, ainda que terminem os encontros regulares entre analista e analisando, nesse processo infinito, que é o da autoanálise. Avaliada por esse depoimento, essa depoente parece encaixar-se melhor no item procedimento terapêutico.

Podemos perceber pela sua incansável procura, ao longo de sua vida e até hoje, por alguma terapia ou análise, o valor que esses recursos têm para ela, e como se sentiu ajudada nas várias fases de sua vida por esse processo de autoconhecimento.

Quanto a essa depoente, acredito que, mesmo ela tendo se submetido a tantos processos, de tão variadas linhas, alcançou alguma compreensão de seu mundo mental e adquiriu uma função autoanalítica. Nos momentos difíceis de sua vida, percebeu que precisava de uma ajuda profissional, procurou e, a seu modo, a encontrou.

***

Para essa depoente, o depoimento teve uma função importante: o de poder falar de suas experiências analíticas ao longo de sua vida. Como sou psicanalista e sou sua amiga, pareceu-me querer ser bem sincera, relatando realmente como vivenciou e o que aproveitou de suas análises. Depois que lhe enviei minhas considerações sobre seu depoimento, parece-me que pôde fazer uma reflexão mais profunda sobre o que eu escrevi. Vive seu pós-análise de uma maneira peculiar e seus analistas são lembrados, não por eles mesmos, mas pelo que disseram a ela e fez sentido, para ela, na época.

Depoimento 8

Mulher, 61 anos
Profissão: Artista plástica
Depoimento enviado por carta, em 23/09/2004

Essa depoente é uma amiga com a qual conversei sobre a minha pesquisa e perguntei se ela estaria interessada em dar um depoimento sobre sua experiência de análise e de sua vida pós-análise. Concordou, acredito que para me ajudar e também porque é uma pessoa participativa. Mandei o questionário por *e-mail* e ela me respondeu por carta.

1) **Há quanto tempo você terminou sua análise e, no seu ponto de vista atual, o que você pensa sobre ela? Quais foram seus ganhos?**

Terminei a análise no final de 1994, início de 95, não recordo com precisão. Foi muito importante para mim.

2) **Você percebeu rapidamente os seus ganhos? Eles foram mantidos? Qual é o seu estado atual de disponibilidade afetiva e tolerância com as pessoas e qual a sua produtividade no trabalho?**

Não foram muito rápidos os benefícios, mas eu era muito assídua e gostava de ir às sessões. Sim, os benefícios foram mantidos. Acho que os benefícios são um todo, nas várias facetas da vida.

3) Descreva o que você aprendeu sobre você mesma com a análise. Esses *insights* continuaram a ser úteis depois da análise?

Aprendi a me enxergar diferente, ter mais autoconfiança, valorizar atitudes minhas, que antes eram muito críticas. Minha percepção da minha pessoa em relação à família, sim, esses *insights* continuam.

4) Como foi sua experiência de pós-análise?

Após o término as coisas continuam bem e o término foi por minha vontade, e estou feliz por ter feito, mas não sinto vontade de voltar a fazer.

5) Desde o término da análise, você se percebe usando a função autoanalítica?

Sim, uso as percepções do período de análise, é difícil descrever, é uma sensação sempre presente.

6) Você voltou a ver o seu analista depois do término?

Não voltei a vê-lo.

7) Você teve outras experiências de análise? Foram satisfatórias?

Sim, antes dos dez anos com o mesmo analista. Fiz análise com uma senhora durante dois anos, de uma linha ortodoxa. Diria que o período do segundo analista está mais presente na minha vida, tanto pela linha junguiana como pelo período mais longo.

8) O que você pensa de seu analista?

Acho que meu analista foi muito bom no sentido que não criei nenhuma dependência a ele, e o que era tratado durante a sessão era mais importante do que a pessoa do analista.

Considerações

Esse depoimento foi feito em uma carta que a depoente me mandou assinada.

Essa depoente é parcimoniosa com respeito aos benefícios da análise. Seu depoimento mostra que seus ganhos foram percebidos mais no período pós-analitico. Sua autoestima melhorou e conseguiu ter um melhor relacionamento com a família. Faz bastante uso da função analítica, e percebe essa função sempre presente em seu cotidiano. Está sempre se analisando. Considera que a análise foi um bom investimento que fez, mas não sente necessidade de voltar a fazê-lo. Fez uma análise inicial ortodoxa com uma mulher e depois uma junguiana com um homem que, pelo que escreve, foi a que mais a marcou. Gostava de seu analista, tinha prazer em ir às sessões, mas foi ela que interrompeu. Pelo que pude depreender, não teve alta, e até cita como um ponto positivo não ter criado nenhuma dependência com o analista, ponto com o qual não concordo. O que chama a atenção é que a decisão de parar não foi tomada de comum acordo.

Parece-me que é essencial numa análise saber o momento certo de parar. Pode-se pesar as vantagens de continuar o tratamento, em relação às desvantagens, e também levar em consideração os efeitos psicológicos de grandes sacrifícios impróprios e outras inconveniências: não acredito que seja esse o caso dessa depoente. Às vezes, tomar a iniciativa de interromper já pode representar um ganho muito importante. "Acho que o meu analista foi muito bom no sentido que não criei nenhuma dependência a ele".

É importante para esta depoente saber que pode caminhar com suas próprias pernas e ter a escolha de parar. É importante que se sinta livre para que, assim como veio por sua própria iniciativa, possa também ir por vontade própria no momento em que achar que é o caso. Até para ela sentir que é por sua escolha livre e espontânea vontade que ela vem encontrar-se com o analista ou deixa de fazê-lo. Parece-me que a depoente deixou de ter um espaço interno para investir numa análise.

Estamos às voltas com o depoimento de uma artista plástica. Isso me levou a refletir sobre a expectativa que o analista pode vir a alimentar em relação a ajudar um paciente com este perfil a desenvolver sua criatividade ou talento. Não há razão para supor que um paciente que, por exemplo, escreva poesia medíocre, venha, pela análise, transformar-se em grande poeta. O resultado mais provável é que ou o paciente irá se resignar às próprias limitações, mas continuará a gostar de escrever poesia, ou desistirá completamente de escrever poesia.

No caso dessa depoente, pude perceber em seu depoimento que, tendo passado por um processo analítico, ela se conscientizou de suas limitações e aprendeu a conviver com elas, não construindo nenhum modelo fantasioso do que gostaria de vir a ser por causa da análise.

Separa o processo terapêutico da pessoa do analista. Não tendo aparentemente estabelecido uma transferência especialmente significativa com o analista, pôde aproveitar de uma maneira mais "racional" sua análise. Acredito que isso se deve a características de sua personalidade e não tem nada a ver com a análise ou com o analista.

***

Essa depoente usou o depoimento da mesma maneira que fez com a análise e deve fazer em sua vida. Mostrou-se uma pessoa muito receptiva em dar o depoimento, mas não sei se usou a oportunidade do depoimento para refletir sobre sua análise. Parece-me estar tudo pronto e ser difícil de mudar. Quando mandei para ela ler minhas considerações, para ter autorização para publicar, me telefonou e se dispôs a falar mais, se eu precisasse. Não concordou com alguns de meus comentários, o que é absolutamente normal e que confirma seu jeito de ser.

Depoimento 9

Homem, 55 anos
Profissão: Administrador de empresas
Depoimento enviado em 08/10/04, por *e-mail*

Esse depoimento foi dado por um administrador que foi indicado por uma amiga. Não tenho nenhum relacionamento com ele. As perguntas foram enviadas por *e-mail* e ele também respondeu pelo mesmo meio.

1) Há quanto tempo você terminou sua análise e, no seu ponto de vista atual, o que você pensa sobre ela. Quais foram seus ganhos?

Terminei minha análise há cerca de quinze anos e acho que foi superimportante para mim.

Comecei a fazer análise com 25 anos, após um período muito difícil da minha vida. A análise me ajudou a superar e aprender a viver nessa nova realidade. Acho que se não tivesse feito análise, a vida teria sido muito mais difícil para mim. Como fiz análise por vários períodos, durante quase 25 anos, deveria considerar os períodos separadamente, para pensar nos ganhos que tive. Mas, em linhas gerais, posso dizer que sempre tive ganhos e em cada fase me senti sempre melhor.

2) Descreva o que você aprendeu sobre você mesmo com a análise. Esses *insights* continuaram a ser úteis depois da análise?

Aprendi basicamente a me aceitar. Uma das coisas que me marcou muito foi quando descobri "que eu *não* era responsável pela infelicidade das pessoas próximas". Foi um *insight*. Este foi um deles, que continua sempre útil. Outros *insights* devo já ter incorporado em meu dia a dia, e sua influência em minha maneira de agir/pensar acabo nem percebendo.

3) Como foi sua experiência pós-análise?

Depois de ter feito tantos períodos de análise, considero ter tido sempre ganhos e que a análise facilitou muito minha vida.

4) Houve um momento em que você se percebeu fazendo uso consistente de uma nova função mental, a função antes desempenhada por seu analista?

Não me lembro, e para ser honesto, não sei o que quer dizer "fazer uso consistente de uma função mental". Não me lembro de agir como meu analista agiria.

5) Você teve outras experiências de análise? Foram satisfatórias?

Todos os períodos de análises que fiz foram satisfatórios.

6) Você voltou a ver o seu analista depois do término?

Fiz análise com quatro profissionais, e nunca mais os vi. Falei pelo telefone com um deles quando precisei de uma indicação para um amigo.

7) O que você pensa de seu analista?

Pessoas que me ajudaram muito.

Considerações

Parece-me que esse depoente procurou análise desde cedo, por algum problema que ocorreu em sua vida quando tinha 25 anos. Segundo ele, a análise o ajudou a superar essa fase difícil e a encarar e aceitar uma nova realidade. Como dizem os franceses, fez várias *tranches* (pedaços) de análise durante metade de sua vida. Considera que teve ganhos em todas as fases das análises que fez. Um dos maiores ganhos foi perceber que não era responsável pelos outros. Na minha maneira de pensar, essa percepção é um dos maiores ganhos de uma análise, porque tira o sentimento de culpa da pessoa e ela consegue viver mais livremente. Interrompe um ciclo vicioso: ação, culpa, reparação. Pessoas que vivem movidas pela culpa sem se darem conta, como parece, era o caso desse depoente.

Considera a função da autoanálise um desenvolvimento que adquiriu na análise já incorporado no seu dia a dia e às vezes faz uso dela sem perceber. Não se lembra nem de como o seu ex-analista trabalhava.

Sua experiência de pós-análise é meio inexistente, porque em sua cabeça, pelo que pude observar, está sempre aberta a possibilidade de um retorno quando sentir necessidade.

Ao analisar o caso desse depoente, lembrei-me de um depoimento neste livro; podemos pensar quão raro é esse fenômeno de pós-análise; esse período é um fenômeno cinzento que está situado entre a análise e o pós-análise.

Fez quatro vezes análise com quatro profissionais diferentes. É do tipo que não procura mais seu antigo analista; quando sentiu necessidade, procurou outro.

***

Esse depoente usou o depoimento de uma forma bastante racional. Descreveu como foram suas experiências psicanalíticas, com muita precisão. Como foi uma pessoa indicada por uma amiga, eu não o conheço, acredito que tenha entendido que esse fosse o tipo de depoimento que se esperava. E deixou claro que é, sim, uma pessoa que se beneficiou com a análise e parece disposto a recorrer a ela, outras vezes, se sentir necessidade.

Considerações gerais sobre os depoimentos

Depois de todas as entrevistas feitas, respondidas e analisadas, posso afinal tentar fazer um "balanço" dos resultados, com algum comentário mais geral e falar de alguns pontos em que praticamente todos os depoentes coincidiram.

Depois de ouvidos e analisados todos os depoimentos, pude observar que cada depoente enxergou o depoimento de uma maneira própria: alguns aproveitaram a oportunidade e até gostaram de contar suas experiências; outros usaram o momento do depoimento para repensar suas análises. Em muitos casos, senti que o depoimento foi uma experiência muito rica para os próprios depoentes; e muitos tiveram *insights* durante o depoimento. Enfim, em cada depoimento vê-se que a oportunidade de pensar e escrever sobre a própria análise teve um determinado significado e ocupou um lugar diferente, específico em cada caso.

Em muitos depoimentos apareceram os mesmos assuntos que têm ocupado os inúmeros autores que li sobre o término e o período pós-término.

Os depoimentos também foram uma oportunidade para mim, como pesquisadora e como psicanalista, para descobrir aspectos novos no tema do pós-análise. Nesse sentido, pude ver o que existe de universal no microuniverso de cada depoente.

Talvez o mais importante, que eu não poderia deixar de registrar aqui, e o que mais me enriqueceu no trabalho de recolher e examinar esses depoimentos, foi a oportunidade muito rara de ouvir falar sobre psicanálise e análise, não pelos especialistas, mas na voz dos pacientes.

Este livro – que espero que beneficie vários tipos de leitor, não só os especialistas – foi, para mim, uma oportunidade, certamente muito rara, de entrar em contato com a intimidade de pessoas como nós, que se dispuseram a relatar partes de sua mais estrita intimidade para colaborar com uma pesquisa acadêmica.

Cada uma dessas pessoas (colegas e amigos) ensinou-me um pouco sobre pós-término e ajudou-me muito. Faço aqui um agradecimento a todas elas, sem as quais este livro não poderia ter sido escrito.

Há muitos anos me interesso pelos temas de "término de análise" e de "pós-análise"; são temas que fazem parte da minha vida psíquica há muito tempo.

Em aula ministrada na pós-graduação de psicologia clínica na Faculdade de Psicologia da Universidade de São Paulo, em 26 de setembro de 2004, o professor Gilberto Safra assinalou que: "Os objetos de investigação psicanalítica fazem parte também da vida psíquica do investigador".

Este livro, portanto, por mais que vise a objetivos acadêmicos e científicos, satisfaz, também, em larga medida, um interesse – talvez, melhor, uma *curiosidade* – muito pessoal.

***

No primeiro grupo de depoentes – psicanalistas –, o que pude observar foi que, nas entrevistas que fiz pessoalmente, as respostas foram mais longas e houve um interesse maior, talvez pela situação de diálogo criada pela minha presença. Nesse grupo, a duração das análises variou de seis anos (o período mínimo obrigatório para a formação de psicanalistas) até dezessete anos (duas análises).

No segundo grupo – não analistas –, a duração das análises foi bem variada. Houve todos os tipos de casos: desde o paciente que procurou um analista "com a mulher, num momento de crise conjugal", até a paciente que relata nove anos de análise, mas escreve que "costumo dizer que fiz 'vinte anos' de análise".

Ainda no segundo grupo, quando os não analistas respondem sobre o que pensam da análise, é interessante verificar como as opiniões são muito variadas, embora todos se manifestem favoravelmente à análise. Nesse grupo, contudo, aparecem importantes diferenças de expressão escrita, que não se podem desconsiderar neste trabalho. Uma das depoentes, por exemplo, escreve que a análise, em sua opinião, "é um privilégio"; essa expressão é ambígua demais, e a ambiguidade, aqui, impede que se decida por qualquer dos muitos significados da palavra "privilégio". Pelo contexto geral da resposta, pode-se supor que a palavra "privilégio" esteja sendo usada como sinônimo de "bom, bem-vindo, oportuno", quase no sentido de "foi uma rara felicidade eu ter podido fazer análise". Mas nada impede que alguém leia que, para essa paciente, a análise "foi um luxo", uma coisa maravilhosa, mas "supérflua"; ou, até, que foi uma coisa "não merecida", traço semântico que também está presente no significado da palavra "privilégio".

Sobre a "função analítica" nesse segundo grupo, com ou sem o nome técnico, todos os depoentes concordam com a ideia de que até hoje "se analisam" e "analisam os outros".

Nem todos os depoentes falaram como analisandos. Esse assunto, aliás, é discutido em um dos depoimentos, quando o depoente tem oportunidade para escolher e escolhe falar como analista. Vale lembrar, porque é importante, que esse depoimento foi feito "ao vivo", pessoalmente. Isso muda muito a relação depoente-entrevistador e muda, também, as características das perguntas e das respostas. A proximidade física e a intervenção do entrevistador presente dificulta – às vezes, pode chegar a impedir completamente –, para o depoente, a possibilidade de ele falar sobre o que queira: o entrevistador presente consegue "dirigir" melhor as perguntas.

O que se vê nesse conjunto de depoimentos é que o problema do analista-em-pós-análise não é exatamente igual ao problema do analisando-em-pós-análise.

Outro fator que pude observar é que, quando o assunto é "psicanálise", os analistas profissionais, em alguns casos, dão a impressão de se sentirem "invadidos" pelas perguntas. Há um caso de depoente que optou por tentar manter-se incógnito; e outro em que o depoente absolutamente não escreveu sobre sua experiência pessoal como analisando.

Esse "sentimento" de sentir-se invadido, em diferentes graus, em alguns casos, pode ter levado os depoentes-analistas a concentrarem-se mais nos aspectos e utilidades "profissionais" da análise. Alguns só falam da utilidade que suas análises tiveram, para eles, exclusivamente como analistas, nunca como analisandos, quer dizer: escrevem como profissionais entrevistados sobre sua profissão; não escreveram como pessoas "comuns", que conheceram a experiência da psicanálise e estão sendo convidados a manifestarem-se sobre essa experiência, no período pós-término.

Uma observação que salta aos olhos nos dois grupos é que todos, sem exceção, se sentiram beneficiados pelo processo analítico. Alguns analistas privilegiam a ideia da "utilidade profissional" da análise (didática) ou de "mudança para melhor" no analisado, aferida por ele mesmo e pelos amigos.

Outra observação que fiz foi que, dos nove depoentes-psicanalistas, quatro recorreram à reanálise e cinco, não; mas todos têm pacientes que voltaram para uma reanálise. Também no segundo grupo, a maioria fez uma reanálise. Alguns mantêm um contato social depois de finalizada a análise, outros mantêm um contato mais formal:

telefonando em datas festivas, mandando cartas; e há os que nunca mais se encontram. O que pude perceber é que, depois de finalizada a análise, vários pacientes têm muita vontade de pôr o analista em dia com os acontecimentos recentes de suas vidas e de "matar as saudades". Nesse sentido de comportamento pós-analítico, pude observar que não há nenhuma regra. É uma situação muito individual. Acredito que depende muito da postura do analista, não só no período terminal e no pós-término, mas também de sua postura no decorrer da análise.

Há um analista que disse que, além de acompanhar a experiência de pós-término de seus pacientes, acompanha também a experiência dos descendentes de seus ex-analisandos. Uma regra quase geral é que os pacientes que voltam a fazer uma reanálise com os mesmos analistas diminuem o número de sessões.

Vários depoentes, analistas e não analistas, falam em "terceira análise", e consideram essa terceira análise uma espécie de "arranjo final". É também interessante a ideia de que, no fundo, mesmo a pessoa tendo feito várias análises, todas compõem "uma única psicanálise". Compactuo com essa ideia, porque a pessoa é uma só. Acho que, em cada análise, aparece uma fatia, um pedaço daquela pessoa, dependendo da fase que esteja vivendo, e dependendo também do analista. Mesmo que todas as análises sejam feitas com o mesmo analista, também o analista será encontrado em diferentes momentos de sua vida. Numa das suas muitas entrevistas publicadas, Mário Vargas Llosa dizia que, na realidade, só escreveu um livro, durante toda a vida. E Clarice Lispector, em uma entrevista, disse que iria "contar uma história sem fim". A análise pode acontecer em vários momentos aparentemente muito diferentes, mas parece ser um só processo e contínuo.

Outra observação interessante é que analistas de crianças quase nunca mais as veem. As crianças têm muito pouca autonomia, tanto para escolherem o analista como para pararem a análise; e são totalmente dependentes dos pais, o que resulta em nem sempre fazerem "toda a análise" que escolheriam fazer. Também nesses casos o analista fica sozinho, sem resposta para a curiosidade de saber o que aconteceu ao seus pacientes-crianças.

***

No primeiro grupo, os depoentes, por serem todos psicanalistas, parecem ter mais capacidade para usar a função autoanalítica e analisarem os próprios sonhos e *insights*. Talvez por isso, dos nove analistas estudados aqui, só quatro recorreram à reanálise. Muitos são da opinião que, mesmo depois de terminada a análise, os *insights* continuam. Dizem mesmo que acreditam que várias compreensões que tiveram a respeito de algum problema deram-se como um desdobramento da análise, na fase pós-término. Como disse uma depoente "ainda fertilizo sementes lançadas anos atrás".

Depois de ter o objeto analítico introjetado, o processo de autoanálise dispara toda vez que for preciso. Esse processo não para nunca.

Um dos analistas entrevistados acredita que a autoanálise só funciona quando há interlocutores.

Interessante, também, a observação de um dos depoentes sobre a diferença que faz o analista, ou o paciente – a dupla analítica –, no desenvolvimento do processo analítico. Estou de acordo com essa afirmação, que me parece muito verdadeira. Não podemos fazer qualquer julgamento *a priori*; a análise é sempre um processo individual, vivido em cada dupla.

Segundo um dos analistas entrevistados, quanto mais responsável a pessoa se torna, menos culpa ela sente e o mecanismo de identificação projetiva diminui consideravelmente. As atitudes que uma pessoa analisada toma decorrem mais de responsabilidade do que de culpa. A pessoa pode então usar melhor os próprios recursos. Esse depoente considera essa mudança a principal consequência de uma análise bem-sucedida.

***

Autoestima, segurança, maturidade, disponibilidade afetiva, produtividade no trabalho são ganhos que quase todos falaram ter obtido, independentemente de serem psicanalistas ou não. Os "ganhos" são sempre no sentido de "conhecerem-se melhor", de "aprender a tolerar-se", de "pôr limites a si e aos outros", de dar melhor uso ao que não pode ser mudado. Por exemplo, no caso de um depoente que fala da "preguiça" com conotação negativa que, graças à análise, passou a poder ser descrita como "necessidade de recolhimento e repouso, para produzir mais e melhor" com conotação positiva. Em praticamente todos os casos, esses "ganhos" são duradouros ou são percebidos como duradouros.

Um analista cita um outro aspecto da mudança depois da análise: "É que eu me tornei uma pessoa mais responsável por mim mesmo; deixei de atribuir aos outros, ao mundo, às instituições e às pessoas a responsabilidade pelos acontecimentos da minha vida".

Uma depoente do grupo dos não analistas deu um depoimento emocionante, chegando a confessar que "sem a minha psicanálise eu nunca teria chegado a ser uma pessoa. [...] Sem análise, eu continuaria 'um nada'. [...] Quero dizer: sem análise, eu teria ficado em estado de 'nada', até morrer; ou até desaparecer no ar; ou até sumir; ou até ser apagada, como um rabisco errado, de uma folha de papel. [...] Primeiro, eu nasci na análise. Segundo, eu não morri durante a análise. Terceiro, virei uma pessoa. [...] A impressão que eu tenho é que eu sempre fui... O que só passei a ser depois da psicanálise". Acredito que esse depoimento não precisa de comentários, ele diz por si só.

Outro depoente não analista diz: "A minha vida não mudou muito, porque não tinha por que mudar. Apenas a minha atitude perante os mesmos problemas ficou diferente. Hoje, eu me conheço um pouco mais".

Em termos gerais, pode-se dizer que os ganhos mais citados nas entrevistas dos dois grupos foram:

- maior produtividade no trabalho;
- maior tolerância com a família e, como consequência, uma melhora do relacionamento familiar;
- elaborar lutos;
- tolerância à frustração;
- reconhecer as diferenças de cada um;
- mais capacidade para ser observador de si mesmo;
- menos culpa;
- menos angústia e descobrir o porquê das angústias;
- maior liberdade para escolher;
- ver o analista depois do término;
- sentir-se mais livre e dono de seu destino;
- sentir-se mais forte e seguro;
- conhecer-se melhor e poder usar os equipamentos que tem;
- respeitar e entender as pessoas como elas são, e não como um "prolongamento do meu desejo";
- maior capacidade de suportar os problemas existenciais;
- aprender basicamente a aceitar-se;
- não ser responsável pela infelicidade das pessoas próximas;

- durabilidade dos ganhos – em quase todos os depoentes; alguns responderam que, para mantê-los, tiveram que recorrer a uma reanálise.

***

Como a autoestima melhora, a pessoa se aceita mais com seus defeitos e qualidades. As características de cada um ficam mais livres para aflorarem. Corroborando essa ideia, diz um analista: "Fundamentalmente, (a análise) me ajudou a construir minha identidade de psicanalista, e nesse sentido puderam brotar vários aspectos potenciais de minha personalidade que não podiam desabrochar por inseguranças, conflitos edípicos e angústias existenciais".

"Impossível olhar para o mundo da mesma forma que olhava antes da análise. Fazer análise foi um divisor de águas para mim", diz outra depoente.

Outro analista comenta que, antes da análise, sua autoimagem era uma, mas a que passava para os outros era outra. Com a análise, ele pode integrar mais e se sentir mais tranquilo para mostrar-se "como sou".

Uma das perguntas de uma depoente chamou-me a atenção: "Posso chamar de experiência pós-analítica estes quatro anos sem análise? Não sei dizer, pois interrompi o tratamento". É uma pergunta difícil de responder. Como não houve interrupção de comum acordo – a depoente diz que abandonou a análise – a experiência pode ser pensada como experiência *passada*, mas a depoente fica sem saber como responder à pergunta sobre o término de sua análise. Como não houve término, não há para ela qualquer possibilidade de pensar em sua experiência pós-analítica senão como um evento passado, não como evento que teve início e fim.

Outra analista depoente diz: "Desde o término da análise, continuo a descobrir sobre mim mesma, principalmente através de sonhos". Aí pode estar um claro exemplo do que se tem chamado, neste livro, de "autoanálise".

Uma vez analista sempre analista.

***

A capacidade empática e terapêutica dos analistas foi muito valorizada. Vínculo terapêutico, caráter humano e verdadeira compaixão pelo sofrimento. Quando alguns analisandos conseguem introjetar um objeto interno mais consistente, modificam suas vidas, refazem vínculos afetivos com novos relacionamentos ou estabilizam suas relações originais. Essa introjeção de um bom objeto é uma consequência das próprias potencialidades dos pacientes e a análise funciona como um catalisador para esse aproveitamento e expansão dessas possibilidades existentes.

Acredito que muitas pessoas não se dão conta da má qualidade de vida emocional que levam, e a análise é um dos poucos instrumentos que conheço que podem ajudar. Nas palavras de um dos depoentes: "[...] aliás, eu não percebia que eu poderia viver melhor".

É interessante quando se tem um retorno – de amigos ou da família – sobre as suas mudanças durante e depois de ter feito uma análise. Como conta um analista: "[...] a análise provocou mudança visível em mim. Há pessoas que conviviam comigo antes e convivem hoje que também acham que eu mudei depois da análise".

Ainda no mesmo tema, outra depoente diz: "Acho que se não tivesse feito análise a vida teria sido muito mais difícil para mim"

***

O término também é questão muito diferente, se considerada do ponto de vista dos profissionais analistas ou se considerada do ponto de vista de pacientes analisandos e ex-analisandos. Se o término de uma análise pode ser descrito como uma das fenomenologias da morte, deve-se portanto prever que haja vários modos de falar/pensar sobre ele; tantos modos quantos há de falar/escrever sobre a morte das pessoas que conhecemos e amamos, de diferentes modos, ao longo da vida. Assim, também deve-se prever que as falas/escritos sobre o término variem conforme os vários tempos que separam o momento do término da análise e o momento de falar/escrever sobre ele.

É uma experiência bastante individual. Alguns só mencionam o tempo e não falam das dificuldades da separação. Diz uma depoente: "A análise pode ter vários términos intermediários, espécie de 'semitérminos'; como se o negócio todo fossem vários capítulos em que, no final de cada um, encerra-se para sempre alguma coisa".

"Um vazio muito grande, enorme desamparo", diz outra analista depoente sobre a sua experiência de término.

Uma outra diz sobre seu analista: "Acho que meu analista foi muito bom no sentido que não criei nenhuma dependência a ele, e o que era tratado durante a sessão era mais importante do que a pessoa do analista".

Uma das depoentes comenta o "término acertado" com o analista seis meses antes; outra fala sobre a morte do analista. Nos demais casos, o término da análise não foi discutido pelo depoente, que se concentrou sobre os términos (e os retornos), não dos analistas-entrevistados, mas dos pacientes-analisandos dos analistas-entrevistados.

Aí, parece haver um pouco de tudo: os analisandos que voltam várias vezes, os que telefonam, os que vêm em visita, os que mandam presente de Natal.

No grupo dos analistas, parece ser unânime a ideia de que todos os analisandos voltam, mesmo que a volta não implique "outra" análise e seja quase que exclusivamente uma espécie de volta "social", em diferentes graus de contato.

Em termos de leitura ampla de todos esses depoimentos, parece-me que, ao final de tudo, há ainda uma fase da análise que só muito lentamente nós, analistas, começaremos a poder ver com mais clareza, na medida em que comecem a aparecer outros estudos sobre o período pós-término.

Refiro-me especificamente à possibilidade de cada analisado fazer, ele mesmo, também um "balanço" de sua análise ou de suas muitas análises. Nesse caso, alguma espécie de "depoimento", como os que esta pesquisa provocou sobre o término e o período pós-término das análises desses depoentes, pode ser, para muitos, parte ainda integrante da análise. Tratar-se-ia, então, de cada analisado construir, no mínimo para si mesmo – mas nada impedirá que seja partilhado com o analista ou mesmo que seja "público", num romance publicado ou num filme – algum discurso crítico sobre a sua análise e a psicanálise. De modo geral, parece ser verdade que só os analisados podem falar, com "conhecimento de causa", sobre a psicanálise.

Assim como se pode dizer que nenhuma infância estará completamente "superada" se não for "reconstruída" pela psicanálise, também talvez se deva dizer que nenhuma análise estará completamente "terminada" se não puder ser "reconstruída", na medida do possível, conscientemente. Nesse caso, trata-se de "reconstruir" a novela psicanalítica de cada um, assim como a psicanálise permite "reconstruir" a novela familiar de cada um.

Considerações finais

O tempo de depois

"Dois seres humanos interrompem os encontros. Durante anos, chovesse ou nevasse, eles encontraram-se três, às vezes quatro vezes por semana, para preocuparem-se juntos, com tudo quanto o primeiro pôde transmitir ao outro, mediante suas palavras e seus silêncios, do mais íntimo de si mesmo, de seus próximos presentes e passados, de seus desejos e angústias, de seus sonhos e de suas vergonhas mais miseráveis.

Durante anos, o segundo – o analista – dedicou-se a representar para si mesmo, mediante sua escuta, os diversos sentidos que tomaram, ao longo do tempo, as palavras e os silêncios do primeiro – o analisando. [...] De algum modo, aconteceu que o analista conheceu sentimentos de estima e afeto pelo analisando, mas também aconteceu de ele evocar com gratidão Winnicott que, ao dar nome ao "ódio na contratransferência", tanto aliviou a culpa de todos que a conheceram algum dia – e não há análise, no meu modo de ver, em que esse ódio não apareça.

> [...] Mediante suas palavras semeadas em seus silêncios, eles atravessaram o calor e o frio, o sublime e o imundo. O analisando conduziu o jogo, o analista acompanhou-o ou resistiu, segundo as necessidades da situação analítica na qual ele tenha decidido manter o analisando.
> Um fio, depois vários, teceram-se entre eles e em cada um deles, em suas diferenças irredutíveis e em sua comunidade incontornável de seres humanos. Um dia, o "tempo passado" foi posto em perspectiva; outro dia, a separação ficou acertada, para uma data determinada. E ei-lo que volta, esse "tempo passado", reenviando o analisando a algo que eles haviam colocado, até então em comum: a solidão inerente à alteridade.
> Esse "tempo depois" já não mais pertencerá ao campo da relação entre eles. Cada um deles tornar-se-á apenas a significação que tenha para si mesmo, e só para si mesmo. O tempo da análise passará a pertencer aos seus respectivos passados, a nostalgia mudará de terreno" (Guignard, 1215-1223)[1].

Essas bonitas palavras de Florence Guignard (1997) me pareceram muito pertinentes para as considerações finais deste livro.

---

[1] Tradução livre da autora.

Convivendo de perto com muitas pessoas que se submeteram a processos psicanalíticos – colegas, familiares, amigos – dei-me conta de que muitas vezes as pessoas parecem desabrochar depois de terminada a análise. Talvez se pudesse estabelecer uma analogia entre o final da análise e a conclusão de um determinado ciclo da vida, por exemplo: a moça que deixa de ser adolescente, estudante, e assume o papel adulto, tornando-se profissional ou casando e tendo um filho. O mesmo se poderia dizer do rapaz.

Passado algum tempo, é como se a pessoa, depois de uma análise bem-sucedida e como parte da elaboração do luto pela perda da situação da análise, se desse conta, pouco a pouco, de haver internalizado a função analítica e se descobrisse capaz de caminhar com as próprias pernas. O desabrochar de que falei anteriormente possivelmente se deve à apropriação pelo sujeito dos ganhos obtidos por meio do processo analítico. O sujeito percebe-se com recursos que passaram a fazer parte do seu repertório pessoal.

Às vezes, constatamos que determinadas análises que parecem intermináveis não se interrompem porque analista e analisando estabeleceram um conluio inconsciente e se entretêm mantendo uma relação em que o analista não está mais desempenhando a função analítica. Segundo Laplanche e Pontalis (1967), dependendo da relação que o paciente tem com o analista, "[...] é melhor continuar doente que tombar curado" (p. 20).

Ferenczi (1927), em artigo sobre a terminação das análises, já nos dizia que o ganho que o paciente recebe em sua análise não termina com o final dela. O que se espera é que as mudanças que ocorreram no paciente continuem e que ele possa fazer uso dessa função recém-adquirida.

Os ex-analisandos vivem a fase do pós-término das mais diferentes maneiras: alguns mandam cartões de boas-festas, telefonam a cada fim de ano, eventualmente marcam uma consulta; e outros nunca mais entram em contato com o analista, o que não quer dizer que não tenham introjetado a função analítica ou se beneficiado da análise.

Lembro-me de uma experiência que tive em Roma, há alguns anos, numa missa rezada pelo Papa João Paulo II, numa capela ao lado do Vaticano. A missa era rezada pelo Papa às quartas-feiras, às 11h da manhã; uma missa para convidados, não aberta ao público, à qual tive acesso graças ao empenho de uma amiga, residente em Roma, que nos convidou. Chegamos uns quinze minutos antes da hora marcada, como minha amiga nos disse que fizéssemos, e lá fomos nós, meu filho, minha mãe, minha tia e eu.

A capela já estava repleta quando chegamos. Não era uma capela pequena, ao contrário: a mim me pareceu uma igreja normal, para os nossos padrões brasileiros. Estávamos os quatro bem instalados no meio da igreja, quando vimos adentrar pela nave um grupo muito estranho. A princípio achei que fossem mendigos; depois percebi que estavam fantasiados, as moças com minissaias bem coloridas, outras com roupas de balé com tutus de tule, vestidas como bailarinas de balé clássico, como de *O Lago dos Cisnes*, e alguns palhaços. Minha tia e eu, horrorizadas, comentamos o mau gosto e a falta de respeito de aquelas pessoas apresentarem-se com aqueles trajes, numa missa rezada por Sua Santidade. Mal sabíamos então que, como diz o ditado, "todos pagam pela língua".

Alguns minutos depois, o Papa também entrou pela nave. Foi uma sensação muito especial, que eu não esperava sentir e para a qual eu não estava preparada.

Ao passar do nosso lado, o Papa parou e passou a mão na cabeça do meu filho, que tinha então 13 anos. Foi emocionante. O Papa passou-nos uma impressão de muita paz, difícil de descrever. E continuou a andar em direção ao altar.

Quando o Papa chegou ao altar, viu o grupo fantasiado, postado ao lado. Um dos fantasiados então aproximou-se do Papa e disse: "Sua Santidade, nós somos um grupo circense de Mestre (cidade perto de Veneza) e queríamos agradecer tudo o que o Senhor fez por nós. Como a única coisa que sabemos fazer é o nosso malabarismo de circo, decidimos vir e oferecer-lhe um número do nosso espetáculo. Estamos viajando há dois dias".

O Papa, que estava em pé no meio do altar e ouvira atentamente, chamou um ajudante e pediu que afastassem a sua poltrona, para abrir espaço para os malabaristas. Agradeceu a visita e disse: "Meus filhos, tudo o que vocês quiserem dar é muito bem-vindo. Cada um só pode dar o que tem.

Vocês trazem o que sabem fazer. É muito valioso para mim". Afastou-se e foi sentar em um canto do altar.

Minha tia e eu ficamos "passadas". Tão bonito o que tínhamos acabado de ver e ouvir... E dois minutos antes, nós duas, julgando tão mal, o que o Papa julgara tão bem! Foi uma lição e tanto. Não se pode julgar ninguém, antes que as pessoas falem e as escutemos. O Papa assistiu a todo o espetáculo; no final bateu muitas palmas.

Nunca mais esqueci essa experiência. "Cada um só pode dar o que tem".

A lembrança voltou-me, agora, pensando nos analisandos que nos procuram e na maneira como são e se comportam depois de finalizada a análise: todos, nas análises, só damos o que temos, os analistas e os analisandos, do começo ao término das análises, e depois. "Depois da análise" foi o tema que tentei pesquisar, do qual resultou este livro.

Como disse Contardo Calligaris, em uma crônica da *Folha de S. Paulo* de 6/1/2005:

> No fim de uma análise, espera-se que alguém possa sair do consultório de seu analista e levar, por exemplo, um vaso de flores na cabeça, sem que lhe ocorra, nem por instante, que se trate de um complô, de uma punição merecida por ousar se aventurar no mundo sozinho, ou mesmo de uma vingança do próprio terapeuta abandonado. Às vezes, os vasos caem sem mais nem menos.

Concordo com Déchaud-Ferbus e Angelergues (1997, p. 15) quando dizem em seu artigo "Après l'analyse" que a situação pós-analítica está longe de ser estável e a comparam à " arte de acomodar os restos". E continua se perguntando por um inacabado em movimento, se não seria isso a "doença pós-analítica"? Todas as análises ficariam inacabadas, deixando restos e perguntas, escritos e confrontações, quer dizer, uma "potencialidade evolutiva, considerados os resíduos". Ainda segundo esses autores, um dos resultados da psicanálise deve ser a capacidade de oferecer-se ao investimento positivo do outro.

Já os Botella (1997), no artigo "O Inacabamento Fundamental de todas as Análises", nos dizem com muita propriedade que "[...] um tratamento terminado é uma análise inacabada" (p. 1125)[2].

Como disse Freud sobre o "Homem dos Lobos", às vezes, o próprio tratamento torna-se sintoma: "um caso de autoinibição do tratamento".

O que será que falta às análises corretamente conduzidas, que exigem logo depois uma reanálise? Dizem os Botella (1997) que:

> Esse é o sentido evolutivo dos processos irreversíveis do "pós-análise", o modo de o ego conquistar novos domínios sobre o id. Esse é o sentido dos "processos espontâneos de remanejamento" que qualificamos de

[2] Tradução livre da autora.

> processos irreversíveis, e de "sentido recém-adquirido", que associamos à figurabilidade. Trata-se, no conjunto, de capacidades transformacionais do psiquismo (p. 1136)[3].

O que desestabiliza o psiquismo é um percebido-experimentado atual.

Umberto Eco, citado no mesmo trabalho dos Botella (1997), nos conta com muita poesia em *A ilha do dia anterior*:

> [...] olhando para o Ocidente, vê-se um dia mais jovem do que se se contempla o Oriente. E ele gostaria de poder voltar àquela ilha do dia anterior. À noite, num sonho, a realidade temporal nos rejuvenesce pela atualização do passado, ao mesmo tempo em que nos envelhece, pela presença do dia seguinte. Esse tempo de antes de acordarmos situa-nos, poder-se-ia dizer, sobre o meridiano 180, nesse ponto particular de uma convergência dos tempos diferentes, unindo-se e oferecendo a liberdade de "unir qualquer ponto com qualquer outro", oferecendo o máximo de possibilidades para a constituição de novos laços, de novas coerências psíquicas. O mesmo aconteceria na regressão narcísica, fora do tratamento analítico, em alguns momentos excepcionais, especialmente no "pós-análise" (p. 1140)[4].

[3] Tradução livre da autora.

[4] Tradução livre da autora.

Os Botella (1997) propõem, como complemento da imagem do arqueólogo, a imagem do enigmático título de um quadro pintado por um de seus amigos pintores:

> [...] *O profeta de perfeita memória*, alguém que se recorda do próprio futuro. Por essa formulação, acreditam poder ilustrar a surpreendente temporalidade de uma análise bem-sucedida: uma continuidade passado-futuro seria a sequência da dualidade passado-presente, a dos vestígios arqueológicos; Édipo venceu a Esfinge ao resolver o enigma, mas, ignorando seu passado, ele continua a ignorar o próprio destino; de algum modo, seu futuro não tinha memória. O analisando não tem como único objetivo o "pós-análise", tornar-se o interpretante de seu passado, que era o seu analista. Superando Édipo e aproximando-se de Tirésias, ele deve também tornar-se capaz de, poder-se-ia dizer, lembrar-se do próprio futuro, ser um "profeta de perfeita memória" (p. 1144)[5].

É a um superego pós-edipiano, ao "orientador do tempo", para empregar a expressão de André Green, que cabe levar a cabo essa tarefa.

À última frase de *Esboço de psicanálise* (Freud, 1940) – ela também inacabada, com reticências: "No estabelecimento do superego, temos diante de nós, por assim dizer, um

[5] Tradução livre da autora.

exemplo da maneira como o presente se transforma no passado..." (p. 237) –, não poderíamos acrescentar: para melhor prospectar o futuro? O que remetia à ameaça de castração no registro da psiconeurose remete aqui, no "pós-análise", à qualidade de prospecção de um superego tornado verdadeiramente protetor.

O resultado de uma análise é o desenvolvimento de um conjunto de internalizações em identificação com a função analítica do analista. Essas internalizações estimulam as funções de autoconsolo e autoanálise.

A fase de pós-término é um período de consolidação dessas internalizações. A consolidação ocorre como resposta à perda do *setting* analítico e das intervenções que o analista fazia.

O acompanhamento pós-analítico seria um modo de desintoxicar a transferência. Mas esses ganhos têm um preço. Pode haver aí uma mensagem implícita, para o analisando, de que o analista cuidará do paciente depois de o trabalho estar completo, o que pode levantar dúvidas, seja sobre o paciente seja sobre a psicanálise, ou sobre ambos. Além disso, a privacidade e a chance de o paciente elaborar sozinho o luto também podem sofrer alguma interferência. A principal desvantagem é a possibilidade de atuação da transferência e da contratransferência. A estrutura da técnica psicanalítica, como a conhecemos hoje, está projetada para minimizar essa atuação, e nós usamos a interpretação como veículo primário para o ganho terapêutico.

O ponto sobre o qual a maioria dos psicanalistas consultados por mim concorda é que há, sim, uma fase de pós-término de análise, e que nós sabemos muito pouco sobre ela, em primeiro lugar porque não vemos os pacientes, senão por acaso. Assim, qualquer observação que façamos é sempre obscurecida pelo fato de que muitos analistas nunca mais têm a oportunidade de verem seus ex-pacientes. Um estudo sobre o pós-término conduzido pelo analista pode levar a resultados diferentes dos que se veem atualmente na literatura disponível. Pacientes que têm dificuldade para terminar continuarão a ver seus analistas, sob algum modo diferente de tratamento.

As ideias de Bion (1978/80) sobre término e pós-término de análise são, na minha maneira de ver, extremamente interessantes e bem definidas. Diz ele: "Não posso ser analisado por completo – não acho que isso exista. Algum dia tem que parar; depois disso, vou ter que fazer daquilo que sou o melhor que puder (p. 112)".

Talvez se possa dizer que não há término de análise sem que o analisando construa algum discurso claro sobre a própria análise. Assim, a existência desse discurso sobre a própria análise seria um outro "indício" de análise bem-sucedida e terminada, além da internalização da função analítica – e a hipótese aí fica, para ser investigada, no futuro.

Os modelos que propus foram construídos a partir do exame de casos que selecionei na minha clínica, para usá-los como exemplos. Esses modelos não são fechados nem definitivos; ao contrário, são abertos e são modelos exemplares: cada modelo reúne vários submodelos.

Os cinco casos clínicos que descrevi são uma amostra, que criei, para oferecê-los classificados e organizados, nessa tese.

A parte teórica aparece aqui como complementação de minhas ideias, e um esforço que fiz para oferecer uma espécie de diálogo entre as ideias existentes de diversos autores que escreveram sobre o período de pós-término. Tracei esse mapeamento de todos os autores que li sobre esse tema para oferecer uma amostra significativa do que existe escrito sobre pós-término, e para termos uma ideia mais clara dos discursos desses autores, de quando escreveram e do porquê se interessaram por pós-análise. Os autores americanos são os que têm maior acervo de pesquisa, no sentido literal da palavra, com questionários, pacientes que se dispuseram a fazer parte da pesquisa e com resultados publicados. Os autores europeus e latino-americanos que escreveram sobre pós-término expuseram mais suas ideias e falaram um pouco de suas clínicas, mas não existe nenhuma pesquisa nesse sentido.

Os depoimentos que colhi para escrever esta pesquisa, e as considerações que fiz sobre eles, enriqueceram a minha maneira de pensar sobre o pós-análise. Acredito que o pós-análise é "um período cinzento", ou "um gênero com muitas espécies", como disse um dos depoentes, e não há teoria que dê conta dessa fase da análise.

Espero ter alcançado o meu objetivo, de modo a contribuir para enriquecer o nosso patrimônio comum de saberes sobre o pós-análise.

Uma das chaves para entender as nossas ignorâncias sobre o pós-análise é a chave histórica: só hoje, em pleno século XXI, inúmeras outras ciências e inúmeros outros saberes de especialidade começam a entender a importância de conhecer os seus respectivos períodos pós-terapêuticos. A área dos transplantes, por exemplo, só há alguns anos começa a dedicar atenção ao que se chama hoje "sobrevida dos transplantados". A psicanálise pode, quanto a isso, estar apenas acompanhando essa nova deriva histórica, no campo dos saberes.

Outra das chaves que talvez ajude a entender o interesse pelo pós-término pode estar na natureza da própria análise e no destino previsto para os analistas na vida dos analisandos. É o que diz Horácio Etchegoyen (1987): "O destino de um bom analista é a nostalgia, a ausência e, a longo prazo, o esquecimento" (p. 377). Nesse sentido, este livro pode ser lido sob duas óticas: de um lado, como um esforço na direção de saber mais; de outro lado, como um esforço contra o esquecimento, seja em nós analistas, seja nos nossos analisandos.

Referências bibliográficas

ANZIEU, D. (1975) *A autoanálise de Freud e a descoberta da psicanálise*. Porto Alegre: Artes Médicas, 1989.

BALINT, M. On the termination of analysis. *The International Journal of Psychoanalysis*, v. 31, p. 196-199, 1950.

BALKOURA, A. The fate of the transference neurosis after analysis scientific proceedings: Workshop report. *Journal of the American Psychoanalytic Association*, v. 22, p. 895-903, 1974.

BERGMANN, M. S. On fate of the intrapsychic image of the psychoanalyst after termination of the analysis. *Psychoanalytic Study of the Child*, v. 43, p. 137-154, 1988.

BICK, E. (1968) A experiência da pele em relações de objeto arcaicas. In: SPILLIUS, E. B. (Org.). *Melanie Klein hoje:* desenvolvimentos da teoria e da técnica. v. 1: Artigos predominantemente teóricos. Rio de Janeiro: Imago, 1991.

BION, W. R. (1966) Mudança catastrófica. *Jornal de Psicanálise*, v. 6, n. 17, p. 18-26, 1971.

______. (1970) *Atenção e interpretação*. Rio de Janeiro: Imago, 1973.

______. (1978/1980) *Conversando com Bion:* Quatro discussões com W. R. Bion: Em Nova York e em São Paulo. Rio de Janeiro: Imago, 1992.

______. *Cogitações*. Rio de Janeiro: Imago, 2000.

BLEGER, J. *Temas de psicologia*: entrevista y grupos. Buenos Aires: Nueva Visión, 1972.

BOTELLA, C. & BOTELLA, S. L'inachevement de toute analyse. Le processuel: introduction à la notion d'irreversibilité psychique. *Rêvue Française de Psychanalyse*, n. 61, p. 1125-1144, 1997.

BOTELLA, C. SBP de PA entrevista César Botella. *Psicanálise*, Porto Alegre, v. 2, n. 1, p. 225-248, 2000.

BUXBAUM, E. The technique of terminating analysis. *The International Journal of Psychoanalysis*, n. 31, p. 184-190, 1950.

CONWAY, P. S. When all is said: A phenomenological enquiry into post-termination experience. *The International Journal of Psychoanalysis*, n. 80, p. 563-574, 1999.

CRAIGE, H. Mourning analysis: The post-termination phase. *Journal of the American Psychoanalytic Association*, n. 50, p. 507-550, 2002.

DECHAUD-FERBUS, M., & ANGELERGUES, J. Après l'analyse. *Revue Française de Psychanalyse*, n. 61, 1997.

DEUTSCH, H. Psychoanalytic therapy in the light of follow-up. *Journal of the American Psychoanalytic Association*, n. 7, p. 445-458, 1959.

ETCHEGOYEN, H. Das etapas da análise 2. In: ETCHEGOYEN, H. *Fundamentos da técnica psicanalítica*. Porto Alegre: Artes Médicas, 1987.

FARRELL, D. The prediction of terminability in analysis. *Bulletin of the Menninger Clinic*, n. 38, p. 317-342, 1974.

FERENCZI, S. (1927) El problema de la terminación del análisis. In: *Problemas y metodos del psicoanálisis*. Buenos Aires: Hormé, 1966.

FERRARO, F., & GARELLA, A. Formas del proceso analítico y terminación. *Revista de Psicoanálisis*, n. 3, p. 77-96, 1994.

FREUD, S. (1895) Estudos sobre a histeria. *Edição standard brasileira das obras completas*. Rio de Janeiro: Imago, 1974, v. II.

______. (1900) A interpretação dos sonhos. *Op. cit.*, v. IV-IV.

______. (1905) Fragmentos da análise de um caso de histeria. *Op cit.*, v. VII.

______. (1909) A correspondência completa de Sigmund Freud e Carl G. Jung. Rio de Janeiro: Imago, 1993.

______. (1912) Recomendações aos médicos que exercem a psicanálise. *Op cit.*, v. XII.

______. (1916) Introductory lectures on psycho-analysis: Parts 1 and 2. *The standard edition of the complete psychological works*. London: Hogarth Press, 1963, v. XV.

______. (1919) Uma criança é espancada. *Edição standard brasileira das obras psicológicas completas*. Rio de Janeiro: Imago, 1976, v. XVII.

______. (1927) O futuro de uma ilusão. *Op. cit.*, v. XXI.

______. (1930) O mal-estar na civilização. *Op. cit.*, v. XXI.

______. (1933) Por que a guerra?: Einstein e Freud. *Op. cit.*, v. XXII.

______. (1937) Análise terminável e interminável. *Op. cit.*, v. XXIII.

______. (1940) Esboço de psicanálise. *Op. cit.*, v. XXIII.

______. A teoria transformada. In: *A correspondência completa de Sigmund Freud de Wilhem Fliess:* 1887-1904, (Ed. Jeffrey Moussaieff Masson), Rio de Janeiro: Imago, 1986.

GADDINI, R. (1959) A world of yesterday. *Psychoanalysis and History*, n. 2, p. 29-36, 2000.

GARDINER, M. *The wolf man and Sigmund Freud.* London: Hogarth Press, 1973.

GOLDBERG A., & MARCUS, D. "Natural termination": some comments on endings analysis without setting a date. *The Psychoanalytic Quarterly*, v. 54, p. 46-65, 1985.

GREEN, A. Aportes al conocimiento del proceso post-analitico. *Psicoanálisis*, n. 1, p. 171-204, 1979.

______. *Le temps éclaté*. Paris: *Minuit*, 2000.

GUIARD, F. E. Una dificultad del final del análisis relacionada con la erotización del vínculo transferencia-contratransferecia: su vinculación con el desenlace del complejo de Edipo femenino. *Revista de Psicoanálisis*, n. 33, p. 337-345, 1976a.

______. Sobre el componente musical del lenguaje en el final del análisis (p. 277-82). In *Relatos oficiales, paneles, introducciones a la discusión, contribuciones libres. XI Congreso Psicoanalítico Latino-Americano*. Buenos Aires: FEPAL, 1976b.

______. Aportes al conocimiento del proceso pos-analitico. *Psicoanalisis*, v. 1, n. 1, p. 171-204, 1979.

GUIGNARD, F. Le temps d'après. *Revue Française de Psychanalyse*, v. 61, p. 1215-1223, 1997.

HARTLAUB, G., & RHINE, M. Recontact with analyst following termination: a survey of seventy-one cases. *Journal of the American Psychoanalytic Association*, v. 34, n. 895-910, 1986.

HOFFS, A. J. After the analysis: A note on the post-termination phase. *The Psychoanalytic Review*, n. 59, p. 89-93, 1972.

HURN, H. T. On the fate of transference after the termination of analysis. *Journal of the American Psychoanalytic Association*, v. 21, p. 181-192, 1973.

KANTROWITZ, J. L., KATZ, A. L., PAOLITTO, F. Follow-up of psychoanalysis five to ten years after termination: I. Stability of change. *Journal of the American Psychoanalytic Association*, v. 38, p. 471-496, 1990.

______. A different perspective on the therapeutic process: the impact of the patient on the analyst. *Journal of the American Psychoanalytic Association*, v. 45, p. 127-153, 1997.

KLEIN, M. *The psycho-analysis of children*. London: Hogarth Press, 1932.

______. O luto e sua relação com os estados maníaco-depressivos, 1938.

______. (1950) Sobre os critérios para o término de uma psicanálise. In: Inveja e gratidão e outros trabalhos: 1946-1963. *Obras completas, v. 3, p.* 64-69. Rio de Janeiro: Imago, 1991a.

______. (1960) Sobre a saúde mental. *Op. cit.*, v. 3.

______. O luto e suas relações com os estados maníaco-depressivos: 1940. In: *Amor, culpa e reparação e outros trabalhos: 1921-1945*. Rio de Janeiro: Imago, 1996.

KRAMER, M. K. On the continuation of the analytic process after psycho-analysis: A self-observation. *The International Journal of Psychoanalysis*, v. 40, p. 17-25, 1959.

LAPLANCHE, J., & PONTALIS, J.-B. (1967) *Vocabulário da psicanálise*. São Paulo: Martins Fontes, 1983.

LICHTMANN, A. Acerca del pos-análisis. *Revista de Psicoanálisis*, Buenos Aires, n. 49, p. 789-808, 1992.

MARGULIS, S. (Org.) Mesa redonda: reanálisis, autoanálisis, análisis del analista. *Revista de Psicoanálisis*, n. 60, p. 141-170, v. 60, n. 1, p. 141-70, 2003.

MASSON, J. M. (Ed.) A *correspondência completa de Sigmund Freud para Wilhelm Fliess: 1887-1904*. Rio de Janeiro: Imago, 1986.

MELTZER, D. (1967) *O processo psicanalítico:* da criança ao adulto. Rio de Janeiro: Imago, 1971.

MESA REDONDA: Reanálisis, autoanálisis, análisis del analista. Revista de Psicoanálisis, LX 1, p. 141/170, 2001.

MILLER, I. On the return of symptoms in the terminal phase of psycho-analysis. *The International Journal of Psychoanalysis*, v. 46, p. 487-501, 1965.

NORMAN, H. F., BLACKER, K. H., OREMLAND, J. D., Barrett, W. G. The fate of the transference neurosis after termination of a satisfactory analysis. *Journal of the American Psychoanalytic Association*, v. 24, p. 471-98, 1976.

NOVICK, J. Termination of treatment in adolescence. *Psychoanalytic Study of the Child*, v. 31, p. 389-414, 1976.

OREMLAND, J. A specific dream during the termination phase of successful psychoanalysis. *Journal of the American Psychoanalytic Association*, v. 21, p. 285-302, 1973.

PARAT, C. La répression chez l´analyste. *Revue Française de Psychanalyse*, n. 65, p. 141-143, 2001.

PARRES, R. *Notas sobre terminación de analisis*. México: Asociación Psicoanalítica Mexicana. Texto não publicado, 1950.

PELLANDA, L. E. C. A *fase pós-análise:* vicissitudes de um luto. Trabalho apresentado no 13º Congresso Brasileiro de Psicanálise, São Paulo, 1991.

______. Autoanálise pós-psicanálise. In: OUTEIRAL, J. O. & THOMAZ, T. I. (Org.), *Psicanálise brasileira:* brasileiros pensando a psicanálise. Porto Alegre: Artes Médicas, 1995.

PFEFFER, A. Z. The meaning of the analyst after analysis: a contribution to the theory of therapeutic results. *Journal of the American Psychoanalytic Association,* v. 11, p. 229-244, 1963.

______. After the analysis: analyst as both old and new object. *Journal of the American Psychoanalytic Association,* v. 41, p. 323-327, 1993.

RANGELL, L. An overview of the ending of an analysis. In R. E. LITMAN (Ed.). *Psychoanalysis in the Americas.* Nova York: International Universities Press, 1966.

RANK, O. *El trauma del nacimiento.* Buenos Aires: Paidos, 1924.

REICH, A. On the termination of analysis. *The International Journal of Psychoanalysis,* v. 31, p. 179-183, 1950.

RICKMAN, J. On the criteria for the termination of an analysis. *The international journal of psychoanalysis,* n. 31, p. 200-201, 1950.

RONSARD, P. de. *Poésies choisies.* Classiques Larousse. Paris VIe. Larousse, [s.d.].

ROSENFELD, H. (1987) *Impasse e interpretação.* Rio de Janeiro: Imago, 1988.

SAIGH, Y. *Término de análise.* Tese de Mestrado. Departamento de Psicologia Clínica da Pontifícia Universidade Católica de São Paulo, 2002.

SCHACHTER, J. Post-termination patient-analyst contact: I. Analysts' attitudes and experience; II. Impact on patients. *The International Journal of Psychoanalysis*, v. 71, p. 475-486, 1990.

______. Concepts of termination and post-termination patient-analyst contact. *The International Journal of Psychoanalysis*, v. 73, p. 137-154, 1992.

SCHACHTER, J. & BRAUER, L. The effect of the analyst's gender and other factors on post-termination patient-analyst contact: Confirmation by a questionnaire study. *The International Journal of Psychoanalysis*, v. 82, p. 1123-32, 2001.

SCHACHTER, J. & JOHAN, M. Evaluation of outcome of psychoanalytic treatment: should follow-up by the analyst be part of the post-termination phase of analytic treatment. *Journal of the American Psychoanalytic Association*, v. 37, p. 813-22, 1989.

SCHACHTER, J., MARTIN, G. C., GUNDLE, M., J., & O'NEIL, M. K. Clinical experience with psychoanalytic post-termination meetings. *The International Journal of Psychoanalysis*, v. 78, p. 1183-1198, 1997.

SCHMIDEBERG, M. After the analysis. *The Psychoanalytic Quarterly*, v. 7, p. 122-42, 1938.

SEGAL, H. (1997) *Psicanálise, literatura e guerra:* artigos 1972-1995. Rio de Janeiro: Imago, 1998.

SHEPPARD, A. Forced termination. *Journal of Melanie Klein and Relations*, v. 16, n. 1, p. 125-146, 1998.

STOLIAR, L. G. ¿Autoanálisis? *Revista de Psicoanálisis*, n. 61, p. 93-104, 2004.

TICHO, E. A. Termination of psychoanalysis: treatment goals, life goals. *The Psychoanalytic Quarterly*, v. 41, p. 315-33, 1972.

TICHO, G. R. On self-analysis. *The International Journal of Psycho-analysis*, v. 48, p. 308-318, 1967.

WALLERSTEIN, R. S. Follow-up in psychoanalysis: what happens to treatment gains? *Journal of the American Psychoanalytic Association*, v. 40, p. 665-90, 1992.

WINNICOTT. D. W. The capacity to be alone. *The International Journal of Psychoanalysis*, v. 39, p. 416, 1958.

______. *Textos selecionados:* da pediatria à psicanálise. Rio de Janeiro: Francisco Alves, 1998.

WITTENBERG, I. Ending therapy. *Journal of Child Psychotherapy*, v. 25, p. 339-56, 1999.